清代循吏法律实践研究

闫竑羽 ◎ 著

光明日报出版社

图书在版编目（CIP）数据

清代循吏法律实践研究 / 闫竑羽著. -- 北京：光明日报出版社，2024.2
ISBN 978-7-5194-7821-6

Ⅰ.①清… Ⅱ.①闫… Ⅲ.①法制史—研究—中国—清代 Ⅳ.①D929.49

中国国家版本馆CIP数据核字（2024）第041490号

清代循吏法律实践研究
Qingdai Xunli Falü Shijian Yanjiu

著　　者：闫竑羽	
责任编辑：郭玫君	
封面设计：姜宜彪	责任校对：房　蓉
策　　划：马　奕	责任印制：曹　净

出版发行：光明日报出版社
地　　址：北京市西城区永安路106号，100050
电　　话：010-63169890（咨询），010-63131930（邮购）
传　　真：010-63131930
网　　址：http://book.gmw.cn
E - mail：guomeijun999@qq.com
法律顾问：北京市兰台律师事务所龚柳方律师

印　　刷：三河市信达兴印刷有限公司
装　　订：三河市信达兴印刷有限公司
本书如有破损、缺页、装订错误，请与本社联系调换，电话：010-63131930

开　　本：170mm×240mm	
字　　数：250千字	印　　张：14
版　　次：2024年2月第1版	印　　次：2024年2月第1次印刷
书　　号：ISBN 978-7-5194-7821-6	

定　　价：56.00元

目录
content

绪 论 ·· 1

第一章　循吏与清代循吏 ··· 12
第一节　循吏（传）的法律文化意义 ·· 13
第二节　历代循吏的数量与德行 ·· 21
第三节　清代循吏概略 ··· 35

第二章　清代循吏的执法实践 ··· 57
第一节　制民之产：垦荒治水，劝课农桑 ··· 59
第二节　爱民如身：安置流亡，救灾赈荒 ··· 74
第三节　取民有制：轻徭薄赋，劝输有术 ··· 79
第四节　保民安境：驱逐寇盗，维护治安 ··· 89

第三章　清代循吏的司法实践 ··· 100
第一节　贵和持中：息讼止争，重在调解 ··· 101
第二节　持心如衡：态度公允，巧断疑案 ··· 112
第三节　正直如绳：重典治吏，杜绝徇私 ··· 122
第四节　屈法申理：准情入法，情法兼容 ··· 126

第四章　清代循吏的普法实践 …… 134
第一节　教育感化：兴办学校，提升素养 …… 135
第二节　政教风化：宣扬德礼，移风易俗 …… 139
第三节　国法转化：制定乡规，令行禁止 …… 145

第五章　清代循吏群体的法文化价值 …… 148
第一节　以深明大德为根本遵循 …… 153
一、秉持忠诚尽责，以身报国的家国情怀 …… 154
二、彰显爱民恤物，推己及人的厚德仁心 …… 156

第二节　以谨守公德为有力保障 …… 159
一、凝聚公正无私，刚直坦率的浩荡正气 …… 160
二、培养勤勉担当，夙夜在公的敬业精神 …… 163

第三节　以严立私德为核心动力 …… 164
一、锤炼博古通今，明经知礼的深厚学识 …… 166
二、塑造朴素节俭，不贪不腐的清廉品格 …… 168
三、弘扬以德立身，以学立世的优良家风 …… 170

余论　奉法循理的"无形之绩" …… 177

参考文献 …… 199

绪 论

中国古代封建社会有着一套独特的关于行政管理的政治法律体制。简单来说，就是"事在四方，要在中央，圣人执要，四方来效。"① 这是因为中国地大物博，幅员辽阔，皇帝无法直接亲自处理国家大小事务，只能通过直接与百姓接触的地方官进行治理。州县（郡县）是中国古代实际执行政令的主要层级，《牧令书》有言："天下事莫不起于州县，州县理则天下无不理"②，州县（郡县）治理得好坏与否直接决定统治能否稳定，直接影响百姓的安乐。

正是因为地方基层的关键，所以州县（郡县）的行政长官在统治者看来是非常重要的官吏，对州县官的任用十分慎重，对优秀州县官员的宣传与褒奖更是从未停歇。一如唐太宗所说："朕居深宫之中，视听不能及远，所委者惟都督、刺史，此辈实治乱所系，尤须得人。"③ 然而，和大多数平凡普通的官吏相比，历史上好官少，坏官也少。怎么才能让大多数的普通官吏变成忠君亲民之好官，统治者可谓是煞费苦心。古人说，见贤思齐，见不贤而内自省。或许是树立榜样的需要，中国古代官僚政治体制中便出现了这样一种独特的存在——循吏。

"循吏"一词最早见于司马迁《史记·循吏列传》。该词的出现

---

① ［清］王先慎：《韩非子集解》，钟哲点校，北京：中华书局2013年版，第44页。
② ［清］徐栋：《牧令书》，载官箴书集成编纂委员会编：《官箴书集成》第7册，合肥：黄山书社1997年版，第6页。
③ ［唐］吴兢：《贞观政要》，裴汝诚等译注，上海：上海古籍出版社2006年版，第132页。

距今已有两千多年。在《史记·循吏列传》中，太史公这样定义、描述、概括循吏："法令所以导民也，刑罚所以禁奸也。文武不备，良民惧然身修者，官未曾乱也。奉职循理，亦可以为治，何必威严哉？"①这是公认的对循吏最早的词义解释，核心词为"奉职循理"。此外，太史公还在后文提道"奉法循理，无所变更，百官自正。"②在其后的自序中，太史公在交代立传缘由时，还做了补充的说明："奉法循理之吏，不伐功矜能，百姓无称，亦无过行"，所以"作循吏列传第五十九。"③这句话的核心词为"奉法循理"。由此可见，对循吏的定义标准为：奉职、奉法、循理。

东汉郑玄在《易论》中曾提到，易一名而含三义：易简一也；变易二也；不易三也④。这句话概括了"易"的三层基本含义：简易、变易、不易。意思是世间万事万物都处在不断的变化之中，这是变易；在变化之中，又包含着不变的规律，这是不易；变易中包含着不易的原则，这是简易。所谓"易穷则变，变则通，通则久"⑤，在循吏群体产生、发展的过程中，同样存在着以上的规律。为循吏设传自《史记》始，迄于《清史稿》，两千多年的传统沿用不辍，且定义循吏的首要根本原则一直都是"奉法循理"，这就是循吏的"不易"；然而由于朝代的更迭起伏，现实的要求差异，循吏的日常行为会有所不同。因此对史官而言，定义循吏的外在表现形式自然会有所不同。也就是说，何为循吏，何人入传的标准，甚至是循吏的名称，是因时因势而变的，这是循吏的"变易"。

《史记》中单设循吏列传后，后代正史除《三国志》《陈书》《周

---

① [汉]司马迁：《史记》，卷119，北京：中华书局1959年版，第3099页。
② [汉]司马迁：《史记》，卷119，北京：中华书局1959年版，第3101页。
③ [汉]司马迁：《史记》，卷130，北京：中华书局1959年版，第3317页。
④ [唐]孔颖达：《周易正义》，余培德点校，北京：九州出版社2004年版，第6页。
⑤ 《周易》，杨天才、张善文译注，北京：中华书局2011年版，第610页。

书》《旧五代史》《新五代史》五部外，其余二十部正史全部设置了循吏传。但是二十部正史并非全部以"循吏传"命名，其中在个别正史中称作良吏传、良政传或者能吏传，具体名称和提法整理如下表：

名称	正史名称	数量
循吏传	《史记》《汉书》《后汉书》《北齐书》《隋书》《南史》《北史》《新唐书》《宋史》《金史》《明史》《清史稿》	12
良吏传	《晋书》《魏书》《宋书》《梁书》《旧唐书》《元史》	6
能吏传	《辽史》	1
良政传	《南齐书》	1

由上表可知，《史记》等12部正史列有《循吏传》，《晋书》等6部正史列有《良吏传》，《辽史》和《南齐书》分别列有《能吏传》和《良政传》。名称的不同，或许是史官认为几者之间存在高下之分而有意为之，比如在《辽史·能吏传》中有过这样的记载："（辽）历世既久，选举益严。时又分遣重臣巡行境内，察贤否而进退之。是以治民、理财、决狱、弭盗，各有其人。考其德政，虽未足以与诸循、良之列，抑亦可谓能吏矣。作《能吏传》。"① 这说明元代史官认识到了循吏、良吏和能吏的不同，认为三者之间在品德、功绩上是有所差异的。根据德行的好坏和功绩的高低，好官之中也还可以分为循吏、良吏和能吏三个等次。

在中国古代，也有可考的明确关于对循吏、良吏、能吏进行区分的记载。比如《金文最·西京副留守李公德政碑》载："吏有不为利回，不为义疚，世称曰廉。才足以经济，智足以决断，世称曰能。奉法遵职，屡正奉公，世称曰循。明国家之大体，通古今之时

---

① [元] 脱脱：《辽史》，卷150，北京：中华书局1974年版，第1459页。

务，世称曰良。"①这段话区分了廉吏、能吏、循吏和良吏，廉吏取义舍利，能吏经世致用，循吏奉法尽责，良吏以国为重。但是考察背后的精神层面可以发现，无论是廉吏、能吏、循吏还是良吏，均代表着一群兢兢业业、勤勤恳恳的官员。这些官员的事迹虽有不同，但是都是"上顺公法，下顺民情"的典范。况且，在载有《循吏传》的正史中，也并不避讳"良吏""能吏"等词语的使用，②表达的内容均是指奉公守法、履职尽责的官员。反观历代正史，《晋书》等几部正史《良吏传》(《能吏传》《良政传》)的入传者虽无循吏之名，但均具循吏"奉法循理"之实。宋人孙奕曾说："传之为体，大抵记公卿之行事，迁始传《循吏》，晋曰《良吏》。"③因而，我们可以认为：正史中的《循吏传》《良吏传》《能吏传》《廉政传》中所记载的具有高尚道德品质和卓越为政功绩的官员，均可统称为"循吏"。

有清一代是中国历史上最后一个封建王朝，无论是在政治统摄，还是在思想调控、文化抉择诸方面，皆表现出集大成的形态④，其法制建设更是达到了空前的完备程度。该朝正史《清史稿》中记载了116位循吏，这116位循吏在清朝体系庞大、内容庞杂的职官法律制度管理之下，奉公守法，政绩卓著，依然具有前朝循吏的诸多特质，日夜勤勉，忠诚仁义，节俭清廉。比较特殊的地方在于，《清史稿·循吏传》开篇便用"以官至监司为限"的表述严格限制了所载循吏的地方官身份。也就是说，《清史稿》中记载的循吏长期处于地

---

① 《西京副留守李公德政碑》，载〔清〕张金吾编：《金文最》，卷73，北京：中华书局1990年版，第1069页。
② 比如，《汉书》中有"选用能吏侯霸等分督六尉、六队"的记载，《宋史》中有"宜令三省议除其弊，严立赏禁，仍选能吏以主之，御史台常加纠察"的记载，《金史》中有"良乡令焦旭、庆都令李伯达皆能吏，可任"的记载，不一而足。
③ 〔南宋〕孙奕：《履斋示儿编》，侯体健校订，北京：中华书局2014年版，第107页。
④ 吴丽娱主编：《礼与中国古代社会》，明清卷，北京：中国社会科学出版社2016年版，第222页。

方，并且在国家法律规定的职权范围内开展工作，并取得了突出的成绩。瞿同祖先生曾经提到，清代州县乃"一人政府"，州县官是亲民之官。《清史稿》这样的设计无疑深入贯彻了中国古代的"民本"思想。

清代的州县之官"平赋役、听治讼、兴教化、厉风俗，凡养民、祀神、贡士、读法，皆躬亲厥职而勤理之"①，可以说是无所不为。在如此繁杂的工作中，仍然能够做出卓越的成绩，循吏的能力的确不容小觑。循吏长期和百姓相处、事必躬亲、勤勉为政，理所应当会受到世人的尊重与爱戴。这种成就感就连一代奸雄曹孟德都想体验，他曾在《让县自明本志令》（《述志令》）中写道："欲为一郡守，好作政教，以建立名誉，使世士明知之。"②或许，成为受到统治者赞扬、同僚钦佩、百姓仰慕的循吏，也是他烈士暮年而不已的壮心之一吧。这同时也印证了韩非所言"宰相必起于州部"③的深刻道理。如果一个官吏连州县都治理不好，又何谈成长为宰相，协助统治者治理国家呢？

《后汉书·循吏传》中引用了汉宣帝"百姓所以安其田里而无叹息愁恨之心者，政平讼理也。与我共此者，其唯良二千石乎"④的治世之言。两千石是对汉朝太守的统称，就是上文一直所说的州县之官。汉宣帝认为只有好的郡守才能帮助他达到"政平讼理"的理想境地。此言一出，既让人看到汉宣帝对郡守职位的看重，也让人感受到作为一名统治者对"良二千石"的殷切期盼。

随着时代的发展和社会的进步，生产力和生产关系已经发生了巨大的变化。那么在今天再次提及古代循吏和其背后的法文化价值

---

① 《皇朝通典》，四库全书影印本，第817页。
② [晋]陈寿：《三国志》，北京：中华书局1959年版，第32页。
③ [清]王先慎：《韩非子集解》，钟哲点校，北京：中华书局2013年版，第458页。
④ [南朝宋]范晔：《后汉书》，卷76，北京：中华书局1965年版，第2472页。

意欲何为？回答这个问题之前，我们先看一组数据。2020年，全国纪检监察机关共立案61.8万件，处分60.4万人①。其中，有"政治麻木、办事糊涂"的昏官，有"饱食终日、无所用心"的懒官，有"推诿扯皮、不思进取"的庸官，也有"以权谋私、蜕化变质"的贪官②。这说明，"坏官"在当代社会依然存在，且数量十分庞大；另一方面，焦裕禄、任长霞、杨善洲、黄文秀式的"好官"却也比比皆是。据统计，中国目前有超过700万名的公务员，好官、坏官的数量和其他正常上班的官员相比，只能算是九牛一毛。

当前，我国正处在实现中华民族伟大复兴的关键时期，正大步朝着第二个百年奋斗目标奋力跨越。"为官避事平生耻，重任千钧惟担当"，这个时候需要千千万万的官员冲锋在前，勠力攻坚，需要更多的平凡官员进步成为"好官"。知识是习得的，而文化是养成的。所谓"法律是成文的道德，道德是内心的法律"，为官之德需要党纪国法的外在约束，更需要优秀官德文化的内在化育。

需要申明的是，本书选取清代循吏为对象，并非随心为之。其一，清代的行政法制极为发达，清《五朝会典》堪称"中国封建社会最为完备的行政法典"。作为一名官吏，首先必须受到法律的约束。将循吏放置在当朝行政法规下进行剖析检视，更能厘清其奉职守法的基本逻辑。其二，文化的养成需要多种力量共同作用，不仅包括自身的学习，还包括家庭、环境的影响。在古代，要想成为一名循吏，与自身的努力密不可分，但是人们往往忽略环境、家庭等因素的作用。清代给我们留下了大量的史料文献，这也就为笔者考察清代循吏的生长环境、学习环境，甚至是家风家教提供了便利。

---

① 数据来自中央纪委国家监委通报的2020年全国纪检监察机关监督检查、审查调查情况。参见中央纪委国家监委网站 https：//www.ccdi.gov.cn/yaowenn/202101/t20210126_84660.html。

② 参见习近平：《在中央和国家机关党的建设工作会议上的讲话》，《旗帜》，2019年第11期，第8页。

而这些，都是在新时代弘扬清官文化的必需。其三，《清史稿》中的循吏全部为地方州县官员，他们在清代地方法律实践的过程中，维护了地方的稳定，发展了地方的经济，整治了地方的治安，为有清一代的稳定与繁荣奠定了坚实的基础。通过考察清代循吏在地方治理中的行为，总结其为政之经验，亦能为新时代基层社会治理提供镜鉴和帮助。

经粗略统计，载有循吏传的二十部正史中，记载了五百余位循吏的事迹。他们的事迹通过官修正史的记载，不仅在官方广为流传，更是在民间大为传颂。一时间，循吏成了皇帝认证、同僚认可、百姓认同的好官的代名词。为循吏列传不仅成了一种制度设计，循吏身上所彰显的严守私德、鞠躬尽瘁、秉公执法等高贵品德，更是成了一种文化，一种皇帝用来整顿吏治、官吏用来效仿学习、百姓用来表达期盼的好官文化。作为中华优秀传统法律文化的一部分，这种文化在今天仍然焕发着勃勃生机，今人又称廉政文化或清官文化。

"睹乔木而思故家，考文献而爱旧邦。"[1]历史是最好的教科书。中国有着深厚的历史积淀和文化传承。中华法制文明（中华传统法律文化）就是在历史演进过程中发端、丰富、完善的，是"特定的物质生活、社会生活发展到一定阶段的产物，是人类社会摆脱野蛮走向进步的重要标志。"[2]从野蛮到进步，从人治到法治（制），这个自我净化、自我革新、自我升级的过程，既漫长又曲折，既封闭又开放。在历经数千年的法制发展历程中，闪现了诸多法律制度和法律思想。清官（循吏）文化中的某些制度和思想在今天看来，或科学或浅陋，但正如钱穆先生所说："所谓对其本国以往历史略有所知

---

[1] 张元济：《印行四部丛刊启》，载张人凤编：《张元济古籍书目序跋汇编》（下），北京：商务印书馆2003年版，第857页。
[2] 张晋藩：《中华法制文明的演进》，北京：中国政法大学出版社1999年版，第1页。

者，尤必附随一种对其本国以往历史之温情与敬意。"① 在今天，我们要满怀着这种温情与敬意，辩证地看待循吏传统、弘扬清官文化。

一、研究思路

首先，梳理正史中循吏的最初来源及其内涵的演变流程，统计历代循吏整体数量及品阶，概括循吏的突出特点，使读者对循吏群体有一个简单直观的认识；粗略描绘本书研究对象清代循吏群体的概况，包括人数、入仕的途径、任职的方式等，以此作为行文起点。

其次，将清代循吏放置在地方法律实践的视角下进行考察。将其法律实践分为执法、司法、普法三个部分，把清代循吏的为政事例按照以上三方面进行归纳分类，集中展现其执政能力的优秀，执政实绩的突出，集中反映清代循吏相比较一般官吏而言的优越之处，展现其治下地方的和平与安定。在此过程中，对清代循吏升迁过程、考课成绩以及奖惩经历给予关注，挖掘个中缘由。此外，为了保证清代循吏形象的饱满和鲜明，还将从受教育背景、家风家教以及后代的发展情况等方面进行考察，对循吏的人格养成原因进行探寻。

再次，对循吏群体法文化价值进行整体考察。以儒家法文化为基本框架，以清代循吏为政之行为依据，概括清代循吏所彰之德，归纳其中的法文化内涵，明确以循吏群体为主要载体的中国古代优秀官德文化的价值所在；并且提出新时代对待循吏群体法文化价值的态度与扬弃的路径。

最后，用皇帝的赞扬、同僚的推荐和百姓的爱戴之事例反映清代循吏人格之正。将视角拉回至现代，反思清代循吏群体为政德行的可取之处，审视循吏（清官）文化的现代价值与意义。对清代循吏的为政之行、为政之德、为政之绩、为政之途进行全面的总结与

---

① 钱穆：《国史大纲》，北京：商务印书馆2013年版，第1页。

升华，以求达到以古鉴今的目的。

二、使用的材料

有清一代，是中国古代社会的最后一个封建王朝，最初由努尔哈赤建立后金而奠基（1616年），自皇太极改国号为清起（1636年），至袁世凯诱逼溥仪退位终（1912年），享国祚276年。由于年代距今相去不远，清代留下的大量官修史料、民间档案，甚至是小说戏文，都为研究清朝的法律制度和法律思想提供了极大的便利。这是笔者选取清朝为研究时期的极为重要的一个考虑。笔者将本书撰写过程中选取的材料大致分类如下：

一是关于循吏为政之行的资料。由于循吏群体自《史记》开始便出现在正史中，后代沿用不辍，而本书的重点在于清代循吏，所以对清代以前循吏事迹的记载主要参考设有循吏传的二十部正史。对清代循吏的事迹梳理所用的材料，主要有以下几类：第一，国编史料。包括但不限于《清史稿》《清史列传》《钦定八旗通志》《八旗通志初集》《清实录》等官修政书。第二，地方志。为了更为深入地考察循吏在地方基层的执政行为，笔者还查阅了部分清代循吏任职地的县志，比如《广东通志》《化州志》《怀宁县志》《济南府志》等。第三，清代法律规范。主要有《大清律例集解附例》《大清会典》《钦定大清会典则例》《钦定吏部则例》等。第四，民间笔记、小说、戏曲。这部分的史料的真实性虽不及上述三类，但是也能从侧面反映清代循吏在民间百姓心目中的重要地位，这类史料有《北东园笔录初编》《阅世编》《阅微草堂笔记》《漏网喁鱼集》《国朝臣工言行记》等。

二是关于循吏为政之德的资料。考察清代循吏官德，除用到上述史料外，还有两类增加。第一类是经部和子部。品德的形成不可能一蹴而就，是由于历代政治风气、社会风气等的共同作用，所以在描绘循吏之德时，需要参考《尚书正义》《礼记正义》《孟子正义》《荀子集解》《韩非子集解》等传统经典著作。第二类是集部。这里特指清代循吏所撰著作。清代循吏中不乏文采突出之辈，除广为传颂的汪辉祖所著《学治臆说》，蒯德模所著《吴中判牍》，蓝鼎元所著《鹿洲公案》，徐栋所辑《牧令书》等，还有任辰旦所著《介和堂集》，黄贞麟所著《绿屏轩文集》，姚文燮所著《昌谷集注》，方大湜所著《平平言》……所谓文以言志，直接考察循吏本人所撰文章或者诗词，分析文字背后的思想，通过文字的书面表达感受循吏高尚的品格情操，对循吏道德图像的描绘能起到极为重要的作用。

三、其他需要说明的问题

本书的题目是《清代循吏法律实践研究》，然而在查阅史料后发现，清代循吏是一个既清晰又模糊的概念，所以在正式行文之前有必要对本书所提"清代循吏"加以界定。

清制，文官体制分为京官和外官两套系统。该朝正史中并未出现对京官采用循吏称呼的记载。但是外官中的两类官员，即州县官员（如：知县、知府、知州等）和封疆大吏（如：总督、巡抚、按察使、布政使等），在有清一代的文献记载中，均有堪称循吏的评价。比如，据《清实录》记载，康熙二十八年二月，圣祖皇帝浙江巡游，时任浙江巡抚张鹏翮奏请相送，康熙训谕"地方事务，尔等果尽心殚力，为国家循吏，较远送不更多乎。"[①] 由此可见，在清代统治者的眼中，为民兴利的封疆大吏亦可称之为循吏。

本书以《清史稿·循吏传》所记载的116位循吏为研究对象，

---

① 《清实录》第5册，《圣祖仁皇帝实录（二）》，卷139，北京：中华书局1985年影印版，第525页。

均"以官至监司为限",全部为地方州县官员;且研究的重点是对清代循吏在地方社会治理过程中的法律实践及其背后的法文化价值进行考察。我们不能否认在清代政治法律文化中,"封疆循吏"与"州县循吏"同时存在。但是本书所提"清代循吏",严格限定在《清史稿·循吏传》中的循吏,即地方州县官员。

第一章　循吏与清代循吏

在中国古代"治吏而不治民"的传统之下，官僚制度在国家治理中发挥着重要的作用，并长期以来都受到统治者的高度重视。要想使官吏群体持续发展和长期作用，就既要保证官吏队伍的连续性，进行不断的补充，又要锤炼官吏队伍的先进性，进行严格的考课和监察。官吏群体自战国开始文武分途之后，文官群体"腹中有经纶，笔下定乾坤"，承担着上言进谏下抚百姓的任务，在官吏群体中的地位越发突出。在文官这一庞大的群体之中，循吏作为好官的代表，自《史记》开始，出现在了历史的长河中。后代正史大多顺应此传统，为循吏列传。

循吏群体的出现，或许是统治者树立模范的需要，又或许是顺应百姓对清官廉吏的期盼。这种中国封建王朝统治下独特的政治设计，成了封建社会所独有的政治法律符号。在当代社会，"吏"这一概念逐渐退出了历史舞台，循吏自然也被越来越多的人忽视。孔子有云："名不正则言不顺，言不顺则事不成。"[①] 到底何为循吏？循吏为何？循吏何为？本章拟从语义和义化两个角度去定义、剖析循吏，尝试厘清历代正史循吏传中所载循吏的数量和特点，以此作为本书研究的逻辑起点。

---

① ［宋］朱熹：《四书章句集注·论语集注》，北京：中华书局2011年版，第134页。

第一节　循吏（传）的法律文化意义

中国的汉字和表达方式可谓是博大精深。人们在描述心中的好官时，可以用循吏、清官、良吏、清吏等一系列的词语。这些词语代指群体的精神品质、能力素质、为官本质大致相同，只不过侧重点有所不同。长期以来，无论是在学界还是在老百姓的日常生活中，都有一个约定俗成的观点：循吏就是清官。比如，陈旭提出"大传统中的清官实际上就是正史中的循吏"[1]；范晓东认为"中国传统文化中，清官是一个笼统大致的概念，民间对好官即称为清官，而在正式的典章史籍中多出现的'循吏''良吏''廉吏'之人也多为清官"[2]；王曾瑜认为"现在人们常使用'清官'一词，用以指官员公正清廉，与古人的'循吏'一词词义相近"[3]；魏琼撰文指出，"自从西汉史学家司马迁在《史记》一书中专设《循吏列传》之后，清官概念就开始进入中国人的政治法律生活之中了，因为在当时人们的观念中，循吏和清官是同一个含义。"[4]还有的学者虽不直接论述循吏和清官的关系，却在文中直接拿循吏的事迹论证清官文化（情结）或者廉政文化。比如，龙大轩提出"纵观历史，各朝各代的清官可谓层出不穷，所以历代正史中常常会为之立传，《循吏传》便是其例"[5]；徐忠明引用司马迁在《史记·循吏列传》中所言"奉职循理，

---

[1] 陈旭：《清官：研究传统中国政治文化的一个独特视角》，北京：中国社会科学出版社2010年版，第34页。
[2] 范晓东：《中国传统文化中清官的法律思想——以包拯、海瑞为研究对象》，《山西高等学校社会科学学报》，2011年第23期，第50页。
[3] 王曾瑜：《"清官"考辨》，《河北学刊》，2008年第2期，第63页。
[4] 魏琼：《清官论考》，《中国法学》，2008年第6期，第130页。
[5] 龙大轩：《中国传统廉政文化的经验与启示》，《光明日报》，2017年1月8日，第7版。

亦可以为治"，以此来证明清官严格执法的职业要求①……

笔者对"中国古代的循吏就是清官"这一定义持认同态度。然而，就像世界上不存在两片相同的树叶一样，循吏和清官作为两种不同的概念，绝对不会相同，也不可能完全相同②。"循吏就是清官"

---

① 徐忠明：《中国传统法律文化视野中的清官司法》，《中山大学学报》（社会科学版），1998年第3期，第111-112页。
② 笔者在前人研究的基础上，肯定循吏和清官二者之间的近似和差异，并试图进行归纳总结。循吏与清官二者的相同点有：

一是核心观念相通。纵观中国古代历史，能被后人评价为循吏或者清官的官员，其核心执政理念都是"民本"。他们都将"民为邦本，本固邦宁""以不忍人之心，行不忍人之政""制国有常，利民为本"等思想贯彻在实际的工作中，重民、保民、爱民、敬民、教民、富民。

二是为官事迹相近。为官一任，造福一方。循吏和清官的第二个相同之处就在于二者的执政事迹均较为突出。在官德方面，克己奉公、廉洁自律、勤政为民；在经济方面，躬劝农桑、开垦荒田、兴修水利；在文化方面，重教化、修学校、兴庠序；在司法方面，明辨是非、公正执法、不惧权贵。

三是百姓感情相融。循吏和清官以民为本，爱民如子，对百姓感情深厚，百姓对他们自然也是爱戴有加。比如，西汉元帝时期召信臣，被百姓称为"召父"；唐代循吏贾敦实，百姓为其树碑，在其离职后，"复刻石歌颂美"；明朝清官海瑞被百姓称为"海青天"……

而在循吏和清官的区别上，笔者拟从时间、来源和内容三方面入手进行比较。

一是出现时间不同。"循吏"一词最早出现在《史记·循吏列传》中，提出的时间在西汉时期；而可考的具有廉洁公正含义的清官一词最早出现在金代元好问的《薛明府去思口号》中："能吏寻常见，公廉第一难。只从明府到，人信有清官。"作者元好问生活在宋金时期，二者提出的时间至少相差千年。

二是定义来源不同。循吏一词在司马迁首次提出后，广泛见于官方史书，尤其是正史中。有清一代是中国最后一个封建王朝，《清史稿》中仍然保留了循吏的称呼。而清官一词最初在宋元民间艺术创造中广为流行，到了明清时期才散见于明清实录等官方史书中。由此可见，循吏多为官方对好官的称谓，清官多为民间对好官的称谓，二者定义的最初来源是不同的。这种差异也可以从于铁丘的论著《清官崇拜谈：从包拯到海瑞》中找到痕迹。虽然他在文中指出的是"廉吏"与"清官"的差别，但是在笔者看来，中国古代"廉吏""良吏""循吏"是可以等同看待的。他说："这一'官'一'吏'的区别，正反映了上下两个阶层对这一类官吏称呼的定位，也反映了上、下阶层成员的不同要求与期望。简单地说，'清官'乃是一种民间的俗称，而'廉吏'才是官方拟定的正名。"

三是囊括范围不同。这是循吏和清官最核心的区别。清官在清，循吏在循。在二词的模糊程度上，清似乎要更胜一筹。换言之，清官的清，所指代的品质和行为较循吏而言要更丰富一些。这种清，既要求官员主动作为，认真履职；同时也要求官员对待财富、对待压力清静无为。这是一种内外兼修的为官之道。总的来看，在对清官的评价标准上，外在的政绩和内在的修养平分秋色。而循吏则是在"奉法循理"的前提下，以求"所居民富，所去见思"，更多地关注循吏实际取得的肉眼可见的成绩，而对循吏内在修养方面似乎并不是那么看重。

这一结论是将循吏和清官放置于文化的角度进行考察而得。也就是说，经过研究者们的考证，能够如此认定：古代循吏的德行和为循吏列传的传统，和清官文化的本质是没有区别的。当涉及文化层面的论证时，循吏和清官是可以同日而语的。如果说，"从历史上留下来的存在于符号中的意义模式，以符号形式表达的前后相袭的概念系统，借此人们交流、保存和发展对生命的知识和态度"[①]形成了文化，那么可以认为，对循吏和清官的品行、做法、功绩的留存和宣传，便形成了中国特有的清官文化。在现代话语体系下，循吏和清官的指向同一，其背后饱受赞扬的执政为民、公正清廉、诚信笃实、勤勉敬业等优秀文化基因，可以统一称之为：清官文化。既然学界对清官文化的法文化内涵予以接纳，那么同样地，循吏（传）自然而然也应具有法律文化价值。在此语境之下，本节接下来的行文中，笔者不刻意区分循吏（文化）与清官（文化）的使用。

一、循吏（传）具有法律文化特征

关于文化的定义，国内外学术界至今已经给出了200余种解释，在人们的心中也都有各自对文化的认识。根据《现代汉语词典》中的定义，文化是"人类在社会历史发展过程中所创造的物质财富和精神财富的总和"。显然，这是广义的文化的定义，其包含了物质和精神两个层面。但是笔者认为，清官文化却更多地指向精神层面，更加强调心灵上的滋养和洗礼。《易经》中载："观乎人文，以化成天下。"[②]文化作为动词出现，意指文而化之。在这里，文化的重要意义不仅仅在于有了种种"文"的积淀，更在于用它去教化人，并使

---

① ［美］克利福德·格尔茨：《文化的解释》，韩莉译，南京：译林出版社1999年版，第109页。
② 《周易》，杨天才、张善文译注，北京：中华书局2011年版，第207页。

之发生相应的变化。① 毫无疑问，清官文化的直接作用对象就是官。将循吏的事迹进行集合，为循吏列传的最初动因就是标榜为官典范，树立为官榜样，促进为官以德。

按照"文而化之"的解释去重新审视这种文化现象，不难发现它绝不是简简单单地对清官循吏品德功绩的汇集与传播。中国历来有"德法合治"的传统，强调国家和社会的治理需要法律和道德协同发力。于吏治而言，惩治贪官体现的是法律的刚性，是事后补救措施；与此同时，也需要柔性的道德指引去教育官员积极有为，防患于未然。清官文化，正是这种具有教化规范性质的法文化。

其一，从封建政治法律制度的角度来看。清官文化的基础载体是"清官"，循吏政治文化的基础载体是"循吏"，二者的本质都是封建官吏。在传统中国社会，官吏依照本朝法令所规定的职责，在法律允许的范围之内，治理任职之地，此乃"奉法"而行；另外，官吏手握统治者赋予的权力，对治下大小事务拥有绝对的权威，其言行举止在百姓看来也是实质意义上的"法"。即使传统中国一再宣扬"以德治天下"，但是历代法律的不断完善依旧展现出封建社会看重"法治"的一面。将国家大小事务放置于"法治"轨道下运行，辅以德政的教化，赏罚并用，恩威并济，是礼法时代的显著特征。统治者把对官吏的日常教育和失职惩戒一体纳入职官法律制度，并逐渐阐释、归纳模范官吏的德行内涵，结合百姓对好官的心理画像，最终融合成循吏传，化为了传统清官文化，予以大肆宣扬。慢慢地，清官循吏的标准同时存在于国家的法律制度、统治者的治吏手段和百姓的内心期盼中。这种标准既有道德的约束，更有法律的保障。

其二，从法文化（法制文化、法治文化）的定义来看。张文显教授曾经提出："法文化是在一定社会物质生活条件决定作用的基础

---

① 龙大轩：《中国传统廉政文化的经验与启示》，《光明日报》，2017年1月8日，第7版。

上，国家政权所创制的法律规范、法律制度，以及人们关于法律现象的态度、价值、心理、感情、习惯及理论学说的复合有机体。"[①] 循吏政治与清官文化依赖于中国封建社会皇权统治下的官僚政治体制而出现，必然要受职官法律制度的约束和管理；同时，在中国古代"礼法合一"的法律制度和法律思想体系中，清官文化和循吏身上所蕴含的忠诚、为民、勤勉、廉洁等宝贵精神，也是儒家法思想的生动体现。不管是制度层面还是思想层面，清官文化都与"法"密不可分。所以说，清官（循吏）文化是传统法文化的一部分。

二、循吏（传）的法律文化意义

清官循吏是物质层面的概念，出现得较为突然和直接，定义和描绘也都相对简单。而清官文化作为精神层面的具有价值观性质的文化，它的形成则是多方因素共同作用的结果。在清官文化形成的过程中，有两个变量不可忽略，一是时间，二是社会。时间的沉淀会让文化的精神更为深沉，而且只有一定的量变才能引起根本的质变；社会则是孕育文化的土壤。在动荡的社会或是和谐的社会中，人们的思维方式、行为方式必定有所不同。在不同社会背景之下形成的文化，都被打上了深深的烙印。这种烙印，我们可称之为：社会的核心价值观。

何为核心价值观？简单地说，就是社会群体判断社会事务时依据的是非标准，遵循的行为准则，是社会群体的道德规范。清官文化，体现的就是在当时的社会条件下，上到皇帝，下到百姓，对"何为清官"与"清官何为"的评判标准和准则。我们不能说，在对清官的认知和对清官文化的态度上，皇帝和百姓达成了高度的一致。

[①] 张文显主编：《法理学》（第三版），北京：高等教育出版社、北京大学出版社2007年版，第391页。

因为只要阶级差异存在,统治阶级与被统治阶级就不可能和平相处。只不过,清官文化中的某些元素恰好符合皇帝(统治者)的统治理念,另外的某些元素又与百姓(被统治者)心中对好官的描绘高度契合,所以清官文化才得以延续和发扬。从某种程度上讲,这是"皇权"与"民权"博弈平衡的结果。

概言之,清官文化是对清官循吏的内在要求和其本人外在行事风格统一而形成的结合体,是政治因素、经济因素、社会因素等各方面交织而成的结果。展开说来,清官文化,或者说标榜循吏(为循吏列传),有这样几个意义:

一是保障统治的稳定。植根于中国两千多年的封建专制制度,决定了任何政治法律制度的安排和构建都必须为封建王朝统治服务。正如钱穆先生所说:"政治制度,必然得自根自生。纵使有些可以从国外移来,也必然先与其本国传统,有一番融合媾通,才能真实发生相当的作用。否则无生命的政治,无配合的制度,决然无法长成。"①清官文化虽然发轫于民间,但终究被官方所认可,这说明清官文化,或者说清官文化中的某些要素,也正是统治阶级所需要的。清官群体深受儒家思想的影响,具有强烈的政治责任感和社会责任感,"以天下治安为念"②,深明"事君犹事父"之大义,不为"亏君之义,复父之仇。"③封建君主正是看重了清官"忠"的特质——这种维护中央集权统治最宝贵的精神。哪怕历朝历代的统治者一再强调为民兴利,制民之产,与民同乐,其实也只是空具爱民之"形"。清官并不是因为受民爱戴,治绩突出才得到皇帝的褒奖,而是由于清

---

① 钱穆:《中国历代政治得失》,北京:生活·读书·新知三联书店2005年版,第4页。
② 中国第一历史档案馆编:《雍正朝汉文朱批奏折汇编》,第30册,南京:江苏古籍出版社1991年版,第186页。
③ [汉]何休注、[唐]徐彦疏:《春秋公羊传注疏》,上海:上海古籍出版社2014年版,第1071页。

官不贪不懒，治下稳定，最关键的是忠诚于己。于内，统治者需要更多的这样的官员协助自己，以保证统治的稳定；于外，统治者需要塑造顺应民意的形象。基于以上两点考虑，统治者对清官加以标榜，对清官文化大力弘扬。

二是确保吏治的清明。根据历史唯物主义（Historical Materialism），"一切重要历史事件的终极原因和伟大动力是社会的经济发展、生产方式和交换方式的改变、由此产生的社会之划分为不同的阶级，以及这些阶级彼此之间的斗争。"① 在中国古代也是同样。皇帝、官吏、百姓，由于力量和地位的悬殊，三方形成了天然的差序格局。官吏是皇帝管理国家的权力媒介。历朝历代的统治者都是在"礼乐征伐自天子出"② 之后，选拔任用德才兼备的官吏协助治理国家，通过官吏把自己的施政方针和治国理念贯彻到实际工作中。所谓"吏者，民之本纲者也，故圣人治吏不治民"③，说的就是中国古代所特有的"皇帝出政，百官行政"的治理模式。当然，必须说明的是，这里所说的"百官行政"，并不是西方三权分立模式下权力制衡之中的"行政"（Administration 或者 Executive），而单纯是指执掌权柄、推行政令、护育人民④。与此同时，在儒家民本思想的影响之下，为了保证政权的绝对稳定，就必须使人民安居乐业。这就要求官吏克己奉公、勤勉负责。但是自古以来，官有"好官"也有"坏官"，有负责任的官也有不负责任的官。官吏品行的好与坏，履职能力的高与低，国家法律有一套评价的体系和制度，百姓心目中也有一套评价标准和预期。弘扬清官文化，就是为了树立典型，订立榜样，以求官吏

---

① 《马克思恩格斯选集》，第3卷，北京：人民出版社1995年版，第704-705页。
② [宋]朱熹：《四书章句集注·论语集注》，北京：中华书局2011年版，第159页。
③ [清]王先慎：《韩非子集解》，钟哲点校，北京：中华书局2013年版，第339页。
④ 范忠信主编：《官与民：中国传统行政法制文化研究》，北京：中国人民大学出版社2012年版，第2页。

履职尽责。

三是契合百姓的期盼。"不是人们的意识决定人们的存在,相反,是人们的社会存在决定人们的意识。"[①] 清官最初在民间文学艺术作品中的出现,绝非偶然,最初便将矛头对准了腐败成性的贪官污吏。在历史上有这样一个规律,治世清官少,乱世清官多。文景之治、贞观之治、仁宣之治、康乾盛世等治世,清官的数量远比五代十国乱世、明末乱世要少。这是因为乱世之中,贪官的飞扬跋扈才更能体现出清官夙夜在公的珍贵。封建社会具有自身的局限性,百姓总是处在社会的最底层,长期处于被压迫的状态之中。面对贪官的横行霸道,不断加重的徭役和赋税,平民百姓"叫天天不应,叫地地不灵",根本无力反抗,只能默默承受。无奈之下,他们只能寄希望于大公无私、秉公执法、勤政爱民、劝课农桑、清正廉洁、节俭清贫的清官救他们于水火之中。所以,百姓们塑造了一个又一个近乎神化了的无所不为、无所不能的清官形象,作为全部的希望和寄托。现实中百姓认为的清官在口口相传中被定义、被传播,清官的高尚品德和良好政绩也在民间的戏曲杂文小说中被渲染、被放大,无不表达了对善治的向往和对清官的期盼。这种现实的认可与梦想的期盼,演变成了长期受压迫受统治的百姓心中的清官情结。至此,清官成了好官的代名词。为清官循吏列传,将他们为政过程中所遵循的规则、为人的准则、为官的原则进行汇集,便构成了中国古代所特有的清官(循吏)文化。概言之,清官循吏不仅仅存在于现实生活中,更存在于百姓的心目中。百姓对每一任地方官的期盼反过来影响官员勤政廉政,直接推动了传统官德法文化的弘扬与发展。

[①]《马克思恩格斯选集》,第 2 卷,北京:人民出版社 2012 年版,第 2 页。

第二节 历代循吏的数量与德行

循吏传采用类传的形式对好官群体事迹进行了整合，是中国古代史书编撰的创举。一如梁启超在《中国历史研究法补编》中所说："类传或合传，在传记中最为良好，因为他是把历史性质相同或者互有关系的人物聚在一起，加以说明，比单独叙述一人，更能表现历史真相。"[①] 二十五部正史之中，有二十部正史对循吏的事迹进行了记载，为后世对循吏群体展开研究提供了便利。那么，二十部正史记载了多少位循吏，他们的官级品阶又如何？笔者爬梳载有循吏传的正史，并结合各朝不同的品级制度，对循吏的人数和品阶进行了大致的梳理。

一、循吏的人数

在研究过程中，首要的问题便是明确样本容量。关于正史循吏传所记载的循吏人数，一直都存在着不同的观点和看法，统计出来的数字自然也不相同。[②] 究其原因，一方面是史书版本不同所致，比如《明史》的编撰长达95年，"凡四次开馆，五换监修，七易总裁。"[③] 由上海古籍出版社影印出版的万斯同版《明史》，里面记载了循吏174人（正传73人，附传101人）；而由中华书局于1974年

---

① 梁启超：《中国历史研究法补编》，北京：中华书局2010年版，第202页。
② 关于历代正史所载循吏的数量，由于统计方式的不同，结果存在差异。比如徐忠明统计的数量为552人，史祥荣统计的数量为548人。程遂营在未计算《清史稿·循吏传》的数量情况下，得出清前循吏人数约为240人的结论。笔者在这里不纠结循吏的具体数量，但是可以确定的是，历代正史循吏加起来不过500余人。分别参见徐忠明：《情感、循吏与明清时期的司法实践》，上海：上海三联书店2014年版；史祥荣："正史《循吏传》研究"，东北师范大学2012年硕士学位论文；程遂营："'二十四史'《循吏》、《酷吏》列传与中国古代监察官的选任"，《北方论丛》，2006年第1期。
③ 姜胜利：《20世纪明史研究成就巡礼》，《南开学报》（哲学社会科学版），2009年第6期，第49页。

出版的点校版《明史》，实则张廷玉定稿，记载了循吏 124 人（正传 30 人，附传 94 人）。版本的不同可能会导致数量的统计差异。另一方面则是因为统计方法的不同，比如有些循吏传中存在着附传人物，一些学者将其纳入其中，一些学者认为这并不能认为是循吏，所以并未统计。

  本书中对循吏数量的统计，采用中华书局最早一版点校本二十五史所记载的人物为限①。统计遵循以下原则：一是只统计循吏（良吏、良政、能吏）传中所载人物，对其他位置提及的具有"循吏""良吏"等称呼的人物不予统计；二是对循吏传中所提及的，史书中他处已单独列传者，不予统计；三是正传和附传所载循吏均进行统计；四是部分只提及姓名的循吏也统计在内；五是不同史书重复收录的循吏，只统计一次。历代正史循吏数量统计如下：

设有《循吏传》的正史中所载循吏数量一览表

史书	数量
《史记》	5
《汉书》	6
《后汉书》	31
《晋书》	16
《宋书》	21
《南齐书》	11
《梁书》	9
《魏书》	14

---

① 《史记》1959 年版，《汉书》1962 年版，《后汉书》1965 年版，《晋书》1974 年版，《隋书》1973 年版，《魏书》1974 年版，《宋书》1974 年版，《南史》1975 年版，《北史》1974 年版，《南齐书》1972 年版，《北齐书》1972 年版，《梁书》1973 年版，《新唐书》1975 年版，《旧唐书》1975 年版，《辽史》1974 年版，《金史》1975 年版，《宋史》1985 年版，《元史》1976 年版，《明史》1974 年版，《清史稿》1977 年版。

续表

史书	数量
《北齐书》	10
《隋书》	16
《南史》	35
《北史》	22
《旧唐书》	55
《新唐书》	29
《金史》	40
《宋史》	13
《辽史》	6
《元史》	18
《明史》	124
《清史稿》	116
除去重复56人，共计541人	

从表中可以得知，历代正史收录循吏的数量差异明显，多则上百人，少则五六人，其中以明史所载循吏为历代循吏数量之最。为了更加清晰直白地反映循吏群体占官吏群体的比重，笔者选取部分典型朝代，进行了粗略的统计①。

---

① 必须说明的是，笔者在这里仅做粗略统计，未进行文官武官之分，仅仅是为了反映循吏群体所占官员总数的大致情况。同时，各朝代时期不同，官员人数还存在较大差异，比如，明朝洪武年间，官员人数仅两万余人，到了宪宗时期，官员人数将近八万。在这里笔者根据循吏传所撰循吏任职时间选取官员总数进行计算，利用选取循吏最多的时期的官员人数作为基数。上表中，官员数量的数据引自《论中国古代的封建社会》（载《历史问题论丛》，翦伯赞主编，北京：人民出版社1962年版）和清朝笔记《广阳杂记》（［清］刘献廷撰，汪北平、夏志和点校，北京：中华书局2010年版）。

朝代	官员数量	循吏数量	循吏占比
两汉	285 791	37	0.013%
隋	195 937	16	0.008%
唐	368 668	68	0.018%
宋	24 000	13	0.054%
元	16 425	18	0.11%
明	80 000	124	0.155%
清	15 600	116	0.744%

随着朝代的更迭，循吏群体占本朝官员的比重呈大致上升的趋势，但是占比仍然微乎其微，大部分朝代循吏的比例都在0.1%左右，哪怕是到了官僚制度的顶峰——清朝，循吏群体也才接近1%。可见循吏群体的确是官员群体中的凤毛麟角。在当代公务员管理体制之下，与循吏所担任职位最接近的官员应该是县委书记。① 据不完全统计，截至2020年年底，我国现有公务员人数700余万人，2021年表彰全国优秀县委书记103人，占比约为0.001%，评定比例甚至要比古代的循吏还要低很多。所以说，无论是在古代还是现代，要想被评定为"循吏"式的好官，要想在众多的官吏（员）中脱颖而出，难度可想而知。俗话说，物以稀为贵。不是所有人都可以成为百官的模范，统治者树立的典范，百姓心目中的"青天大老爷"，只有勤勤恳恳踏踏实实才能被统治者认可，被老百姓接受。

此外，根据我国现行公务员考核相关规定，在年度考核中，评为优秀的等次人数，一般不超过本机关的20%，最高不能超过

---

① 循吏多为地方基层长官，署理本县（州）大小事务，下文将详细展开，在此不再赘述。

35%①。但是要被认可为循吏，单凭一次的"优秀"恐难以入选，更多的是需要多年的坚守和付出。比如《后汉书》所载循吏许荆"在事十二年，父老称歌"②，循吏卫飒"视事十年，郡内清理"③，又如《隋书》所载循吏公孙景茂"前后历职，皆有德政，论者称为良牧"④。

如果单单从比例的角度衡量，中国古代和现代对官员群体优秀代表评定的严苛程度可谓是随着朝代的变迁而有增无减。但是从《史记》到《清史稿》，记载了我国几千年的历史，可是循吏仅有541人，这个数量是不是太过微小。其实，根据史料记载，中国古代的循吏远比循吏传中所载人数要多，但是由于史书编修的需要或者树立典型的方便，对部分循吏单独列传或选取部分典型的循吏加以记述⑤。比如，《汉书·循吏传》载："是故汉世良吏，于是为盛，称中兴焉。"⑥《北齐书·循吏传》载："高祖拨乱反正，恤隐为怀，故守令之徒，才多称职……今掇张华原等列于循吏云。"⑦《旧唐书·良吏传》载："自武德已还，历年三百，其间岳牧，不乏循良。"⑧《宋史·循吏传》载："承平之世，州县吏谨守法度以修其职业者，实多其人。"⑨《元史·良吏传》载："世祖始立各道劝农使，又用五事课守令，以劝农系其衔。故当是时，良吏班班可见，亦宽厚之效也。然

---

① 《公务员考核规定》第十二条：公务员年度考核优秀等次人数，一般掌握在本机关应参加年度考核的公务员总人数的20%以内；经同级公务员主管部门审核同意，可以掌握在25%以内。《公务员平时考核办法（试行）》第十六条：县级以上公务员主管部门可以根据平时考核工作开展情况，调整本辖区内机关年度考核优秀等次比例，调整后比例最高不超过35%。
② ［南朝宋］范晔：《后汉书》，卷76，北京：中华书局1965年版，第2472页。
③ ［南朝宋］范晔：《后汉书》，卷76，北京：中华书局1965年版，第2459页。
④ ［唐］魏徵等：《隋书》，卷73，北京：中华书局1973年版，第1681页。
⑤ 对堪称循吏但是单独列传的，大部分是因为官职过高，不符合循吏传群体的基本特征。
⑥ ［汉］班固：《汉书》，卷89，北京：中华书局1962年版，第3624页。
⑦ ［隋］李百药：《北齐书》，卷46，北京：中华书局1972年版，第637页。
⑧ ［后晋］刘昫等：《旧唐书》，卷185，北京：中华书局1975年版，第4782页。
⑨ ［元］脱脱等：《宋史》，卷426，北京：中华书局1977年版，第12691页。

自中世以后,循良之政,史氏缺于纪载。今据其事迹之可取者,作《良吏传》。"①由此观之,中国古代的循吏数量确实超过史书记载的540余人。能够被史官选入循吏传的,除了自身的品德优秀和政绩突出外,也不能不说算是幸运。

二、循吏传所载官员品阶

中国古代封建社会的显著特点之一便是等级森严。在发达的中国古代官僚政治体制中,自然也免不了掺入尊卑贵贱的差异,"所以官序贵贱各得其宜也,所以示后世有尊卑长幼之序也。"②在不同朝代,职官的建制都有所不同。但是历朝历代关于官吏群体的分类,最为主要的方式无外乎以下两方面:一是根据品级官职的分类。在中国古代的职官法律制度中,品级和官职是并行的。品级表示地位的高低,官职概括官员的权力范围。二是根据任职层级的不同进行分类,有中央和地方之分。由于任职区域的不同,形成了京官和外官两类官吏,由此便同时存在着不同的中央官制和地方官制。循吏群体作为中国古代官吏群体的典型代表,史官为其立传之时肯定也回避不了对拟撰循吏官职、品级、任职区域的考量。

《史记·循吏传》中记载了五位循吏的事迹,其中孙叔敖为楚庄王相,子产为郑昭君之相,公仪休为鲁相,石奢为楚昭王相,李离为晋文公之理官。显而易见,五位循吏中四位官至宰相,只有李离地位较低,且都为中央官员。在其后的《汉书》中,对王成的记载限于其担任胶东相时期的事迹;文翁任蜀郡守并"终于蜀",传记所载内容也只是发生在其担任郡守期间的事迹;其他四人,虽黄霸最终官至丞相,朱邑入任大司农,龚遂升任水衡都尉,召信臣征为少

---

① [明]宋濂等:《元史》,卷191,北京:中华书局1976年版,第4355页。
② 《礼记》,胡平生、张萌译注,北京:中华书局2017年版,第745页。

府，列于九卿，但是传中大部分的事迹的发生时间都是在他们担任地方官期间。

对剩余十八部史书考察后，笔者发现，再未出现宰相等身份显贵的中央官吏入传。其他史书中，循吏担任最多的职位集中在"刺史""县令""太守""知县（州）"，以上官职的拥有者有一个共同的特点——他们都是品级不高的地方基层官吏。据统计，98%以上的循吏至少担任过以上四个职位之一。

以上是站在循吏整体的角度上进行的统计分析，旨在观察循吏群体所担任官职的共同之处，是运用逻辑进行归纳推理。其实在二十部正史中，有部分循吏传在序言中便对所载循吏官阶进行了直接的限制，将王侯将相等一系列地位显贵之人排除在循吏传之外。譬如，《北齐书·循吏传》载："齐氏循良，如辛术之徒非一，多以官爵通显，别有列传"①；《新唐书·循吏传》载："若将相大臣兼以勋阀著者，名见本篇，不列于兹。"②以上两部史书开宗明义，阐明了对官爵通显者另设别传的循吏传排除标准。这个表述相对来说较为模糊，何为"官爵通显"，又何为"将相大臣兼以勋阀著"，这恐怕是见仁见智的事情。这种否定式的排除定义法显然没能将循吏的职位、级别、任职地点概述清楚。

具体描述了循吏在官僚系统中的地位的，有《宋史》《明史》《清史稿》三者。《宋史·循吏传》载："州县吏谨守法度以修其职业者，实多其人。其间必有绝异之绩，然后别于赏令，或自州县善最，他日遂为名臣，则抚字之长又不足以尽其平生，故始终三百余年，循吏载诸简策者十二人。"③该序言中提到了"州县吏"，直接明确

---

① ［隋］李百药：《北齐书》，卷46，北京：中华书局1972年版，第637页。
② ［宋］欧阳修等：《新唐书》，卷197，北京：中华书局1975年版，第5616页。
③ ［元］脱脱等：《宋史》，卷426，北京：中华书局1977年版，第12691页。

了循吏的大致品级和循吏的地方官性质。在《明史·循吏传》中有"今自守令超擢至公卿有勋德者,事皆别见,故采其终于庶僚,政绩可纪者,作循吏传。"①庶僚一词代指一般官吏,是对品级不算高、职位不算重要的官吏的代名词。《明史》此处的记载采用了肯定加否定的形式,一方面指出了对地位显赫者单独立传的排除性条件,另一方面又直接指出所记载的循吏以幕僚为限。如此表述,使循吏群体的画像越发清晰。

《清史稿》将《明史·循吏传》序言中的标准进一步细化。《清史稿·循吏传》载:"明史所载,以官至监司为限,今从之。尤以亲民为重,其非由守令起家者不与焉。"②直接表明遵从《明史》所择循吏的传统与标准,所选循吏的职位以监司为上限。清代的监司是布政使、按察使、各道道员等负有督察所属府、州、县之权的官员的统称,其性质为地方官员。此外,《清史稿·循吏传》的撰写者夏孙桐曾经在《清史〈循吏传〉编辑大意》中提出:"由守令洊至监司而政绩显于郡邑者入《循吏》;其监司不由守令洊擢,及虽由守令而监司任内政绩由著,皆归《臣工列传》。"③由此可知,《清史稿》对选择循吏的官职要求在于三点,第一是官至监司为限,非达官显贵者;第二是循吏必须为地方官员,即"守令起家"之属;第三是循吏的突出事迹必须发生在州县治理的过程中。

可以看出,历代史官对循吏的遴选都极为严苛,且标准越发清晰。而且一个明显的趋势是:循吏的"地方官"身份,成了循吏群体最鲜明的底色。综上所述,循吏传所载群体大致定位应该是:即使得到提拔重用,但是最高职位也限于监司的,政绩卓著的地方州

---

① [清] 张廷玉等:《明史》,卷281,北京:中华书局1974年版,第7186页。
② [清] 赵尔巽等:《清史稿》,卷476,北京:中华书局1977年版,第12968页。
③ [清] 夏孙桐:《清史〈循吏传〉编辑大意》,转引自王昌宜:《清代循吏研究——以〈清史稿·循吏传〉为中心》,合肥:安徽大学出版社2017年版,第39页。

县行政长官。一言以蔽之,循吏乃亲民之官。

三、循吏德行大要

套用现代法学界对行政法学的一句概括,从前的州县官(循吏)就是"上管天,下管地,中间管空气",从赋税诉讼,到办学劝耕,只要是发生在辖内的事情,他们都有责任也有义务去管理。总的来说,在中国古代"诸法合体,民刑不分""行政官员兼理司法"的治理模式之下,循吏的工作可谓无所不包。他们的中心工作就是保证地方的稳定和富饶,从而为统治者的统治根基奠定坚实的基础。循吏直接与百姓接触,直接管理百姓、服务百姓,承担着为民兴利的任务,就像清代循吏方大湜所说:"造福莫如州县"[①]。

前文提到,最初循吏的择吏标准是"奉职循理"(奉法循理)。《史记·循吏传》记载了孙叔敖使百姓"各得其所便,民皆乐其生"的功绩;描绘了在子产治理下,"竖子不戏狎,斑白不提挈,童子不犁畔","市不豫贾","门不夜关,道不拾遗","田器不归","士无尺籍,丧期不令而治"的海晏河清的美好场景;讲述了石奢将杀人的父亲放走,在楚昭王已经宽恕的情况之下,留下"不私其父,非孝子也;不奉主法,非忠臣也。王赦其罪,上惠也;伏诛而死,臣职也"的铿锵话语后自刎谢罪的故事;记叙了"嗜鱼"的公仪休断然拒绝他人送鱼之事;留下了李离坚持"理有法,失刑则刑,失死则死",因过失断案而伏剑自杀的壮举。在太史公笔下的循吏,无不彰显了爱民、清廉、正直的宝贵品质[②]。

班固《汉书》中的循吏在继承《史记》"奉法循理"的基础上,

---

① [清]方大湜:《平平言》,载官箴书集成编纂委员会编:《官箴书集成》第7册,合肥:黄山书社1997年版,第596页。
② [汉]司马迁:《史记》,卷119,北京:中华书局1959年版,第3099—3103页。

提出"所居民富，所去见思，生有荣号，死见奉祀"①的循吏追求，将儒家"富民教民"的积极有为纳入循吏的考量标准，后世因之。如《梁书·良吏传》中提道"或所居流惠，或去后见思"②，同样从治理的效果和百姓的评价两方面圈定循吏；《北史·循吏传》有云："张膺等皆有宽仁之心，至诚待物，化行所属，爱结人心"③，将循吏的品德做了再一次的凝练。纵观历代正史所载循吏事迹，笔者将循吏的品德总结为"廉""仁""直"三方面，将循吏的为政之举归纳为"富""教""断""保"四方面。在此展开论述。

一者，关于循吏的品德。

所谓"廉"者，指廉洁之意。东汉王逸在《楚辞·章句》中注释"不受曰廉，不污曰洁"，是说不随意接受他人的财物，不让自己清白的人品遭到玷污，是为廉洁。除了不受鱼的公仪休之外，清廉的循吏不胜枚举。譬如，"一钱太守"刘宠即使身居高位，"前后历宰二郡，累登卿相"，也依旧"清约省素，家无货积"。在升任离开会稽之时，五六位老翁感激刘宠"狗不夜吠，民不见吏"的圣明之治，所以"人赍百钱以送宠"，刘宠说了句"勤苦父老"，只收了一枚大钱便离开了④。"试观刘宠之卸任会稽，仅受一钱，其生平之廉洁可知。"⑤再如南朝刘怀慰，带领百姓整饬城乡，开垦荒田，引水灌溉，使百姓安居乐业。百姓感其恩德，为他送来一斛新米，刘怀慰说："旦食有余，幸不烦此"，拒绝了百姓的好意。其后，他还著《廉吏论》以明心迹，只可惜该书现已亡佚。齐明帝萧鸾曾感慨道：

---

① [汉]班固：《汉书》，卷89，北京：中华书局1962年版，第3624页。
② [唐]姚思廉：《梁书》，卷53，北京：中华书局1973年版，第766页。
③ [唐]李延寿：《北史》，卷86，北京：中华书局1974年版，第2890—2981页。
④ [南朝宋]范晔：《后汉书》，卷76，北京：中华书局1965年版，第2477—2479页。
⑤ 蔡东藩：《后汉通俗演义（绣像本）》，北京：中华书局2015年版，第400页。

"刘怀慰若在，朝廷不忧无清吏也。"①史书中大多用"尚节俭""清廉""俭约""廉谨"等词语描绘清廉的循吏。全部500余位循吏中，具有清廉评价的占到了半数以上，足见史官对清白之名的重视。

所谓"仁"者，意指忠孝谦恭，爱民恤物。"'仁'为生意，故有相通、相贯、相爱之义焉。"②仁是儒家的核心思想，是推己及人，将心比心。反映在循吏身上的仁，便是对百姓的照顾和关爱，是中国古代民本思想的生动诠释。南朝循吏孙谦的朋友见到彭城人刘融在街上乞讨要饭，病重而无家可归，便把他送到了孙谦家。孙谦"开厅事以待之"，热情地接待了刘融。等到刘融去世之后，孙谦"以礼殡葬之。"③再如，《魏书·良吏传》记载了一位名为阎庆胤的循吏，在担任东秦州数城太守时，偶遇灾年，他即刻拿出自己家的米粟，"民赖以济"④；唐朝冯元淑"俸禄之余，皆供公用，并给与贫士"⑤；同样的事情，还发生在南朝循吏伏暅身上，他也是在百姓交不起赋税的时候，拿出了自己的田米尽心帮助。古语有云："以力服人者，非心服也，力不赡也；以德服人者，中心悦而诚服也。"⑥循吏为民父母行政，其仁心仁德至此，确实无愧父母官之称号。

所谓"直"者，意指公正客观，不徇私情，亦指性格刚直不阿。在中国古代等级制度森严的封建社会中，官吏小心慎微，不敢多言，若稍有不慎便有可能命丧黄泉。并不是所有的官吏都可以有魏徵、弦章、邹忌、包拯他们直言上书的勇气，也不是所有的统治者都可以有唐太宗、齐景公、齐威王、宋仁宗那样的胸怀。循吏群

---

① [梁]萧子显：《南齐书》，卷53，北京：中华书局1972年版，第918页。
② [清]方以智：《东西均注释》，庞朴注释，北京：中华书局2001年版，第164页。
③ [唐]李延寿：《南史》，卷70，北京：中华书局1975年版，第1716–1717页。
④ [北齐]魏收：《魏书》，卷88，北京：中华书局1974年版，第1903页。
⑤ [后晋]刘昫等：《旧唐书》，卷185，北京：中华书局1975年版，第4800页。
⑥ [宋]朱熹：《四书章句集注·孟子集注》，北京：中华书局2011年版，第219页。

体中，敢于上书皇帝或者反对上级的直言之官大有人在，他们忠君事君，直言诤谏。比如，根据《梁书》的记载，范述曾"为人謇谔，在宫多所谏争，太子虽不能全用，然亦弗之罪也"①；又如唐初循吏李素立，在面对高祖杀死"犯法不至死者"的命令时，进言"三尺之法，与天下共之，法一动摇，则人无所措手足。陛下甫创鸿业，遐荒尚阻，奈何辇毂之下，便弃刑书？臣忝法司，不敢奉旨。"②使唐高祖改变了主意。"举直错诸枉，能使枉者直"③，循吏的直言上谏，就是在对抗"折直士之节，结谏臣之舌"④的国之大患，在史官看来是极为难得的优秀品质。

二者，关于循吏的政举。

所谓"富"者，意指兴修水利，劝课农桑，轻徭薄赋，赈济灾民。"善为国者，必先富民，然后治之。"⑤综合考察循吏的为政之举，为民兴利是绝大多数循吏在任期间必做之事。一是兴修水利，灌溉农田，整治水患。比如，隋朝循吏赵轨，在任时发现"芍陂旧有五门堰，芜秽不修"，于是"劝课人吏，更开三十六门，灌田五千余顷"，最终"人赖其利"⑥；还有以治水而闻名的"治水奇人"王景，他主持建成"自荥阳东至千乘海口千余里"⑦的大堤，使饱受水患困扰的百姓再无流离失所之忧。二是开垦荒田，传授方法。中国古代社会是以农耕为主的自然经济，国家以农为本，百姓以农为生。循吏为政的突出事迹还集中在带领百姓进行农耕。比如，宋朝循吏高赋初到唐州任职，发现唐州的耕地已经长久未耕，加之前太守赵尚

---

① [唐] 姚思廉：《梁书》，卷53，北京：中华书局1973年版，第769页。
② [后晋] 刘昫等：《旧唐书》，卷185，北京：中华书局1975年版，第4786页。
③ [宋] 朱熹：《四书章句集注·论语集注》，北京：中华书局2011年版，第132页。
④ [汉] 班固：《汉书》，卷67，北京：中华书局1962年版，第2922页。
⑤ 《管子》，李山、轩新丽译注，北京：中华书局2019年版，第715页。
⑥ [唐] 魏徵等：《隋书》，卷73，北京：中华书局1973年版，第1678页。
⑦ [南朝宋] 范晔：《后汉书》，卷76，北京：中华书局1965年版，第2465页。

宽"垦不遗力",导致田地里杂草丛生。高赋招募了两河的农民,按照人口数量分配给田地使他们耕种,并且修筑陂堰四十四座。等到高赋离任时,"田增辟三万一千三百余顷,户增万一千三百八十,岁益税二万二千二百五十七。"① 三是轻徭薄赋。明朝循吏叶宗人,在钱塘县任职时,当地豪强往往买通官吏,使得百姓的徭役十分繁重。叶宗人将应役之人登记造册,使徭役平均分摊,减轻了百姓的负担。四是赈济灾民。东汉循吏第五访任张掖太守时赶上饥荒,他旋即私自开仓赈济灾民。面对怕担责任而争相上报的其他官员,第五访大义凛然:"若上须报,是弃民也。太守乐以一身救百姓。"② 中国古代循吏将富民思想坚决贯彻到实际的工作中,力求"民不逃粟,野无荒草。"③ 采取一系列富民举措而使民得利,也成了循吏显著的特点之一。

所谓"教"者,意指大兴教化,移风易俗。"孔子称庶则富之,既富则教之。"④ 按照这个逻辑,循吏在"富民"之后便要"教民"。"教民"的目的在于"美教化、移风俗。"⑤ 循吏在教民方面也取得了诸多的成绩,兴办学校,躬身劝导。北宋循吏程师孟"筑子城,建学舍,治行最东南"⑥;辽朝循吏大公鼎"建孔子庙学",使"部民服化"⑦;明朝天下初定时,百姓舍弃《诗经》《尚书》等经典已经很长时间。明朝循吏陈灌便兴建学舍,聘请教师,选拔俊秀子弟,给他们传授知识⑧;还有唐朝循吏阳峤"勤于政理,循循善诱",兴建学

---

① [元]脱脱等:《宋史》,卷426,北京:中华书局1977年版,第12703页。
② [南朝宋]范晔:《后汉书》,卷76,北京:中华书局1965年版,第2475页。
③ [战国]商鞅:《商君书》,石磊译注,北京:中华书局2011年版,第43页。
④ [汉]王符:《潜夫论笺校正》,[清]汪继培笺,彭铎校正,北京:中华书局1985年版,第278页。
⑤ [唐]魏徵等:《隋书》,卷32,北京:中华书局1973年版,第903页。
⑥ [元]脱脱等:《宋史》,卷426,北京:中华书局1977年版,第12704页。
⑦ [元]脱脱等:《辽史》,卷105,北京:中华书局1974年版,第1460页。
⑧ [清]张廷玉等:《明史》,卷281,北京:中华书局1974年版,第7186页。

舍,劝导后生,以身作则践行友悌之意,"抚孤侄如己子"①,为百姓树立了榜样。富民和教民相互补充,相互促进。循吏既追求满足百姓的物质生活,同时也不放松对百姓精神生活的满足和提升。

所谓"断"者,意指断狱决疑。理讼也是地方州县官必须完成的工作之一。作为地方长官,能否正确巧妙断案,公正断案,成了评判循吏的又一标准。循吏群体中,不乏断案如神之人,比如《南齐书·良政传》便记载了南朝循吏傅琰两则妙断案例。卖针和卖糖的老太婆因为一团丝线争执不下,找到傅琰评判。傅琰将丝线绑在柱子上后用鞭子抽打,看见有铁屑,于是惩罚了卖糖人。还有一次,两个人争论一只鸡的归属,傅琰分别问他们"何以食鸡?"一个人回答"粟",另一个人回答"豆"。傅琰便命人把鸡杀掉,看到了残留在鸡体内的粟,于是惩罚了说用豆喂鸡的人。"县内称神明,无敢复为偷盗。"②隋朝循吏刘旷,遇到有纠纷的人,不用刑罚,而是以理服人,有纠纷的人常常"引咎而去"。在他的治理之下,"风教大洽,狱中无系囚,争讼绝息"③。

所谓"保"者,意指保境安民,抵御盗寇。循吏往往还承担着维护社会治安,抵御外来侵略的任务。魏晋时期循吏鲁芝在寇盗来临之际,"倾心镇卫,更造城市"④,仅用了几年时间便恢复如初;《宋书·良吏传》所载循吏杜慧度,面对卢循起兵作乱,率领文武六千余人将卢循的部队抵挡在石碕之外,并且活捉了卢循的长史孙建之。再次交战时,杜慧度"自登高舰,合战,放火箭雉尾炬,步军夹两岸射之"⑤,使卢循的部队溃不成军,卢循也中箭而亡。足见其善战勇

---

① [后晋]刘昫等:《旧唐书》,卷185,北京:中华书局1975年版,第4813-4814页。
② [梁]萧子显:《南齐书》,卷53,北京:中华书局1972年版,第914页。
③ [唐]魏徵等:《隋书》,卷73,北京:中华书局1973年版,第1685页。
④ [唐]房玄龄等:《晋书》,卷90,北京:中华书局1974年版,第2328页。
⑤ [梁]沈约:《宋书》,卷92,北京:中华书局1974年版,第2264页。

猛。遍览历代正史循吏传，循吏中战功显赫者和清廉、富民、教民者相比，实在捉襟见肘。或许是大部分循吏生活的时期都比较安定，但是保境安民作为州县之官德重要职责之一，如果寇盗来袭，循吏义不容辞。

以上便是对历代正史循吏传中所记载循吏的个人品德和执政做法进行的简单概括。需要说明的是，以上分类标准仍然存在着一定的问题，就比如循吏"富民""教民"同样体现了循吏的"仁"。笔者这样进行分类，只是为了表述清晰，集合存在交叉确实无法避免。此外，在论述过程中只是举了部分较为典型的例子，和循吏们的事迹相比真的只能算是沧海一粟。而且循吏的特质并未全部囊括其中，譬如《元史》《明史》中还记载了部分"有异能"的循吏[①]。由于这种特点实属特殊而并非一般，故没有进行归纳。

本节对循吏和循吏传进行了考察。"奉法循理之吏，类皆仁厚君子，不暴而裕者。"[②] 概言之，循吏所行之举，是国法和职责的要求；循吏所成之绩，是修身和律己的结果；循吏所彰之德，是中华优秀传统官德的渊薮。

第三节 清代循吏概略

《清史稿》中共记载了116位循吏上忠君主、下事百姓的光辉事迹。在以皇权为中心的封建统治之下，官作为"管理国家的群体和实现国家职能的具有人格的工具"[③]，在国家治理中的作用不容小觑，所以历朝历代的统治者都非常看重对职官管理法律制度的建设和执行，尤其是在官吏的选拔、任用、考课、监察等方面，随着朝

---

① 正史中记载的有异能的循吏多为向上天祈祷为治下百姓消灾免祸。比如方克勤、叶宗人、汤绍恩等人就曾祈雨。明代循吏李骥还曾利用神明之力消灭狼患。这种记述的真假我们无从考证，但不管怎样，循吏如此为之，都是其仁义为民的表现。
② ［宋］晁补之：《济北晁先生鸡肋集》，卷33，《书陈唐父绵州守遗爱事后》，景上海涵芬楼藏明刊本，第445页。
③ 张晋藩：《中国法律的传统与近代转型》（第二版），北京：法律出版社2005年版，第133页。

代的更迭，这些制度也日趋完备。正所谓"其人存，则其政举；其人亡，则其政息"①，中国古代对官吏管理的法律制度可谓是源远流长，滥觞于伏羲氏时期②，经过了千年不断地完善和发展，有清一代的行政立法终于达到了封建王朝立法的顶峰，制定了大量的详尽的典章对官吏予以管理规范，职官管理制度也更趋于科学化和精细化。概括来看，清代的职官法律体系，以"固为经久常行之法"③的《大清会典》为中心，"以官统事，以事隶官"④，辅以《吏部职掌》《钦定吏部则例》《钦定吏部铨选则例》等众多则例、法规，详尽记载了职官选拔、任用、除擢、黜退的各个流程，将清代行政体制的完备展现得淋漓尽致。循吏作为庞大官僚群体中的一分子，从入仕的那天起，其宦海沉浮自然要受到职官法律制度的约束和限制。本节将从清代职官法律制度的视角，对清代循吏任官资格的取得和官职的授予进行考察，以求厘清清代循吏的家世、受教育背景等基础信息，初步描绘清代循吏群体的样态。

一、清代循吏任官资格的取得

一个国家的政策执行和落实，与官员能力素质的高低密不可分。官吏的选任是职官管理的首要环节，能否选拔出德才兼备的官吏为统治服务直接决定着政权的稳定与长久。地方官吏直接与民接触，

---

① [宋]朱熹：《四书章句集注·中庸章句》，北京：中华书局2011年版，第29页。
② 《通典》："伏羲氏以龙纪，故以龙师名官。共工氏以水纪，故以水师水名。神龙氏以火纪，故以火师火名。黄帝云师云名。少嗥挚之立也，凤鸟适至，故鸟纪，为鸟师而鸟名"。易言之，就是以龙、水、火、鸟来命名治事理民的官职。参见[唐]杜佑：《通典》，王文锦等点校，北京：中华书局1988年版。
③ [日]织田万：《清国行政法》，李秀清、王沛点校，北京：中国政法大学出版社2003年版，第51页。
④ [清]纪昀总纂：《四库全书总目提要》，卷81，石家庄：河北人民出版社2000年版，第2126页。

第一章 循吏与清代循吏

所拥权力和身兼职责重大，所以有清一代对地方官吏的选任尤为苛刻。循吏作为地方官吏群体中的一分子，自然也经历了这样一个严苛的选拔过程。要想成为一名地方官，就必须经历两个环节，首先是选，即取得任官的资格，然后才是任，即授予实际的官职。

在清代要想入仕为官，首先必须要取得任官的资格，类似于今天在执业之前先取得某种职业资格一样。任官资格就是真正成为官员的前提。清之前的明代循吏入仕主要有"进士、征辟、荐举、国子生"等几种途径。而关于清代循吏任职资格的取得，据《钦定大清会典》记载："分出身之途以正仕籍。凡官之出身有八，一曰进士，二曰举人，三曰贡生，四曰荫生，五曰监生，六曰生员，七曰官学生，八曰吏无出身者，满洲、蒙古、汉军曰闲散，汉曰俊秀。各辨其正杂以分职。其以医、祝、僧、道出身者，各授以其官而不相越。"① 在这段记述中，以官员出身进行分类，描述了任官资格取得的八种类型，并且区分正杂，划分了官员的出身资格。但遗憾的是，这段记载对正杂二途的界定并不明晰。《清史稿》中的记载更为详细："凡满汉入仕，有科甲、贡生、监生、荫生、议叙、杂流、捐纳、官学生、俊秀。定制由科甲及恩、拔、副、岁、优、贡生、荫生出身者为正途，余为异途。"② 这段史料更为清晰地描绘了清代满汉入仕的途径，严格区分了取得任职资格的正异二途，认为只有科甲、贡生和荫生出身才是正途，其他入仕资格的取得均为异途。对正异途中具体内容的梳理将在后文结合循吏本人的经历展开。但可以清楚的是，以上所举，几乎囊括了清人成为具有候选资格的"准官员"的所有途径。

笔者根据《清史稿·循吏传》的记载，简单梳理了清代循吏的出身背景，并制成下表方便查看：

---

① [清] 允祹：《钦定大清会典》，四库全书影印本，第159页。
② [清] 赵尔巽等：《清史稿》，卷110，北京：中华书局1977年版，第3205页。

清代循吏任官资格取得途径一览表

途径		人物	数量	占比	
科举	进士（正途）	汤家相、任辰旦、宋必达、陆在新、张沐、陈汝咸（选庶吉士）、姚文燮、黄贞麟、骆钟麟、江皋、张克嶷（选庶吉士）、邵嗣尧、靳让、崔华、刘榮、陶元淳、陆师、陈惪荣、芮复传、蒋林（选庶吉士）、阎尧熙、施昭庭、陈庆门、周人龙、李渭、牛运震、张甄陶、邵大业、康基渊、周际华、汪辉祖、茹敦和、刘大绅、吴焕彩、李毓昌、龚景瀚、李赓芸、伊秉绶、狄尚絅、张敦仁、郑敦允（选庶吉士）、李文耕、徐栋、姚柬之、桂超万、张作楠、云茂琦、徐台英、牛树梅、刘秉琳、夏子龄、萧世本（选庶吉士）、杨荣绪（选庶吉士）、石家绍、林启（选庶吉士）、冷鼎亨、孙葆田、柯劭憼、涂官俊、张楷（选庶吉士）、王仁堪（状元）	61	52.59%	72.42%（正途） 84.48%（正途）
	举人（正途）	赵吉士、张瑾、张埙、卫立鼎、廖冀亨、叶新、黄世发、谢仲坑、李大本、周克开、朱休度、纪大奎、邵希曾、张吉安、刘体重、张琦、吴均、王肇谦、曹瑾、吴应连、陈崇砥、林达泉、李素	23	19.83%	
官学	贡生（正途）	白登明（拔贡）、贾朴、龚鉴（拔贡）、言如泗（恩贡）、盖方泌（拔贡）、刘煦（拔贡）、刘衡、李炳涛、朱根仁、邹钟俊、史绍登、陈豪（优贡）	12	10.34%	16.37%
	荫生（正途）	于崇尧、祖进朝	2	1.72%	
	监生（异途）	高荫爵、佟国珑、周中鋐、方大湜、蒯德模	5	4.31%	
其他	荐举（异途）	王时翔、陈时临、朱光第	3	2.59%	15.52%（异途） 11.21%
	捐纳（异途）	缪燧、何曰愈、陈文黻、童华、郑基、王懋勋	6	5.17%	
	不详	崔宗泰、蓝鼎元、俞澍、王仁福	4	3.45%	

上表列举了清代循吏入仕的基本途径。可以看出，大多数循吏都是通过正途入仕，也有极个别的少数循吏通过异途入仕。根据所列可知，清代大部分循吏都具有良好的教育背景，基本上都是通过科举入仕，具有进士和举人功名者达到了80余人之多，占全部循吏的70%以上。由此可见，科举制度作为有清一代文官选任制度的基础，一直以来都是最为基本也是最为普遍的选官途径。通过科举出身的官员，后期大多发展也较为顺利，正所谓"虽有以他途进身者，终不得与科第出身者相比。"① 当然，在上表列举的具有进士功名的循吏中，也不乏多次参加科举者，比如张甄陶"举鸿博，补试未合格罢"②，而后成进士；石家绍"以拔贡为壶关县教谕，道光二年成进士"③；等等。笔者统计时都以循吏所取的最高功名为准。另外，即使是通过其他方式入仕的官员，也大多在各类官学经受过良好的教育，各类官学生近20人之多，占到了循吏群体的16%左右。

（一）科举

科举制度自隋炀帝创进士科开始，而后唐宋因之，一直延续。清代"慎重科名，严防弊窦，立法之周，得人之盛，远轶前代"④，将科举制度发展到了顶峰。清代科举包括了文科、武科、翻译科和宗士科四大类。由于清代通过科举考试出身的循吏全部为文科，故其他几类在此不做探讨，下文只针对文科科举展开论述。清代的科举无论满汉均可参加，主要要经历三轮比较残酷和关键的考试：乡试、会试和殿试。

乡试，每逢子、午、卯、酉年举行，其间间隔三年，是为正科。

---

① ［清］赵尔巽等：《清史稿》，卷106，北京：中华书局1977年版，第3099页。
② ［清］赵尔巽等：《清史稿》，卷477，北京：中华书局1977年版，第13022页。
③ ［清］赵尔巽等：《清史稿》，卷478，北京：中华书局1977年版，第13055页。
④ ［清］赵尔巽等：《清史稿》，卷108，北京：中华书局1977年版，第3149页。

如果遇到了万寿、登极等各种庆典而增加的考试则被称作恩科，在正科和恩科之外增加的考试则被称为加科。根据《大清会典事例》的记载，顺治二年（1645年）秋，有清一代初次举行乡试，一直持续到光绪三十一年（1905年）结束。二百余年间共开乡试112科，其中正科84科，加科2科，恩科26科①。乡试举行之时，由皇帝亲自选派主副考官负责相关工作，考试地点设在各省的贡院。乡试中试者则被称为举人。有学者统计，在清代的科举制度中，通过乡试而获得举人头衔的，大约有十五万人。这个数字看起来庞大，但是和参考人数相比，真的是太过微小。康熙朝规定："直隶等大省，准其每举人一名录送科举八十名；山东等中省，每举人一名录送科举六十名；广西等小省，每举人一名录送科举五十名。"②也就是说，早在清朝前夕，大省、中省、小省就已经分别按照80∶1，60∶1和50∶1的比例选取举人。而到了清朝的中后期，选取举人的比例更是高达100∶1③。清代循吏群体116人，具有举人功名的有23人，似乎占比很高，但是实际上要想取得举人之名已经困难至极。

会试，是乡试取中者，即举人，所参加的考试。会试一般在丑、未、辰、戌年开考，也就是设在乡试的第二年，全部在京城举行，是为正科。通过乡试恩科和加科选拔上来的举人参加的会试，分别成为会试恩科和会试加科。会试由礼部主持，考取者统称为贡士。

殿试，是科举考试中最后一道考试，也是最难的一次考试，由会试考中者参加，是皇帝亲自对全体贡士排等级、理名次、赐出身的考试，一般都是在会试一个月以后举行。殿试考试的结果分为三个等级，也就是我们常说的三甲。一甲有三名，分别为状元，榜

---

① 商衍鎏：《清代科举考试述录及有关著作》，天津：百花文艺出版社2003年版，第123-124页。
② 沈云龙主编：《钦定科场条例》，卷3，重庆：文海出版社1989年版，第237页。
③ 刘海峰：《科举学导论》，武汉：华中师范大学出版社2005年版，第144页。

眼、探花，赐进士及第；二甲有三名，赐进士出身；三甲若干名，赐同进士出身。也就是说，贡士参加殿试是不会被淘汰的，最差也可被赐同进士出身。以上三甲，统称为进士。有清一代的科举，共取二万余名进士。也就是说，每八名举人中，才能出一名进士。由此也可以看出，能考取进士者真的是凤毛麟角。在这一过程中历经乡试、会试、殿试，真的是需要过五关斩六将。清代的统治者十分看重由科甲等正途入仕的官员，其根源在于清代选任官员之慎重。反观此前笔者列出的清代循吏出身的表格中，进士和举人占到全部循吏的七成以上，这和统治者选拔人才的理念不能说没有关系。在"朝廷政事，以民为本，与民亲者，莫如逐路监司及州长吏"①思想的影响之下，清代的州县官员大多为科举正途出身，这是因为"正途为读书人，读书须学圣贤义理，通义理则明辨是非，能够懂得君臣之义，恪守官常及规则，有道德底线，身正为范，对官场及世风都有积极而正面的影响。"②这也就像康熙曾经在《御制训饬士子文》中提出的那样："从来学者，先立品行、次及文学，学术事功、源委有叙"，"夫士子出身之始，尤贵以正。"③这种正是品德的正，又是学术的正。

值得一提的是，在清代 116 位循吏中，还有一位状元（王仁堪）和八位庶吉士（陈汝咸、张克嶷、蒋林、郑敦允、萧世本、杨荣绪、林启、张楷）。自科举制度兴起以来，状元历来被看作真正的"天子门生"，经过殿试一举成名，其品德、学识甚至是运气都异于常人。庶吉士则是清代选官制度发展到顶点的必然产物。清制，殿试一甲

---

① ［宋］邹浩：《乞先恤公议而后谨独断疏》，载［明］黄淮、［明］杨士奇编：《历代名臣奏议》，卷141，上海：上海古籍出版社 2012 年版，第 1845 页。
② 关晓红：《清代选官之正途、异途述略》，《学术研究》，2018 年第 7 期，第 117 页。
③ 《清实录》第 6 册，《圣祖仁皇帝实录（三）》，卷 208，北京：中华书局 1985 年影印版，第 116 页。

三名进士会被授翰林院官,状元授翰林院修撰,榜眼和探花授翰林院编修。其余的进士就没这么幸运,还要再次参加考试,名曰"朝考"。举行朝考的作用是再度选拔进士中的优秀者,被选中的人则被称为"庶吉士"。同治以来,二甲二十名以前均入翰林,几同成例。被选中庶吉士后,需要在翰林院再苦学三年,而后参加"散馆"考试。考试有合格、不合格之分。考试合格的庶吉士,会被授予翰林院编修等职;考试不合格者分发各部,或者任用知县等职位。但不管怎样,庶吉士"皆先除,不限常格,俗谓之老虎班。"① 无论是授官的速度还是日后的发展,都是同为科举出身的其他之人难以企及的。尤其是一甲三名和"散馆"考试合格之后的留馆者,"有清一代宰辅多由此选,其余列卿尹膺疆寄者不可胜数。"② 据学者的统计,有清一代共产生了 114 名状元,6052 名庶吉士。③ 而在循吏 100 余人的队伍中,就存在着一位状元和八位庶吉士。以状元和庶吉士之尊担任州县亲民之官,不得不说这也是统治者注重基层地方治理的一个重要缩影。

(二)官学

有清一代基本上沿袭了明代的官学教育。官学是培养士子直接入仕的学校,主要包含两类:国子监和各类官学。国子监既是清代主管教育的行政机构,同时也是培养人才的最高学府。在国子监就读的生员主要来自在各省设立的府、州、县学等地方官学。除此以外,还有通过向国家缴纳一定的钱物而就读国子监的人,当时称之为俊秀。在国子监就读的学生分为贡生和监生两类。贡生入仕被看作正途,而监生入仕被认为异途,之所以将二者同时提及,是因为

---

① 参见[清]朱克敬:《瞑庵杂识·瞑庵二识》,长沙:岳麓书社 1983 年版,第 122 页。
② [清]赵尔巽等:《清史稿》,卷 108,北京:中华书局 1977 年版,第 3165 页。
③ 参见吴建华:《清代庶吉士群体简析》,《社会科学辑刊》,1994 年第 4 期,第 107-108 页。

二者均由官学培养。

贡生。根据《清史稿·选举一·学校一》的记载，在国子监就读的贡生主要分为六类：岁贡、恩贡、拔贡、优贡、副贡、例贡。岁贡是地方官学以及八旗官学，以学生的资历和享受廪饩银的年数多少为顺序依次升贡之人，因此又被称为"挨贡"；恩贡是国家喜遇庆典或者登极之事等，颁布恩诏后通过选举贡入国子监者；拔贡是在各地方官学以及八旗生员中，通过考试层层选拔而贡入国子监之人，可谓困难重重。雍正五年（1727年）设规，拔贡每五年进行一次；乾隆七年（1742年）时，又改成十二年一次。优贡，是地方官学中的廪生和增生通过考试入监读书之人，每三年选拔一次；副贡则是乡试副榜贡入国子监读书之人；如果是生员或者监生通过捐纳贡入国子监读书，便被称为例贡。可以看出，在清代成为贡生的难度并不低，大多需要通过层层的筛选。清代循吏中，有12位贡生出身，其中明确记载了贡生类别的有：拔贡四人（白登明、龚鉴、盖方泌、刘煦），恩贡一人（言如泗），优贡一人（陈豪）。循吏由贡生出身，虽不及科甲，但这在一定程度上保证了循吏群体的先进性。

监生。监生是对国子监肄业者的统称。监生分为四种：恩监、荫监、优监、例监。在监生入仕中，只有荫监被视为正途，其他三者均为异途。关于异途监生，恩监是由皇帝亲自恩赐而取得国子监监生资格之人；优监是从各省附生和武生中选拔的优秀学子；例监是指向国家缴纳一定数量的白银、粮食或其他物资而获得入监资格的学生。清代循吏之中，高荫爵、佟国珑、周中鋐、方大湜、蒯德模五人为监生（非荫监）出身。通过国子监的培养，最终也成长为一名优秀的循吏。

而清代正途监生仅荫监一类，是指凭借着祖、父余荫而取得官员资格之人，分为恩荫、难荫和特荫。清制，对荫生祖辈的品级功绩均有一定的限制①。清代循吏中，于宗尧系时任广西总督于时曜之子，照例以荫入监读书。《清史稿》记载，祖进朝"以荫监起家"，同样表明了其荫监的身份。清代将荫监生视为入仕正途，一方面体现了对国家有功之人，即荫监生长辈的关爱与厚待；另一方面，也反映了清代统治者所遵从的朴素的价值观，即长辈能够取得一定的功绩，其后代必然耳濡目染深受影响，也就是我们常说的"龙生龙，凤生凤，老鼠儿子会打洞"，强调了家庭（家风、家教）对一个人品德和行为的养成作用。

（三）其他

除四位未能记载明确出身的循吏（崔宗泰、蓝鼎元、俞澍、王仁福）外，清代还有九位循吏通过荐举和捐纳途径入仕。荐举，主要是秦汉以降察举制和征辟制度的延续和发展，是指重要京官、科道官员或者京外总督、巡抚、学政等官员，推荐品行端正、才能突出或者隐居山林之人入仕为官，这种方式"为临时而设，非恒例也。"②清代的荐举"或征之遗佚，或擢之廉能，或举之文学，或拔之戎行，或辟之幕职"③，通过荐举入朝为官之人，虽未受到过良好官学教育或经历过残酷的科举考试，但是仍然具有一定的突出之处，并非缺乏学识和能力。比如陈时临"少从陈锡嘏学，得闻证人书院之教"，而后"从军叙功"，说明其不仅受到过良好的教育，更是在战场上战功卓著。除陈时临外，还有王时翔、朱光第二人同样通过荐举入仕。

捐纳，就是人们常说的"卖官鬻爵"。它和科举制度相互补充，

---

① 具体制度参见张振国：《清代文官选任制度研究》，南开大学 2010 年博士学位论文，第 33-34 页。

② ［日］织田万：《清国行政法》，李秀清、王沛点校，北京：中国政法大学出版社 2003 年版，第 312-313 页。

③ ［清］赵尔巽等：《清史稿》，卷 109，北京：中华书局 1977 年版，第 3175-3192 页。

成了清人又一重要的入仕途径。但是捐纳多被时人诟病，因为"捐纳是专制制度的产物，在中国古代专制政体下，社会公共机关和社会公职异化为君主的私有物，是君主手中的工具和个人权力范围的附属物。"① 实际上也确实如此，通过捐纳入仕为官之人，大多骄横跋扈，败坏社会风气不说，更是令很多寒门学子寒心。道光就曾痛惜道："登仕籍者只四样，满、汉、科、捐班而已，何途没有人才？我最不放心者是捐班，他们素不读书，将本求利，廉之一字，诚有难言。"② 循吏群体中也有捐纳出身之人，但他们却并没有让国家和百姓失望，比如何曰愈，"少随父宦，读书励志，有干材"，少年时期便好学能文，因其应顺天乡试不中，所以捐资州吏目入朝为官，其后政绩颇丰。其虽为捐纳出身，但是仍然克己奉公，廉洁自律。所以说，出身并不能决定一个人的高度。青史留名还是遗臭万年，完全取决于自己的努力。

二、清代循吏的授职

在清代，取得任官资格和授予实际官职是两个不同的环节。据《清会典·吏部·文选清吏司一》记载，"凡授官之班有六：一曰除班，二曰补班，三曰转班，四曰改班，五曰升班，六曰调班。"③ 除班，是专门针对具有任官资格而还未为官之人而言，指初次授官；补班，是指原有官职之人，因某种事由暂时去官，再重新任职；转班，是指在同一衙门之内，转任同品级但是地位稍高的官职；改班，是指改任其他衙门中同品级的职位；升班，专指品级的升高；调班，指同性质同品级官职的调动。以上六种，只有除班是关于官员初次

---

① 艾永明：《清代文官制度》，北京：商务印书馆2003年版，第330页。
② 张集馨：《道咸宦海见闻录》，北京：中华书局1981年版，第119—120页。
③ [清] 允裪：《钦定大清会典》，四库全书影印本，第161页。

任职的规定，而其他几种均为对已有实际官职之人的规定。清代循吏在取得为官资格之后，也需要遵从一定的规则，才能正式执掌权柄，任以官职。

可以说，清代官吏的授官之班贯穿了仕途的始终。本部分的重点在循吏的首次授职，即"除班"。在正式叙述之前，先做一个简要的说明。清代职官法律制度是一个极为庞大的体系，中央官制和地方官制存在不同，满人官制和汉人官制仍有不同。笔者在下文中，只针对循吏所涉及的相关制度进行叙述，对其他与循吏无关的制度或简要概括，或一笔带过。

（一）官缺制度

在清代，官由品级、职务和官缺组成。品级体现了官在官僚体系中的级别高低，职务是官在国家管理体制中的职司范围和权责大小，官缺则是将品级和职务统一起来的具体的"官"的实体[①]。关于清代循吏的品级和职务，将在下节展开论述。这里仅就循吏初授官职时的官缺进行研究。

官缺，是指按照一定的标准和依据，对各种职官作出不同的分类。具体来说，就是依据官员民族、出身、资格等各方面的差异，对官员的品级和职务作出相应的限制。有缺才有官，官缺必相宜。官缺制度是有清一代官员选任制度中十分重要的组成部分，"是为保证满洲贵族控制要害部门而实行的分配官职的制度。"[②]清代是以满族为主体的少数民族政权，虽然自皇太极开始，便强调将"满族、蒙古、汉人视同一体"，[③]可是在实际统治过程中，尤其是在官员选拔任

[①] 杨立：《清代文官升转制度研究》，上海师范大学2018年博士学位论文，第23页。
[②] 张晋藩：《中国古代文官制度综论》，《中国社会科学》，1989年第2期，第201页。
[③] ［清］王先谦：《东华录》，载《续修四库全书》，第369册，上海：上海古籍出版社2002年版，第151页。

用上，还是体现出了浓厚的满汉差异。《清史稿·循吏传》所记载的循吏中，只有两位汉军旗人，其余均为汉人，这也正是体现了清代"宗室无外任，满洲无微员"的任官原则。也就是说，清代官僚系统之中，重要的职位均被满蒙八旗所垄断，满蒙八旗子弟大多出任京官等"肥缺"，而汉人只能出任品级较低的州县牧令。

官缺制度依照不同的标准，有着不同的分类形式。比如，按照官员的出身，可以分为正途之缺和异途之缺；按照官员的种族身份而言，可以分为宗室缺、满洲缺、蒙古缺等；以任命方式的不同，则可以分为请旨缺、开列缺、调补缺等；按照官员的任职之地，又可以分为京官之缺和外官之缺①。

在细数清代循吏任职背景过后，笔者拟选用地方文官选任制度之中，最具代表性的，以"冲、繁、疲、难"四要素为依据而分成的"四项俱全之缺"（最要缺）、"三项相兼之缺"（要缺）、"两项相兼之缺"（中缺）、"仅占一项之缺"和"四字俱无之缺"（简缺），来阐释循吏的初次任职。该制度以州县的社会状况为基础，以官缺所处位置之冲僻、政务之繁简、赋税之完欠、风俗之淳悍、案件之多寡而进行的分类，"地当孔道者为冲"，"政务纷纭者为繁"，"赋多逋欠者为疲"，"民风刁悍、命盗案多者为难"。在此其中，这四类"缺"又分为"部选缺"和"外补缺"。"部选缺"由吏部行使权力，"外补缺"由高级外官，即督抚掌握。一般情况之下，"最要缺"与"要缺"的选拔权由督抚行使，"中缺"与"简缺"的选拔权由吏部行使。这是因为"最要缺"与"要缺"所处之地大多政务繁杂，民风不端，对行政长官的选任必须慎之又慎。督抚对属地官员较为了解，清楚下属官员的品德与能力，可以依照治理实绩提出适合的人

---

① 具体参见傅宗懋:《清代文官缺分之研究》，《国立政治大学学报》，1970年第21期，第151-162页。

选；而"中缺"与"简缺"之地，治理起来较为简单，不需要太多的基层经验，所以由吏部统一铨选。清代循吏首次担任州县长官，大部分都是通过吏部铨选而上任，即补任"中缺"与"简缺"。但是不管以何种方式起用的官员，其最终的任命权都属皇帝，无论吏部或是督抚都只有提名之权。

（二）取得任官资格到授职的时长

循吏从取得任官资格开始，到被正式授予官职，需要一个漫长的等待时间。这是由于清代中期候补官员众多而官缺较少所导致的弊病。比如乾隆三十年（1765年）之时，"通计各省知县，共一千二百八十五缺"[①]，但是由于科举制度的盛行而导致进士、举人、贡监生的整体数量不断扩大，出现了"缺少人多"的尴尬局面，有的举人甚至需要候选近三十年才能授予实缺，终生举人者更是比比皆是。笔者以《清史稿》为基本史料，对其中明确记载了循吏从取得任官资格，到首次授予州县长官的时长进行了统计，详见下表：

部分清代循吏从取得任官资格到正式授职时长表

姓名	任官资格时间	初任州县官时间	间隔时长
白登明	顺治二年	顺治五年	3年
汤家相	顺治六年	顺治八年	2年
陆在新	康熙五年	康熙二十五年	20年
张 沐	顺治十五年	康熙元年	4年
黄贞麟	顺治十二年	顺治十八年	6年
骆钟麟	顺治四年	顺治十六年	12年
赵吉士	顺治八年	康熙七年	17年
张 瑾	康熙二年	康熙十九年	17年

---

① 《清实录》第18册，《高宗纯皇帝实录（十）》，卷747，北京：中华书局1985年影印版，第220页。

续表

姓名	任官资格时间	初任州县官时间	间隔时长
崔 华	顺治十六年	康熙六年	8 年
刘 荣	康熙二十四年	康熙三十四年	10 年
陶元淳	康熙二十七年	康熙三十三年	6 年
廖冀亨	康熙二十九年	康熙四十七年	18 年
阎兆熙	康熙四十五年	康熙五十二年	7 年
李大本	雍正十三年	乾隆九年	9 年
邵大业	雍正十一年	乾隆元年	3 年
周克开	乾隆十二年	乾隆十九年	7 年
言如泗	乾隆三年	乾隆十四年	11 年
刘大绅	乾隆三十七年	乾隆四十八年	11 年
张吉安	乾隆四十二年	乾隆六十年	18 年
龚景瀚	乾隆三十年	乾隆四十九年	19 年
狄尚絅	乾隆四十六年	乾隆五十七年	11 年
吴 均	嘉庆二十四年	道光十五年	16 年
陈崇砥	道光二十五年	咸丰三年	8 年
冷鼎亨	同治四年	同治四年	0 年
柯劭憼	光绪十五年	光绪十五年	0 年

上表列举了 25 位清代循吏从取得任官资格到正式出任州县长官的时间间隔。可以看出，这一时间长短不一，既有考取功名后立即授职之人，也有等待二十年才出任实缺之人。经过笔者粗略的计算，清代循吏从候补到转正的平均年限为 9.72 年。不得不说，要想真正成为一名地方官造福一方，不仅需要突出的才能，更需要坚韧的毅力，要能坐得住冷板凳，或许还需要一点点运气。这种漫长的授职等待，一方面体现出清代官场竞争之激烈，颇有千军万马过独木桥之势；另一方面，循吏能够在大量候补官员中脱颖而出，也能够看

出其学术功底、为政能力的深厚与突出。不过也正是因为来之不易，循吏上任之后才倍感珍惜，竭尽所能兴利除弊，盼望能有一番作为。

（三）循吏授职的方式

依前文所述，清代大部分循吏都是通过科甲正途入仕，且进士和举人占大多数，整体的教育水平较高。这是有清一代独特的选官风格，同时也能从另一个角度看出统治者对州县官员的看重。统治者认为"州县为亲民之官"①，对他们更是给予了更多的关注，统治者"无日不召见臣工，文自知县，武自守备以上，一一寓目，虽在万里外，纤悉必闻"②就是最好的例证。基于此背景，清代对州县官员，尤其是初次授职的州县官员，无论从资历、学识、年龄，甚至是长相都做了极为严苛的限制。

循吏的初次授职，均由吏部铨选任用。"古来吏部用人，名曰铨选。铨者，铨衡也。选者，选择也。"③根据光绪《大清会典》的规定，清代文官选任之法主要有特授、开列、拣授、留授、调授、选授、考授等方式。吏部铨选新任的中下级文官则称之为选授。在铨选的过程中，沿用有明一代掣签之法。大选即双月之选，急选即单月之选。通过吏部铨选任职是清代循吏最基本也是最为普遍的任职方式。根据循吏取得任职资格方式的不同，其任用也存在些许差异。

1. 进士出身

取得进士功名，是科举考试的终点，更是仕途的起点。而且这个起点要比其他方式取得任官资格之人的起点高得多。清初，一承明制，在科举取士方面亦是如此，规定凡中进士者，授不分名次，

---

① 《清实录》第19册，《高宗纯皇帝实录（十一）》，卷864，北京：中华书局1985年影印版，第600页。
② [清]陈康琪：《郎潜纪闻》，卷14，北京：中华书局1987年版，第579页。
③ [清]张之洞：《张文襄公奏议》，卷53，载《续修四库全书》，第511册，上海：上海古籍出版社2002年版，第138页。

第一章　循吏与清代循吏

全部任用。但是慢慢地，清廷发现这种方式并不合理，待授职的进士和稀少的官缺严重不平衡。因此，后来便按照进士的考试成绩，根据排名授予不同的官职，三甲11至20名可以被任命为知州，三甲70名之后可以被任命为知县①。以上是顺治时期的规定。到了康熙时期，对进士授职又进行了调整，康熙三年（1664年）规定：三甲进士授知县。也就是说，康熙时期不再根据成绩排名授予官职，只要是三甲进士，一律授为知县。之后再次发展，清廷规定，凡中进士者，选取部分分派各部，学习三年之后由主管官员对其进行考评，考评结果分为三等，其中，二等可用知县；未被选入各部的进士，选为"庶吉士"，入翰林院学习。三年期满后，参加"散馆"考试，名列前茅者留用翰林院，其余人即授官职，此时所授官职就包括知县。当然，由于进士出身之高，即使在竞争残酷的官员选拔中，也是具有优先权的。即使没能出任京官而外派州县，也能直接出任实缺。到了嘉庆年间，进士任职制度又发生改变，规定"新科进士，均著交吏部掣签，分发各省，以知县即用。"②此举一直延续至科举制度废除之时。

进士出身的清代循吏，在担任州县长官之前，大部分都有过其他的任职经历，所担任的职位京内京外均有。循吏中的八位庶吉士，在散馆过后，只有陈汝咸一人直接被授知县；张克嶷、蒋林、郑敦允、萧世本、杨荣绪、林启、张楷等人则被授刑部主事、检讨、翰林院编修等职，而后才改任知县（州）；而未选庶吉士之人，也鲜有直接授州县长官之职者，比如骆钟麟初任官职为安吉学正，后升任知县；张埙初为官学教习，后改任知县……清代在州县官员的选用上，制度逐渐成熟且体制日趋完备。选任有多个职位的锻炼经验的

---

① 《清实录》第3册，《世祖章皇帝实录》，卷25，北京：中华书局1985年影印版，第211页。
② [清]托津等：《钦定大清会典事例》，卷72，清嘉庆二十五年武英殿刻本，第2072页。

进士出任州县长官，不仅可以提升官员的整体素质，更多的实惠则在于多个岗位的历练使官员的治理经验丰富，工作起来也能得心应手，以此确保州县无忧。

2. 举人出身

举人相比进士而言，仕途就没有那么顺畅。有清一代为了满足众多未中进士举人的仕途之路，笼络读书人之心，彰显德政，实在是煞费苦心。清制，举人要想成为一名州县之官，要通过"拣选""截取"或"大挑"。"拣选"是清初之制，"会试三科为限，以推官、知州、知县考用。"①意即连续三科会试未中进士者，可参加拣选，被任用为推官、知州、知县，可见清初之时，对落选进士的举人的待遇十分优厚。及至乾隆时期，随着举人人数的不断增多，拣选之路再难以畅通。于是乾隆十七年（1752年）定"大挑"，为举人入仕开辟了另一条通道。光绪《大清会典事例》载："凡会试后，奉旨举行大挑，礼部查造清册，咨送吏部，奏请钦派王大臣，于各省举人内，公同拣选，一等者以知县用，二等者以教职铨补。"②清代的很多落第举人通过"大挑"再次燃起希望，出任官职。但是一个不可回避的事实是，即使清廷想尽办法增加举人入仕的名额，落选者终究是占大多数，"拣选"和"大挑"在实质上无非是朝廷的安置之策。举人成为进士，看似一步，实则万难；通过"大挑"逆天改命，其难度不亚于考中进士。清代23位举人出身的循吏中，赵吉士、张瑾、卫立鼎、廖冀亨、叶新、黄世发、李大本、周克开、邵希曾、张吉安、刘体重、吴均、王肇谦、曹瑾、吴应连、陈崇砥、李素等17人通过"拣选"或者"大挑"被授予知县（州）之职，张埙、谢仲坑、朱休度等3人被授教职，纪大奎、张琦2人被授誊录

---

① ［清］托津等：《钦定大清会典事例》，卷73，清嘉庆二十五年武英殿刻本，第2093页。
② ［清］托津等：《钦定大清会典事例》，卷353，清嘉庆二十五年武英殿刻本，第9373页。

之职，林达泉以举人身份出任江苏巡抚丁日昌幕僚，后因军功议叙知县。

3. 贡生出身

前文提到，清代贡生包括六种：岁贡、恩贡、拔贡、优贡、副贡和例贡。贡入国子监并非易事，而且经过在国子监的种种培训，肄业者已基本具有相当的素养和功底。肄业后的贡生任职，除朝考和贡监考职外，大多不需要再次经过考试。

清制，拔贡生和优贡生可由"朝考"入仕为官。乾隆七年（1742年）时，"帝以拔贡六年一举，人多缺少，妨举人铨选之路。且生员优者，应科举时，自可脱颖而出，不专藉选拔为进身。改十二年一举。遂为永制。"①如果拔贡生在朝考获评一等，即可以知县用。清代循吏中的拔贡生白登明、龚鉴、刘煦等3人便是通过朝考被授知县。优贡生朝考一、二等可用知县、教职，比如循吏陈豪便以优贡生身份出任知县。

此外，恩贡、拔贡和副贡生中年富力强之人还可任职州判，盖方泌、邹钟俊、朱根仁、李炳涛等贡生均由州判起家，而后改任州县之长。嘉庆之后又有定制："凡朝考未录之拔贡及恩、副、岁、优贡生，遇乡试年，得具呈就职、就教。"②循吏贾朴授同知，言如泗（恩贡）授正黄旗官学教习，刘衡授官学教习，史绍登授誊录。其后无论是通过议叙还是铨选，均就任州县长官。

4. 荫生出身

荫生是清代意欲入仕为官者中较为特殊的一类群体，其出身和起点都比其他人要高。有清一代的循吏之中，只有于宗尧、祖进朝两位荫生。于宗尧其父为时任广西总督于时曜，官至正二品。根据

---

① [清]赵尔巽等：《清史稿》，卷106，北京：中华书局1977年版，第3106页。
② [清]赵尔巽等：《清史稿》，卷106，北京：中华书局1977年版，第3109页。

《钦定吏部验封司则例》的规定:"官员恭遇覃恩,文职在京四品以上,在外三品以上,武职京、外二品以上,送一子入监读书,期满候选。"①于宗尧便通过此种形式入监读书,十九岁便被授常熟知县。如此年轻便出任州县长官,这在清代官僚政治体制之内,不能不说是一个特例,以此便可以看出荫生之高贵。遗憾的是,笔者并未查到关于清代循吏中另一位荫生祖进朝的父辈的相关资料,所以无法判定其以何荫入监。根据《清史稿》中祖进朝"以荫监起家"的记载断定其出身,而后由部郎擢任知府,亦可见其仕途之顺利。

5. 异途出身

异途出身的清代循吏中,部分人通过保举(荐举)获得官职,亦有通过捐纳正式入仕。《清史稿》载:"凡捐纳入官必由之。或在监肄业,或在籍,均为监生"②;《六部则例全书》规定:"查定例准贡生监生考职者,纳银一千五百两,未经考职者纳银一千七百两,俱准以知县用。今议:考职者纳米四百八十石,或草三万三千六百束,未考职者纳米五百四十四石,或草三万八千八十束,俱准以知县用……并定例加纳知县者,再加银一千五百两,准其概行先选。今酌议加纳知县者纳米四百八十石,或草三万三千六百束,准其先选。"③由此可见,要想通过捐纳为官,必须先捐生员,再捐监生,然后捐官,才能最终被任用。有清一代的循吏之中,异途出身共14人,成为地方州县长官的途径大抵为以下两种:一是从军叙功,二是入赀捐纳。虽清人长期认为,异途为官者终不能与正途出身之人同日而语,但异途出身的循吏用自己的实际行动证明了,异途不一

---

① 参见张友渔、高潮主编:《中华律令集成·清卷》,长春:吉林人民出版社1991年版,第364页。
② [清]赵尔巽等:《清史稿》,卷106,北京:中华书局1977年版,第3099页。
③ 《六部则例全书·户部则例》。转引自许大龄:《清代捐纳制度》,重庆:文海出版社1968年版,第30页。

定比正途差。

三、对清代循吏选任的评析

以上对清代循吏的出身和任官资格取得的途径、方式进行了简单的梳理，可以得出清代循吏选任的几个特点：

一是清代循吏入仕途径多元。清代循吏入仕途径几乎囊括了清代官员入仕的所有途径，其中既有正途又有异途。这说明，在清代职官法律制度的调控之下，循吏群体的出身来源较为广泛，并不局限于某一种或某几种。异途为官的出现，大大增强了清代选官途径的多样性。这种多元的选官途径无疑为立志为官，却因时运不济或其他原因未能通过正途入仕之人开辟了极佳的通道。而异途为官者通过自身的努力最终被认可为循吏也更能表明，无论从任何途径入仕为官者，只要自身节俭清廉、秉公执法、一心为民，都可以得到皇帝的嘉奖、同僚的推荐和百姓的认可。

二是清代循吏入仕难度较大。其实在清代，除荫监之外，大部分的官员入仕，自身都要付出极大的代价。从有清一代的循吏群体入仕途径来看，除两位荫监入仕之人外，大部分的循吏从小都经历了寒窗苦读，加之运气较好，才能够通过乡试、会试、殿试，考取功名，或者通过各种途径贡入国子监。入仕之难，在一定程度上也促使了循吏的为官之正。因为来之不易，所以倍加珍惜。这种难，从某种意义上讲，也是循吏之德和循吏之行形成的内在动因之一。

三是清代循吏受教育程度较高。根据前文的统计，清代循吏群体中，90%以上都受到过良好的教育，饱读圣贤之书。统治者认为，通过科甲入仕之人，必深谙圣贤之理，明达治民之道，文笔突出，思路开阔，这样的官员能为其统治更好地服务。康熙曾经说："朕观今人皆能勤于读书，昨将各部院司官轮班引见，出题考试完篇者居多。即不能诗文之人，所书出身履历亦甚明顺。若不知文义，如何居官办事？今读书之人甚多，大是好事。"① 这说明，早在清代，统治者便深谙理论指导实践的道理。将知识储备丰厚、理论功底扎实的循吏派到州县为官，可以为教化乡民打下坚实的基础；另一方面，圣贤之道的教化和洗礼，官员明白何事该为，何事不为，这也可以在一定程度上促进官员的自律，从而为清明吏治提供保障。

---

① 《清实录》第6册，《圣祖仁皇帝实录（三）》，卷267，北京：中华书局1985年影印版，第625页。

第二章　清代循吏的执法实践

古代中国在国家治理、社会管理过程中重视法律的作用，注重通过法律调整社会主体的相互关系，规制社会主体的行为举止①。在清代地方"一人政府"的治理模式之下，州县官吏职掌十分繁重，涉及的工作可谓是方方面面，他们直接肩负着了解百姓疾苦、解决百姓问题的职责，是真正的"地方官"和"父母官"。虽然在中国古代没有现代行政法意义上的关于行政行为的概念，但是按照行政行为"享有行政权能的组织（行政主体）运用行政权力做出的能够产生法律效果的行为"②的定义来看，清代循吏作为地方政府长官，遵守清代法律的要求，手持皇帝赋予的权力，管理着全境"大而钱谷、刑名、教养、风俗，小而建制、修举、科条庶务"③，其工作在本质上讲就是一种行政行为，这是传统中国社会官法同构的最生动也是最直接的体现。此外，按照当代法理学对执法的解释——"国家行政机关依照法定职权和法定程序，行使行政管理职权、履行职责、贯彻和实施法律的活动"这一定义来看，彼时循吏的行政行为，其实就是执法的实践。

我们通常说，在其位则谋其政。对有清一代的大部分官吏而言，"谋其政"不仅仅是为了满足生活所需，更是为了保全官职甚至是性

---

① 朱勇：《"官法同构"：中国古代的大国治理之路》，《学术月刊》，2019年第11期，第95页。
② 周佑勇：《行政法原论》，北京：北京大学出版社2018年版，第173页。
③ ［清］黄六鸿：《福惠全书》，载官箴书集成编纂委员会编：《官箴书集成》第3册，合肥：黄山书社1997年版，第211页。

命,这是在中国古代庞大、细密而又严苛的职官法律制度的管理下的特定影响。有清一代,职官管理制度更加完备,不论是《大清会典》还是各部则例(尤其是吏部),都对州县官吏应为之事做了更为严格的要求。

"为治者不在多言,顾力行何如耳。"① 在如此繁重复杂的事务中打转,清代基层官吏的基本情况是,"州县头绪纷繁,情伪百出,而膺斯任者类皆初登仕籍之人,未练习于平时,而欲措施于一旦,无怪乎彷徨瞻顾,心志茫然。"② 可见,按照一般的逻辑,基层官吏要想正常完成朝廷和法律规定的任务都"难于上青天",如果要想成为一名循吏,做到"颂声大作"恐怕更是难上加难。但也正是这样,才能更加体现出循吏的珍贵之处。"牧令,人称之曰父母。父母云者,生我养我者也。故土地不均,我为均之;差粮不明,我为明之;树木不植,我为植之;荒芜不多,我为垦之。"③ 清代的循吏能够继承和发扬前朝循吏忠君爱民的高尚品格,完成兴利除弊的使命任务,按照法律规定的职责行事,不仅保量而且保质。瞿同祖先生曾经将清代地方政府的职能划分为司法、征税、户口编审、治安、邮驿服务、公共工程、公共福利等十方面④。本章中,笔者主要围绕着制民之产、爱民如身、取民有制、保民安境等四方面,对清代循吏执法实践进行梳理和总结⑤。

---

① [汉]司马迁:《史记》,卷121,北京:中华书局1959年版,第3121—3122页。
② [清]田文镜:《州县事宜》,载官箴书集成编纂委员会编:《官箴书集成》第3册,合肥:黄山书社1997年版,第660页。
③ [清]陈弘谋:《从政遗规》,载张希清、王秀梅主编:《官典》,长春:吉林人民出版社1989年版,第382页。
④ 参见瞿同祖:《清代地方政府》,范忠信、何鹏、晏锋译,北京:法律出版社2011年版,第3页。
⑤ 在对循吏执法、司法、普法行为的梳理过程中,笔者以《清史稿》为基本依据,参考地方志等相关史料。从本章开始,引用文献中出自《清史稿·循吏传》的引文不再单独做注。特此说明。

第一节 制民之产：垦荒治水，劝课农桑

务农重本，国之本纲。中国古代以农为本。农业，不仅仅关乎百姓的生计，更关乎政权的兴衰。孟子认为"明君制民之产，必使仰足以事父母，俯足以畜妻子，乐岁终身饱，凶年免于死亡。然后驱而之善，故民之从之也轻。"①也就是说，统治者要尽最大可能保障生产者的权益，使他们能够安居乐业，这是推行仁政的物质基础，也是保证皇权稳定的必要条件。所以历朝历代的统治者，都将制民之产当作统治过程中的重要一环。及至清朝，依旧如此。乾隆皇帝就曾提出："养民之本莫要于务农。"②对清代州县地方官员来说，保障农业生产，发展农业经济无疑是他们最艰巨也是必须完成的任务。因为这不仅是天子的命令，法律的规定，更是百姓的期盼。清人姚文枏曾经在《今之牧令要务策》中提出："衣食者，民之天；力作者，民之常"，要求牧令（州县官员）务必"相土宜以教之，察水利应修者而修之，勿因公而扰农，勿延讼以误农……至于垦荒，尤为急务。"③这句话点明了州县官员制民之产的范围与内容：一则治水，二则垦荒，三则劝农。其实归根结底，这三项工作都是围绕制民之产进行：治水垦荒都是发展农业的基础，劝农是发展农业的必要条件。清代循吏正是围绕着这三方面内容履行公务，达到为民兴利的目的。

一、治水

"洵乎井田之后，水利之有关于民生国计，而古之循良，无不以

---

① [宋]朱熹：《四书章句集注·孟子集注》，北京：中华书局2011年版，第197页。
② [清]刘锦藻纂：《清朝文献通考》，杭州：浙江古籍出版社1988年版，第4886页。
③ [清]姚文枏：《今之牧令要务策》，载《皇朝经世文编》，卷21，《吏政六·守令》。转引自来新夏主编：《清代经世文选编》，合肥：黄山书社2019年版，第1432页。

此为为政之先务也。"①水是人类生产生活的重要资源，是农业的命脉。毫不夸张地说，水利是一个国家社会功能运行的基础，水利兴则国兴。中国古代水患频出，不仅使得百姓无法正常灌溉庄稼，百姓的生命财产安全更是受到了极大的威胁。从大禹治水开始，到战国开都江堰，到隋朝开大运河，再到康熙修治黄河治水患，兴建水利几乎成为每朝必行之事。在这里，水利有两方面的含义：一是对水资源的开发和利用，二是对水灾的防范与控制。

正如冀朝鼎先生所指出的那样，古代的治水"最初都不是出于人道的考量，而是出于自然和历史的条件，以及出于统治阶级的政治目的。"②河道不畅，水运不兴，何谈御灾、灌溉、运输？百姓因灾失家，因灾丧命，统治怎能太平？所以有清一代的统治者将治水视为国家治理中的必为之事。比如康熙皇帝曾经"以三藩及河务、漕运为三件大事，夙夜廑念，曾书而悬之宫中柱上"③，乾隆皇帝也曾指出："河工关系民命。"④职是之故，清代专门设置了河道总督等官员，负责全国主干河流的蓄水防洪工作。但是，对于州县境内的支流和用于农业灌溉的堤堰，直接责任人则是州县长官。也就是说，"疏浚河道、维修堤坝以便利百姓灌溉，是州县官的职责"。⑤

一方面，循吏筑堤御洪，保障百姓生命财产安全。

比如，王仁福在署祥河厅同知任上之时，发现当地由于"频年军事亟，发帑复不以时"，以致河堤"岁修不敷，堤埽残缺，料无宿

---

① 黄竹三、冯俊杰等：《洪洞介休水利碑刻辑录》，北京：中华书局2003年版，第94页。
② 冀朝鼎：《中国历史上的基本经济区与水利事业的发展》，北京：中国社会科学出版社1998年版，第8页。
③ 《清实录》第5册，《圣祖仁皇帝实录（二）》，卷154，北京：中华书局1985年影印版，第701页。
④ 《清仁宗御制诗三集》，海口：海南出版社2000年版，第327页。
⑤ 瞿同祖：《清代地方政府》，范忠信、何鹏、晏锋译，北京：法律出版社2011年版，第245-246页。

储"。常年的水患给百姓的生活带来了巨大的威胁，当地百姓将河道视为"畏途"。王仁福得知情况后，不畏艰险，"奔走风雨泥淖中"，竭尽全力进行修复。面对"居民蚁附堤上"的局面，王仁福痛哭流涕："我为河官，挤汝等于死，我之罪也，当身先之！"带领官民全力抵御洪水。可惜"风浪卷埽"，王仁福不幸落入水中殉职。

还有，白登明所任职的江南太仓县地势不平，呈东高西低之势，境内浏河"久淤塞"，无法正常排水，地势较低的西部饱受水患困扰，又"因渠筑坝刘河，农田不利故"①，百姓饱受煎熬。白登明上任之后，又恰逢"花稻全伤，民死无算"②，他便主动请缨凿河疏水，先开辟宋代范仲淹所修遗迹朱泾，最终"疏凿五十里"，解决了河道堵塞的问题。自此以后，当地人称刘河为大刘河，朱泾为小刘河、新刘河，又名白公渠。③时任巡抚李森先"知其能"，"又议开刘河中段，盐铁河起石家塘止"。面对复杂艰难的工作，白登明在州衙门之前题诗："苦劳民力导泾沟，虽曰时艰利万秋，若个今朝含怨报，他日方晓白知州。"在他的努力之下，"既浚刘河六十里，不两月工竣，实为东南七郡水利。"④康熙辛亥年间，太仓再遇水患，白登明的曾经的谋士顾士琏⑤再次提出合理意见，最终使河道通畅。工程竣工后，顾士琏在所辑的《新刘河志》和《娄江志》中记载了白氏治理浏河之

---

① ［清］柯悟迟：《漏网喁鱼集》，北京：中华书局1959年版，第8页。
② ［清］金端表：《刘河镇记略》，卷10，《灾异》，载《中国地方志集成·乡镇志专辑》，南京：江苏古籍出版社1992年影印本，第448页。
③ ［清］倪大临纂，［清］陶炳曾补辑：《茜泾记略·河道》，载《中国地方志集成·乡镇志专辑》，南京：江苏古籍出版社1992年影印本，第636页。
④ ［清］王昶：《直隶太仓州志》，卷10，载《续修四库全书》，第697册，上海：上海古籍出版社2002年版，第180页。
⑤ 顾士琏（1608－1691），字殷熏，号樊村，江苏太仓人，诸生。顺治间，娄江塞，水无所归，顾士琏佐知州白登明开凿朱泾旧迹而水以安，州人名曰新浏河，以娄江旧名浏河也，士琏辑其始末，为《新刘河志》。康熙时再浚刘河之淤，仍以士琏任其事，工竣，复辑《娄江志》。著有《水利五论》《吴中开江书》等。

事迹。因"以其循登明之法而成功",所以题为"登明定"①。在白登明调任高邮知州后,正值旱灾,而后洪水肆虐导致湖水猛涨,白登明"决清水潭,筑堤御之","堤成,命曰'永安'"②,再次治水有功。

又如,任辰旦主政的上海县境内的吴淞江是重要的河道。在他接任上海知县以前,河道长期淤堵,经常发生水灾,清政府修建了黄龙浦作为吴淞江的入海口以防止河沙淤积。但是黄龙浦"建闸屡圮",经常坍塌,而且清政府也无力支出高额的维修费用。任辰旦上任之后,立誓彻底整治。于是他"仿浙人为梁法",先量出闸门的宽度,按照宽度采伐石头并做好标记,然后"使善泅者厝之",把石头按照顺序安放成阶梯状,最后又沿着河道对两岸的护堤进行了扩展延伸。任辰旦独辟蹊径,方法巧妙得当,仅用了十个月的时间就完成了这项浩大的工程。"闸始永固",上海再无水患之忧。

再有,陈崇砥上任之后,"筦水利",专门设立水志,详细记载河道淤堵、泄洪的时间和规模,根据实际情况进行治理。他增派夫役,调拨器具,发动百姓共同清理淤积。滹沱下游灾害严重,他便请求大吏修筑古洋河堤,"自献县至肃宁六十里","开沟六千丈",同时再筑造多座桥梁,以防止子牙河涨水危害庄稼。为了方便商船通行,避免耽误经济发展,他还"为设坝船,给板椿",于是"过浅构桥咸称便"。在持之以恒的努力之下,"近地皆大稔",百姓念其德。

还有,骆钟麟任职的陕西盩厔县离渭河仅十里不到,他沿着河畔考察,发现水势即将南浸,危及县城。于是提出"自览家寨迤东开复故道",但是被众人反对。第二年,渭河因大雨涨水,他"斋沐

---

① [清]纪昀总纂:《四库全书总目提要》,卷75,石家庄:河北人民出版社2000年版,第1986页。
② [清]李桓:《清耆献类征选编》,卷3。

临祷，自跪水中"，幸亏大雨停止，使水量减少，渭河水"徙而北流者数里"，一城得救。

除上述比较具有代表性的之外，还有众多循吏参与治水御洪。比如，姚柬之治下端溪涨水，"城不没数版"，殃及县民，他便带领衙役日夜坚守，在城下筑堤御洪。同时，他还根据治水的经验，总结而成《漳水图经》，为后人治水提供了借鉴和参考。宋必达任知县的江西宁都县，县城濒临河流，夏天暴雨导致河水猛涨，马上就要将县城淹没。宋必达"祷于神"，向上天祈祷佑护宁都无患。等到河水回落之后，他将河流的旧道进行了重新地修治，"自是无水患"。姚文燮任职直隶雄县知县时，境内浑河水泛溢成灾，县城即将被淹没。姚文燮带领百姓修筑城墙，筑造堤坝，并且造桥方便来往之人……这些循吏面对汹涌来袭的洪水，没有丝毫畏惧，而是尽心履职。在保卫百姓生命财产安全的同时，巩固了堤坝，疏浚了河道，治绩斐然。

另一方面，循吏引水灌溉，促进农业生产发展。

循吏康基渊在任河南嵩县知县时，境内的十余座水渠长久淤塞，百姓生产生活用水匮乏。他"按行旧址，劝民修复"，将山涧中可以用来引水灌溉的支流全部打通，而且对高低不一的水渠，采取分段设闸的方式以蓄水防洪。同时，他还向村民传授水车灌溉的技能。在他的努力之下，"凡开新、旧渠十八，灌田六万二千余亩"。

再有，缪燧在定海县"设治未久，百度草创"之时接任知县。他发现定海虽然临海，但是缺少用于灌溉的淡水，于是进行谋划，率领百姓筑塘修闸"以御咸蓄淡"。此外，缪燧为了抵御潮水，先后建成了沈家门的东横塘和西横塘，时人都称他为"筑塘老爷"。后人感念其行，其带领修建的横塘也被命名为"缪家塘"，据统计，缪燧任内修筑海塘23条，总长13173丈，修筑堤岸水闸百余处，掘井百余眼,"国计民生均为攸赖"。

还有,曹瑾在凤山任知县时,由于凤山临海,周围都是盐分充足的海水,而"淡水溪在县东南",使得庄稼连年歉收。曹瑾组织百姓,从九曲塘将淡水引到县内,同时构筑堤坝进行加固,"定启闭蓄泄之法,设圳长经理之"。在他的努力之下,最终"掘圳四万三百六十丈有奇,可灌田三万一千五百亩有奇,可收旱稻十五万六千六百余石"①,保证了百姓的日常饮水灌溉需要,从此凤山"收谷倍增,民乐厥业,家多盖藏"②。由于其治水有方,百姓尊曹瑾为台湾治水鼻祖。直到现在,我国台湾地区的"曹公圳""曹公新圳"依旧为当地的生产生活提供着保障。

其他循吏也深谙水利之于农田灌溉的重要意义,都作出了不同程度的努力,取得了诸多成效。比如,汤家相在任职湖北南漳知县期间,兴修永泉、八观两座河堰,"民赖其力";陆在新在担任江西庐陵知县时,为了方便百姓取水灌溉和输纳,特意"傍水设五仓";陈时临任职期间,河南汝阳县的杨埠有一条支河,常年淤堵,百姓多有不便。陈时临下令疏通,"民获灌溉之利"。陈悳荣"修百里洲堤","引山泉,治水田"……

清人陈宏谋提出:"牧民之道,不过教养二端","养之一字,唯有兴修水利,劝谕垦种,力行社仓,是其急务。"③作为地方州县官员的循吏,积极筹措资金,动员百姓,发动各种力量,治水有功之人不在少数。《清史稿·循吏传》中明确记载任上治水的循吏就多达66人之多,占到了清代循吏群体的半数以上。

---

① [清]李棠阶:《曹瑾墓志铭》,现藏于沁阳市博物馆"河内石苑"碑廊。
② 《曹瑾遗爱台湾岛》,载《人民日报》(海外版),2001年4月4日,第3版。
③ [清]陈宏谋:《培远堂偶存稿·手札节要》,培远堂藏版,第8页。

二、垦荒

要想发展农业，就必须依靠耕地，这是亘古不变的自然规律。但实际上并不是所有的土地一开始都适合耕种，这就需要对土地进行开垦，此行为就是人们常说的垦荒。详细地说，垦荒是指对未被利用的土地进行垦殖，使其转化为适宜耕种的农业用田的过程。古代的统治者十分重视对荒地的开垦，因为这不仅关系到粮食的产量，更关系到国运的昌盛与否。《管子》中有云："地不辟，则六畜不育。六畜不育，则国贫而用不足"，① "田垦，则粟多。粟多，则国富。"② 垦荒可以增加粮食产量，方便喂养牲畜，百姓富足自然国富民强。在战国时期，铁器的使用和牛耕的推广，使我国迎来了第一次垦荒高潮，而后的数千年间，垦荒活动延续不断。

明末清初战争频仍，百姓大多流离失所，全国的土地经战火袭扰后更是满目疮痍。在满洲贵族入关之时，就目睹了"土旷人稀，生计凋敝"的凄惨景象③；顺治九年，给事中刘余谟曾上疏："若湖南、四川、两广地方，弥望千里，绝无人烟。据抚按疏称，湖南衡永等处卫所，数年来并未开垦。成都、重庆、叙州、马湖各属人民，仅存十百。粤东抛荒已甚，粤西人少赋轻，章奏俱在，历历可考。"④ 荒地未垦，与刚刚结束战乱，政权不稳定不无关系。在中国古代以农为本的政治经济体制下，向来是靠天吃饭，以土为生，保护农业生产和生产主体——农民，无疑是统治者最挂心之事。所以尽快安抚民心、休养生息、开垦荒地，就成了亟须解决的问题。从政治上看，开垦荒地可以使无家可归的百姓再次得到土地，开展劳动生产，

---

① 《管子》，李山、轩新丽译注，北京：中华书局2019年版，第101页。
② 《管子》，李山、轩新丽译注，北京：中华书局2019年版，第716页。
③ [清]徐世昌：《东三省政略》，李澍田点校，长春：吉林文史出版社1984年版，第897页。
④ 罗振玉辑：《皇清奏议》，卷4，张小也等点校，南京：凤凰出版社2019年版，第107页。

这便可大大消除动摇政权的不稳定因素；从经济上看，大量垦荒可以扩大耕地面积，获得更多粮食的同时，还可以增加赋税收入。

正是基于以上考虑，有清一代的统治者积极奉行垦荒政策。康熙皇帝曾言："自古国家久安长治之模，莫不以足民为首务，必使田野开辟。盖藏有余，而取之不尽其力，然后民气和乐"①，把荒田开垦定位到了关乎国家长治久安的高度。与此同时，明确了垦荒是地方官员的第一要务。据《乾隆朝圣训》记载，乾隆皇帝曾一再强调"垦田务农为政之本"，"劝课农桑临民者，第一要务，实力行之。"②除了直接表明对垦荒的态度，对垦荒的政策也是直接进行规定。比如顺治元年，曾定"开垦荒地条例"，"州县卫所荒地，无主者分给流民及官兵屯种，有主者令原主开垦，无力者官给牛具籽种"③，又规定"凡地方招徕各处逃民，不论原籍别籍，编入保甲，开垦荒田，给以印信执照，永准为业。"④有清一代的循吏，在法律的约束之下，认真履行垦荒职责，制定有效的垦荒政策，带领境内百姓创造良好的生产生活条件的同时，还增加了国家的赋税收入，改善了百姓的生活，从而安抚了民心。

有清一代垦荒实绩较为突出的当数循吏姚文燮。他在担任福建建宁府推官期间奉旨开田，但是由于建宁四面环山，百姓依山凿田多有不便，每次遇到陡峻之处无法使用弓绳进行施工。他打破常规方式，教手下和百姓采用"勾股法"，"计田广狭，增减为亩"，顺利开辟良田。改直隶雄县知县后，仍然带领百姓开垦荒地。雄县邻

---

① [清] 章梫：《康熙政要》，卷19，郑州：中州古籍出版社2012年版，第87页。
② 《乾隆朝圣训》，卷209. 转引自田瑶：《清初的土地政策及其影响》，《法学》，2011年第12期，第84页。
③ [清] 托津等：《钦定大清会典事例》，卷166，清嘉庆二十五年武英殿刻本，第4430页。
④ [清] 刘锦藻纂：《清朝文献通考》，卷1，杭州：浙江古籍出版社1988年影印版，第4858页。

近京畿，富饶之地多为旗人所占，姚文燮为民据理力争。旗人无奈，只能向户部求助，户部"遣司官至，牵绳量地"，结果发现"绳所及，民不得有"。姚文燮一气之下拔刀断绳，户部司官见其刚正不阿，也不敢与他争辩。没过几天，皇帝便下旨将耕地还给雄县百姓。

除姚文燮外，《清史稿》还记载了数十位循吏开垦荒田以发展农业的事迹。陈惪荣在贵州任职期间，积极推行垦荒之策，最终"贵筑、贵阳、开州、威宁、余庆、施秉诸州、县报垦田至三万六千亩"。白登明到任之前，太仓水患频出，盗贼横行，临海居住的居民长期因动乱而分崩离析，无家可归。白登明将百姓聚集起来，重新开垦荒地，"复成聚落"。宋必达上任宁都知县后，宋必达发现当地土地贫瘠、百姓困苦，清泰、怀德二乡经常遭受寇盗袭扰。据乾隆《宁都县志》记载：宁都"揆厥所由，欲以强族争胜而不知宵小多伏其间，借端生事，始害地方，此近数十年宁都之隐患也。"① 种种原因导致百姓大多迁徙外出，离家远行，土地也荒废待耕。宋必达想尽办法招抚百姓，"二岁田尽辟"。张埙鼓励登封百姓开垦荒地，恢复农业生产。为了便利百姓，还"开荜岭二百里，复古轘辕路"。缪燧完成定海县筑塘蓄水任务之后，带领百姓开辟土地，复修城墙，"役繁而不扰"……

地方州县长官是开垦荒地的直接责任人。为了表示朝廷对垦荒的重视，清政府特意规定了地方州县官员在正式开垦荒田之前，必须带领百姓行"劝垦荒田之典"。与此同时，为了加强对地方官员带民垦荒的考核与评价，清朝统治者赏罚分明，严明纪律。一方面，是对有功之人进行奖赏。顺治皇帝曾经下旨："各州县以招民设法劝耕之多寡为优劣，道府以善处责成催督之勤惰为殿最。每岁终，抚

---

① 参见乾隆朝《宁都县志》，卷1，《沿革·附论》。转引自王旭：《明清时期赣南地区'乡分风俗'现象探析》，《历史地理》，2016年第2期，第146页。

按分别具奏,载入考成"①,意即将垦荒之成绩,纳入各级官员考核体制之内。此外,《皇朝通典》记载:"贡监生员、民人垦地20顷以上,试其文义通者以县丞用;不能通晓者,以把总用。100顷以上文义通顺者,以知县用;不能通晓者,以守备用。"②由此可见,根据垦荒数量的多少,可以分别授予不同级别的官职,这无疑是朝廷莫大的褒奖;另一方面,则是对谎报之人的惩处。由于垦荒所带来的政治效益巨大,不少州县官甚至是更高级别的督抚动起了"歪心思",虚报垦荒数据,以求获得嘉奖。针对此种劣症,顺治曾经下令"若开垦不实,及开过复荒,新旧官员,俱分别治罪"③;康熙更是重新修订开垦考成办法,提出:"虚谎报者,将原报督抚降二级,罚俸一年,道府降四级调用,州县卫所革职。"④在此严格的赏罚制度的管理下,清代的垦荒实效极为突出。这不仅是朝廷恩威并施的作用,更是循吏身体力行的结果。

三、劝农

劝课农桑,原意是指督促劝勉百姓从事与农业相关的手工业、养殖业等活动,其本质是一种中国古代发展农业经济的官方调控手段,同时也是州县地方官员的重要职责。历朝历代的统治者无不运用法律手段,以保障农业生产的顺利进行。一方面,是明确规定朝廷官员的劝课职责。根据《周礼》的记载,早在西周时期便提出了大司徒十二项教民生产的职掌,"一曰稼穑,二曰树蓺,三曰作材,

---

① 《清实录》第3册,《世祖章皇帝实录》,卷43,北京:中华书局1985年影印版,第348页。
② [清]嵇璜、刘墉:《皇朝通典·食货典二》,卷1,上海:上海图书集成局1901年版,第86页。
③ 《清实录》第3册,《世祖章皇帝实录》,卷109,北京:中华书局1985年影印版,第854页。
④ [清]王寿颐等纂:《光绪仙居志》,清光绪二十年木活字印本,第1113页。

四曰阜藩，五曰饬材，六曰通材，七曰化材，八曰敛材，九曰生材，十曰学艺，十一曰世事，十二曰服事"，目的就是"以登万民"。①以上十二项内容，几乎囊括了整个西周时期所有的农业、林业、牧业和其他副业，涉及了大田农作、果树、蔬菜的耕种技术，采伐山林材物、采集野生果物的生产技术，豢养鸟兽的养殖技术，以及化治丝麻等副业操作技术，等等。后代史书中，也有关于劝课农桑的规定，比如《后汉书·卓茂传》中记载："是时王莽秉政，置大司农六部丞，劝课农桑"②，范仲淹在《答手诏五事》中也提道："更严著勉农之令，使天下官吏专于劝课，百姓勤于稼穑。"另一方面，是加大对破坏农业生产的处罚力度。《唐律疏议》中就有规定："诸弃毁官私器物及毁伐树木、稼穑者，准盗论"（《杂律》，第442条），将随意毁坏盗伐树木，破坏农业生产的行为按照盗窃论处。《大明律》也有"凡于他人田园擅食瓜果之类，坐赃论；弃毁者，罪亦如之"③的规定，以此尽最大可能维护农田果实的完整。到了清代，统治者将劝课农桑摆在了更为突出的位置，制定了多项关于劝课农桑的法律制度。循吏刘秉琳也认为："哺饥衣寒，救荒末策也。本计当于《河渠书》《农桑谱》中求之。"意思是说，平时大力发展农业生产，饥荒来临时才不致手足无措。概言之，清代劝农法律实践有以下三方面的内容：

第一，是统治者的高度重视。康熙九年，颁布上谕十六条，其中第四条以"重农桑以足衣食"为题，开篇便提出"朕闻养民之本，在于衣食。农桑者，衣食所由出也"，厘清了农桑为百姓衣食之本，衣食为养民之本的逻辑关系；而后表明了劝课农桑的首要宗旨，认

---

① 《周礼》，徐正英、常佩雨译注，北京：中华书局2014年版，第227–228页。
② ［南朝宋］范晔：《后汉书》，卷25，北京：中华书局1965年版，第871页。
③ ［明］徐溥等纂：《明会典》，卷163，明正德六年司礼监刻本，第2597页。

为"自古盛王之世,老者衣帛食肉,黎民不饥不寒,享庶富之盛而致教化之兴,其道胥由乎此"。此上谕从根本上表明了统治者对农桑之事的看重,也为地方官员履行劝课农桑之责提供了根本的遵循。

第二,是再次严厉强调了基层地方官员的职责。"重农桑以足衣食"中还提到,"尔等各赡身家,一丝一粒,莫不出自农桑。尔等既享其利,当彼此相安,多方捍卫,使农桑俱得尽力","若地方文武官僚,俱有劝课之责。"①康熙认为地方文武官僚都有劝课农桑之责,他们的衣食住行均和百姓农桑有关,既然享受了好处,就更要尽心劝勉。此外,乾隆二年五月庚子之时,在乾隆皇帝的主导之下,重新完善了《授时通考》②,其中也有"劝课农桑,其责又在牧令"的说法,明确规定"以劝课为官吏之责成"。③可以看出,清代历任统治者都将劝课农桑定为州县地方官员的重要职责。这也正如清代农学专家包世臣在《郡县农政》中说的那样:"治平之枢在郡县,而郡县之治首农桑",农桑无疑是郡县之治的关键点和落脚点。

清代关于劝课农桑的法律实践的第三个方面,便是规定了劝课农桑的详细内容,也就是循吏具体的执法方式。《钦颁州县事宜》中提道:"农桑为衣食之本,稼穑为风化之源",作为地方州县官员,要"不时单骑简从,亲诣乡村,问其播种者如何,收获者如何。奖其勤朴,戒其奢靡。"④有清一代的循吏作为地方官员的杰出代表,在任上自然高质量、高规格地完成了朝廷规定的劝课任务,主要通过设

---

① 《圣谕广训》,载夏家善主编,《帝王家训》,王宗志、夏春田注释,天津:天津古籍出版社2017年版,第202页。
② 《授时通考》为清朝官修的综合农书典籍,由弘昼、鄂尔泰、张廷玉等奉敕纂修。全书共七十八卷,分为天时、土宜、谷种、功作、劝课、蓄聚、农馀、蚕桑等八门。
③ 《清实录》第9册,《高宗纯皇帝实录(一)》,卷44,北京:中华书局1985年影印版,第773页。
④ [清]丁日昌:《牧令书辑要》,载陈生玺辑:《政书集成》,第10辑,郑州:中州古籍出版社1996年版,第77页。

置相关规定、传授农业技巧、改进农业器具、购进养殖种畜等方式，制民之产，不违农时，最终藏富于民。

首先是"禁"。此处的"禁"，包含两方面的内容：一是针对循吏自身的"禁"。清制，地方官员应该"勿夺民时，勿妨民事"，意即不能随意发号施令，给百姓造成负担，从而耽误百姓的正常生产。大多数循吏都以仁爱之心为政，除遇抗洪御盗等紧急情况外，一般都不耽误百姓的正常农业生产。二是针对百姓务农的"禁"。也就是说，作为地方州县长官的循吏应该对劝课农桑做出相应的规定。比如，陈豪在署任房县知县时，根据当地的土壤和环境特点，明令禁止当地百姓种植莺粟，同时"募崇阳人教之植茶"，使百姓得到了利益；再有，白登明在河南柘城平定了当地的匪徒之后，"设条以劝耕读"，将促进农业生产以条文的方式进行规定，不仅使得百姓有章可循，更使生产秩序大为改观。

其次是"帮"。按照清代法律规定，劝课应"宣上谕，劝农桑，举皆实力奉行，务使务农积谷之成教家谕而户晓"，也就是说要先向百姓宣传朝廷的相关政策，让百姓遵照朝廷的规则务农；在自然灾害对百姓的生产生活造成威胁之时，清代循吏发挥所学，全力帮扶；百姓没有生产工具时，循吏也能紧急调用或组织百姓制作，多角度全方位地为百姓农桑提供便利。

有清一代的循吏之中，陈惪荣在贵州劝课农桑的事迹极为突出。他长期在贵州任职，对贵州当地的经济社会有着自己独特而又深刻的体会。曾向皇帝上疏："黔地山多水足，可以疏土成田。小民难于工本，不能变瘠为腴。山荒尤多，流民思垦，辄见挠阻。桑条肥沃，亦不知蚕缫之法。自非牧民者经营而劝率之，利不可得而兴也。今就邻省雇募种棉、织布、饲蚕、纺绩之人，择地试种，设局教习，转相仿效，可以有成。应责各道因地制宜，随时设教"，同时立下了军令状："一年必有规模，三年渐期成效"。这番恳切的话语和切实可行的建议得到了清廷的允许。他在其官署先行育蚕，并且"于省城大兴寺缫丝织作"，百姓看到养蚕的好处之后，对养蚕之事趋之若鹜，于是他"开野蚕山场百余所"，使得当地"比户机杼相闻"。《清史稿》称他"在贵州兴蚕桑，为百世之利"。陈悳荣养蚕之行为其他的官员树立了良好的榜样，官员们纷纷效仿。一次，时任遵义知府陈玉㙔看到陈悳荣治下多檞树，百姓可以砍柴烧火取暖，便说："此青菜树也，吾得以富吾民矣。"陈玉㙔"乃购历城山蚕种，兼以蚕师来"，五年之后，获蚕八百万；正安州吏目徐阶平，仿照陈玉㙔的方法，从浙江购进蚕种，"亦大食其利"。此外，陈悳荣还极力推行树木的种植，曾经"疏陈课民树杉，得六万株"后，"包栽杉树六万株于城外各山。"① 高宗认为"树木宜多行栽种。查黔地山多树广，小民取用日繁，应如所议，令民各视土宜，逐年栽植。每户自数十株至数百株不等，种多者量加鼓励。"② 在朝廷的准许和他的积极劝导之下，仅仅一年时间就在贵州境内植树"通计一百三十五万九千余株"③，大大发展了当地的经济，富足了百姓的生活。

中国古代自然灾害繁多，对农业生产影响最大的莫过于蝗灾。蝗灾出现，庄稼所剩无几，百姓自然民不聊生。循吏陈崇砥为了保证百姓庄稼的安全，在任上几度治蝗，同时根据日常工作中的经验，著成《治蝗书》，书中记载了大量关于蝗虫灾害发生的自然条件、时间、预防措施以及整治方法等。运用书中方法，不仅治下虫灾得到

---

① 《清实录》第10册，《高宗纯皇帝实录（二）》，卷139，北京：中华书局1985年影印版，第1016页。
② 《清实录》第10册，《高宗纯皇帝实录（二）》，卷130，北京：中华书局1985年影印版，第900页。
③ ［清］陈悳荣：《奏为黔省开渠垦田养蚕种树等地方情形事》，乾隆七年六月初八日，现藏于中国第一历史档案馆（04-01-01-0083-026）。

了有效的控制,《治蝗书》更是成了有清一代影响深远的治蝗类农书,他本人也被称为"治蝗专家"。

此外,还有部分循吏通过巡行宣传、提供钱财、置办农具等方式为百姓提供帮助。比如,黄世发经常在境内巡查,每遇百姓便向其宣传种农之策;桂超万"劝树畜,修井粪田,种薯芋以备荒";方大湜"课蚕桑,事必亲理";缪燧在沂水县任职时,自己出钱为百姓购置牛种,招揽百姓回乡务农种桑……在清代,由于自然灾害的侵袭和生产工具的匮乏,使生产力和生产水平严重不足。然而,这些循吏深知经济的发展必须依靠农业的繁荣,所以他们以百姓心为心,竭尽所能帮扶,循循善诱的同时,提供一切可以提供的生产工具,使百姓生活越发富足。

最后是"教"。清代循吏大多科举出身,具有良好的文化知识素养。所以为了保证农业生产的高效有序,循吏还钻研务农之法传授给不谙农事的居民。比如,茹敦和在考察之后,发现"地多茅沙盐碱",于是因地制宜,向乡民传授土化之法,广植杂树;林启"以浙中蚕业甲天下",在西湖边设置蚕学馆,教百姓养蚕之法,同时一改旧法,开创育蚕新法,成效颇著;黄世发更是"视民如家人,教以生计",在坑碱荒地,他令乡民穿井耕种,"植桑柳树万株",将水车、蚕箔、粪灌、纺绩等生产工具的使用方法悉数传授给百姓。与此同时,重新开辟了老城的废地,教授百姓穿池种稻之法;张埙"单车巡行陇亩,闲课农桑",监督指导登封人民进行耕种,按照土壤的不同性质,向百姓传授分别种植木棉或者其他果实的技艺……以上几例是循吏自身钻研农技传授于民,而清代地方官员还有一项职责是在乡民中选拔善农事者,辅助州县官员进行劝农。乾隆皇帝就曾规定:"于乡民之中,择其熟谙农务、索行勤俭、为闾阎之所信服者，每一州县量设数人，董率而劝诫之"①，此上谕明确规定州县官员需要找出当地熟悉农作事务、日常节俭勤俭的百姓信服之人作为官方的辅助之人，帮助国家对百姓进行劝导督促。《清史稿》聚焦于循吏对本人做法和实绩的记录，对选拔任用乡民劝农，未见明确的记载。

第二节 爱民如身：安置流亡，救灾赈荒

"天灾流行，国家代有。"②中国自古以来便自然灾害频仍，面对大自然的激烈冲击，人类总是束手无策。诸如旱灾、水灾、地震、瘟疫、虫灾等各种灾害的普遍发生，经常导致百姓居无定所，社会动荡不安，严重威胁到了封建统治，于是自先秦以来的统治者都积极施行荒政——以赈济灾民为形式的维持统治的政策。有学者认为我国的荒政"萌芽于先秦，初步发展于汉魏，成熟于隋唐两宋，完善于元明清代。"③《周礼》中率先提出"十二荒政"说："以荒政十有二聚万民：一曰散利，二曰薄征，三曰缓刑，四曰弛力，五曰舍禁，六曰去几，七曰眚礼，八曰杀哀，九曰蕃乐，十曰多昏，十有一曰索鬼神，十有二曰除盗贼。"④简单来说，就是针对灾荒，提出了十二种预防和补救措施，包括给百姓分利，轻徭薄赋，减免刑罚，准许狩猎，不准歌舞，鼓励婚嫁，祈祷降福，去除盗贼，等等。政策提出之后，就需要大大小小的官员去落实，要不然只能是纸上谈兵。

---

① 《清实录》第9册，《高宗纯皇帝实录（一）》，卷44，北京：中华书局1985年影印版，第774页。
② ［清］万维翰：《荒政琐言》，载李文海、夏明方：《中国荒政全书》，北京：北京古籍出版社2003年版，第461页。
③ 康沛竹：《灾荒与晚清政治》，北京：北京大学出版社2002年版，第51页。
④ 《周礼》，徐正英、常佩雨译注，北京：中华书局2014年版，第224页。

"办理赈务，全在地方州县得人，庶不至有名无实。"① 在中国古代，贯彻执行国家荒政，直接解决百姓实际灾荒问题的，无疑是直接与民接触的地方州县官员。

在传统社会，人们抵御自然灾害的能力十分有限，因此，每一次大的灾害都会对社会经济、人民生活造成严重的恶果。② 救灾救荒，首当其冲的就是对流民进行安置，毕竟有"流民安则转盗为民，流民散则转民为盗"③的警示之言。清初顺康雍时期，拯灾救荒的基本程序如报灾、勘灾、审户、给赈，主要措施如蠲免、赈济、借贷、缓征、平粜、抚恤、除害、通商、集流亡等以及备荒等相关事宜，都逐步形成了一整套完善、固定、环环相扣的程序，基本上逐步走上制度化、固定化和法制化的轨道。④ 清代救荒制度包含了灾前预防、灾中救济、灾后重建三方面的内容，前文提到的修堤筑堰、开垦荒地等措施，一方面是为了维持农业的发展，另一方面则是为了抵御自然灾害的侵袭。本小节中，笔者只针对循吏在灾中对百姓的救济进行探讨，有关灾前预防及灾后重建在循吏之行的其他部分均有体现。灾难来临之时，"卖屋者有矣，卖田者有矣，卖牛者有矣，卖子女者有矣，脱妇人簪珥者有矣。"⑤ 面对灾荒，有清一代的循吏临危不乱，克己奉公，忠于职守，将爱民之行贯穿于奉法履职全过程，其救荒之行主要包含以下四方面的内容：

其一，及时上报，请求赈灾。主要包括开常平仓、调粟、施粥、

---

① 中国第一历史档案馆编：《上谕档》，第1425册，中国第一历史档案馆藏，第203页。
② 王笛：《跨出封闭的世界：长江上游区域社会研究（1644—1911）》，北京：北京大学出版社2018年版，第18页。
③ [清]徐旭龄：《安流民以弭盗疏》，载[清]贺长龄、魏源等编：《清经世文编》，卷34，北京：中华书局1992年版，第846页。
④ 张祥稳：《清代乾隆时期自然灾害与荒政研究》，南京农业大学2007年博士学位论文，第84页。
⑤ [明]罗伦：《与府县言上中户书》，载[明]陈子龙等辑：《明经世文编》，卷84，北京：中华书局1997年影印版，第747页。

减免税赋等，以此来维持百姓的日常生活。比如，姚柬之在临漳任职知县期间，适逢临漳境内洪水大发，他第一时间携带救济粮赶赴灾区，"且勘且赈"，最终"全活者众"；同时，为了防止灾后出现哄抬米价的乱状，他未经请示便"预放兵粮"，称"弃一官，可全万人命，吾何悔？"由此，百姓在灾荒期间也没能感到饥寒困苦；还有，康熙三十二年，汝阳知县陈时临"新修常平仓三十六间，并旧仓共四十六间"①，饥荒之时，百姓仍有生计可寻……除了上述及时请示上报赈灾的循吏之外，也有循吏为了保全百姓性命，未经上报便采取措施赈济灾民。比如，陈文黻任职之地"谿河多壅阏，横溢为患"，此前他便上书陈明疏浚河道的建议，但是未能被采纳。恰逢洪水暴发，但是已经过了上报救荒的期限。面对突如其来的灾害和流离失所的灾民，陈文黻当机立断，开仓赈济，而且"跋涉沮洳，劳疾不辍"，煮粥赈济近郊灾民，最终"多所全活"。又如，童华在发生饥荒之时，还未得到上级的正式开仓救济的答复之前，便"出仓粟七千石贷民"。又因为北方居民不食稻米，"请发钱买水田穀运通仓"，使"民得市稷黍以为食"。

其二，寻医疗疫，救治灾民。一般情况下，瘟疫等烈性传染性疾病的发生多与水灾、虫灾、旱灾有关，所以受灾之后必然产生大量的病患。作为地方长官，有的循吏为百姓寻医问药，更有懂医的循吏直接为百姓开药治病。比较突出的有，于宗尧在常熟县每每遇到灾荒之时，总是想发设法救济灾民。在百姓受到疾病困扰后，他便为民寻方，推广疗疫之法。缪燧面对灾害导致的时疫，第一时间设置药局并且请来良医为百姓诊治，派人为独自一人生活的百姓送药，对贫苦者免收药费。因措施得当，瘟疫得以控制。

其三，带头募捐，劝富赈捐。一方面是循吏拿出自己的饷银应

---

① 参见［清］陈梦雷编：《钦定古今图书集成》，卷468，《方舆汇编·职方典·汝宁府部》。

对灾难，自掏腰包给百姓购置衣物、食物等。循吏缪燧因为路途遥远且运费较多，并不方便，于是便请示把银子发给百姓，让他们自己去买米，上级以违抗圣旨为由不予采纳。他再次力争，"以因地制宜之义，代草疏奏请"，得到了朝廷的允许。后来经费不足，他便倾囊相助。大多数的百姓因为饥荒流亡，缪燧说："安有为民父母，忍听之哉？"于是又拿出自己的俸禄替百姓偿还了拖欠的赋税。另一方面则是劝捐，也就是向当地的富户求助，请求他们捐款捐物以赈济灾民。劝捐是清代循吏最为经常使用的赈济方式之一，清人杨景仁曾经说："乡党好施者例加奖励，此劝善之良谟，实救荒之仁术也"①，乾隆帝也认为："救荒无奇策，富户能出资赈粜，足以助官赈之所不及，于闾阎殊有裨益。"②循吏张沐在直隶内黄县任职期间，遭遇连年不遇的大旱，"自八月不雨至明年九月"，民不聊生，百姓食不果腹。张沐奋力筹措经费赈灾，倡导富民捐出米粟，由官府为其计算数量，等待秋收时再来领取回来。当地富民皆响应，受灾的群众解决了饥饿困境，也避免了迁徙之苦。宋必达在全力击退耿精忠叛军，保证了宁都百姓的安全之后，有人和巡抚说，县城里私人修筑的堡垒之中有很多跟随造反的人。巡抚想要发兵进行围剿，宋必达上血书争辩，制止巡抚发兵。官军中从汀州归来，他们掠夺来的妇女"在军中悲号声相属"，宋必达自掏腰包，将她们赎出，并且询问她们的姓名和住址，安排人护送她们回家。张埙到任登封之后，第一时间招集流离失所的乡民。康熙十八年，发生大旱，并出现大面积的虫灾。为安抚民心，张埙"囚服锁项，自暴呼天"；撰写文章祭祀田祖，驱赶害虫；出资"悬捕虫赏格"。当年闹饥荒，张埙设厂

---

① ［清］杨景仁辑：《筹济编》，载李文海、夏明方：《中国荒政全书》，第2辑第4卷，北京：北京古籍出版社2003年版，第170页。
② 《清实录》第14册，《高宗纯皇帝实录（六）》，卷405，北京：中华书局1985年影印版，第321页。

食救难民，移粟分赈，购买麦数百斛，及时免费分发给穷苦百姓。白登明任职高邮期间，适逢灾年，白登明上书请求朝廷赈济百姓，与此同时，劝富民分食于受灾群众。最终没有一人因为灾荒而亡。

其四，身体力行，抢救灾民。有的百姓因大水受困，他们便亲自带领官兵前去营救，用实际行动践行着"为民父母行政"的誓言。康熙二十六年，陆在新任职的庐陵县境内江水大溢，百姓溺死众多。陆在新紧急出钱招募民船前往营救，身先士卒往返于洪涛之中，将所有受灾百姓全部救活。体察民情，在衙门西侧专门设置了问苦亭，了解百姓的诉求。时常带着干粮走进山谷，将食物分给受灾的群众。汤家相在任之时，安抚招揽流亡百姓，对他们百般照料。陈恧荣历仕康熙、雍正、乾隆三朝，亲眼见到过贵州兵事的频仍，也亲身体会过动乱的社会给百姓带来的贫苦。他在任上"大修城郭、坛庙、学舍。广置栖流所，收行旅之病者"，到了冬天的时候，他便照顾老弱病残等衣食无着的百姓。此外，他还"赈凤、颍水灾"，使"流移获安"。姚文燮在出任福建建宁府推官时，耿精忠手下多仗势欺人，欺压百姓，不仅抢夺民财还霸占百姓妻女。姚文燮"悉使讦发"，募捐代百姓偿还欠款，赎回数百人。调任直隶雄县知县后，更是体察民情，抚恤驿政，"民庆更生"。

除了上述较为精细的分类外，还有一些循吏采取了多种方式对灾民予以救助。如循吏刘秉琳"恤孤寡"，在蝗灾肆虐时，身体力行，带领乡民捕蝗抗灾，同时"集赀购之，被蝗者得钱以代赈，且免践田苗"。在洪水泛滥后，更是下发储粮以赈灾民。还有，康熙三十六年的时候，漳浦遭遇旱灾，当时米价暴涨，百姓承受不住。知县陈汝咸立即请示开常平仓，降价售卖大米，从四月初一开始一直持续到稻子收完为止,百姓得以生存下去。①十月,谷物歉收,陈汝咸便命人到江浙地区购进大米。不仅减价发售,还允许借贷买米。康熙四十六年,因为接连几天的暴雨使江水猛涨,大水已经淹没了县城内百姓的房屋。陈汝咸得知这一情况,亲自登上城楼,募集多艘小船营救。并且下令"渡一人与钱三十",人们都受到激励而尽力营救,受灾百姓全部获救。其后"多方抚恤",以致"虽灾不害"。康熙五十三年,甘肃报荒,时任大理寺少卿的陈汝咸奉旨出抚。临行前,康熙皇帝对陈汝咸说:"穷边恐不得食,彼所出内苁容土参,朕亦尝之,颇美可啖也。"等到了乾州境内,陈汝咸"见野有饿莩",便不再吃酒肉,抚慰饥民,与百姓共甘苦。崎岖不平的山路上没法骑马前行,他"步行一日而踰九岭"。到达平凉之后,发放官府储存的麦谷,并且调配原仓之米助赈②……对于循吏而言,发展农业生产一方面是保障百姓丰衣足食的措施,另一方面则是对自然灾害的预防和抵御。当灾害发生后,及时救济灾民是他们保民、护民、爱民的直接体现和生动诠释。只有勇于担当,才能有所作为;只有关心民瘼,才能感同身受。清代循吏如此为之,不只是因为肩上之责,更是由于内心之仁。

第三节 取民有制:轻徭薄赋,劝输有术

赋税和徭役无疑是封建国家中,百姓必须遵守的两项最为强制的义务。赋税是国家财政收入的主要来源,徭役则能够源源不断地为国家提供免费的劳动力。历代统治者都对此给予高度的重视。因

---

① 据《漳浦县志·风土志下》记载:"(康熙)三十六春旱,米价涌,知县陈汝咸请开常平仓,减价发卖,自四月初一日起至早稻登场止,民赖全活。"
② [清]徐珂编撰:《清稗类钞》,第3册,《吏治类·陈汝咸为好官》,北京:中华书局1986年版,第1231页。

为国家赋役制度的完备情况与运行状况，对外是综合国力的体现，对内则能反映出传统官僚制度的实际状态。

清代赋税种类繁多，主要包括地丁银、漕粮、杂税、盐税、茶税、关税、矿税等方面。在《钦颁州县事宜》中，明确地规定了州县官对税务征收和徭役摊派的法律责任。为了规范赋役制度，顺治三年（1646年）四月，顺治皇帝下旨："国计民生，首重财赋。明季私征滥派，民不聊生，朕救民水火，蠲者蠲，革者革。庶几轻徭薄赋，与民休息。而兵火之余，多籍口方策无存，增加任意……在内责成各该管衙门，在外责成抚按，严核详稽，拟定《赋役全书》，进朕亲览，颁行天下，务期积弊一清，民生永久。"①《赋役全书》详尽记载了赋役的种类、征收的时间、征收的流程等。其颁行的初衷，是为了统一国家赋役制度，不给百姓造成额外的负担。但是在实际运行过程中，因其名目繁多，胥吏诡寄，百姓依旧饱受徭役之苦。虽然朝廷三令五申，要求清明赋役，但是仍然收效甚微。

在权力高度集中的封建政治体制之下，州县其实只是国家统一财政不可分割的一个层面。② 清代循吏面对着必须完成的税收和徭役任务，尽可能为百姓提供方便。本节中所说"轻徭薄赋"，并非州县官减免税赋、减少徭役。赋役额度和期限的规定是国家统治者的权力，小小的州县官员肯定无权进行规定。概言之，本书中所说循吏"轻徭薄赋"，有这样几层含义：

一是合理催收。历朝历代，百姓苦赋税久矣。因为缴纳不起高额的赋税，也无力承担繁重的徭役，导致大部分的百姓想尽办法逃税逃役。少有的能交得起税款的百姓，也苦于缴税过程的复杂和烦琐。清制，"地丁钱粮经征州县官欠不及一分者，停其升转，罚俸一

---

① 《清实录》第3册，《世祖章皇帝实录》，卷25，北京：中华书局1985年影印版，第217页。
② 魏光奇：《官治与自治》，北京：商务印书馆2004年版，第33页。

年；欠一分者，降职一级；欠二分者，降职二级；欠三分者，降职三级；欠四分者，降职四级，俱令戴罪征收；欠五分以上者，革职；直隶州知州经征本州钱粮，初参亦照此例处分"①，赋税征收作为州县官员考核的重要内容，直接关乎知县（州）的顶戴花翎能否保全。《钦定训饬州县规条》规定，催科之时，"要在劝输有术，宽严合宜，使粮无逋欠，民无扰累，则催科之道得而抚字即寓其中矣"。清代循吏遵此规定，恩威并施，按时合理进行征收，避免暴力催收，同时设置规则使百姓主动缴税服役。

汪辉祖在百姓没能按时上交税赋时，并没有惩罚百姓，而是尽心自我反思，他说："官民一体，听讼责在官，完赋责在民。官不勤职，咎有难辞；民不奉公，法所不恕。今约每旬以七日听讼，二日较赋，一日手办详。较赋之日亦兼听讼。若民皆遵期完课，则少费较赋之精力，即多听讼之功夫。"百姓感念其诚，"不逾月而赋额足"；姚东之在完成征税的任务时也是按时催收，按量收赋，从不私自加征加派。在他的治理之下，"逋赋者相率输将"，百姓开始主动上缴赋税；白登明初任柘城知县，"悯遗黎荒残"，想尽办法进行安抚照顾，并且下令停止增派治理河道的夫役，减轻百姓的负担。上任太仓后，更是重新厘定了赋税，严格清除了耗羡②，"催科自正供外，毫无羡余"。此外，他还设置了专柜，供州民自行提交人丁钱，清除了官府收赋过程中可能出现的多收弊病。履新高邮知州后，首先便严明了纪律，"严禁胥吏克减"，使劳役之人积极踊跃做事，没

---

① ［清］杨锡绂：《漕运则例纂》，清乾隆刻本，第735页。
② 耗羡，又称火耗银，是明清于正规税粮或税金之外的一种附加税。政府收取的火耗银，一般用于大小官员的职务消费、津补贴的发放。有的官员看出其中的破绽，从中大捞好处，大肆敛财。火耗银既加重了百姓的负担，又滋生了政府官员的贪污腐败行为。参见［美］曾小萍：《州县官的银两：18世纪中国的合理化财政改革》，董建中译，北京：中国人民大学出版社2005年版，第1页。

有后顾之忧。当时的上级官员要求上调赋税，白登明为了维护百姓的利益坚决拒绝，"不轻给"。在春征之时，为了尽快完成任务，又不给百姓造成过多的负担，陆师"劝富户先输，秋则减其耗，令自封投柜"，让富人先行缴税，凑齐份额，到了秋天的时候再进行减免。之前的质库书票上，只记载了月份而没有记载具体的日期，陆师决定无论时间远近，都只取一个月的利息。

　　二是清除私派。"向来上官要钱，卑职无措，只得取之于民。"① 私征私派是政府官吏违反国家相关的政策，编出各种理由，利用各种手段，对百姓进行超额征收税款和超额加派劳役的行为。"明代征收，正赋之外，有倾销耗银，即耗羡也。有解费，有部费，有杂费，有免役费，种种名色，不可悉数。大率取之乡宦者少，取之编户齐民者居多。不特私派繁兴，亦且偏枯太甚。"② 清承明制，私派现象仍然频出，"用一派十，用十派千"③，私征私派的数额甚至超过了朝廷的正赋。清朝统治者意识到私派问题的严重，从统治开始便明令禁止私派行为。顺治元年（1644年），皇帝下诏："地亩钱粮俱照前朝会计录原额，自顺治元年五月初一日起，按亩征解。凡加派辽饷、新饷、练饷、召买等项，悉行蠲免。……有司征收钱粮，止取正数。凡分外侵渔、秤头火耗、重科加罚、巧取民财者，严加禁约。违者，从重参处。"④ 但是法之必行在于人，没有雷厉风行的正直的地方官，政策是很难落地的。清代的循吏清除当地不合理的税赋，减轻百姓的负担，更有甚者将"永除私派"定为常例，百姓深受其利。

---

① ［清］钱泳：《履园丛话》，卷1，北京：中华书局1979年版，第20页。
② ［清］钱陈群：《条陈耗羡疏》，载［清］贺长龄、魏源等编：《清经世文编》，卷27，北京：中华书局1992年版，第670页。
③ ［清］赵申乔：《禁绝火耗私派以苏民困示》，载［清］贺长龄、魏源等编：《清经世文编》，卷20，北京：中华书局1992年版，第510页。
④ 《清实录》第3册，《世祖章皇帝实录》，卷9，北京：中华书局1985年影印版，第94-95页。

陈汝咸是清除私派的典型代表。根据《漳浦县志》的记载，该县一年盐税六百余两。按照惯例，这些盐税应该由购盐者和晒盐者共同承担，不足的部分由盐商补齐。但是后来发生了变化，盐商开始包税专卖，为了转嫁盐税，获取高额利益，刻意抬高盐价，此举直接导致当地的百姓根本吃不起盐。当地百姓群起而出，纷纷上书请求降低盐价。陈汝咸便立即召集盐商商讨，要求其增加收购价格。但是实际上，盐商获得盐引需要贿赂相关官员，加上已经包含在内的盐税，现在如果提高收购价格，盐价必随之增高。为此，陈汝咸向上级提议恢复之前盐业买卖的旧例，他说道："法即不可，更不难，行仁於法中。即革去场差，免认保社包纳宽余盐之禁。"陈汝咸兴利除弊，使得"漳浦农商积弊为之肃然一洗"①。

除陈汝咸外，还有诸多循吏致力于清除私派的工作中。比如，靳让在任上之时，"私钱、私铸悉禁止"；贾朴"革四府征粮例规，积弊一清"；陆师清除猪税；芮复传"悉除诸无名钱"；陈德荣"除转饷杂派"；汤家相担任常熟知县时，令行禁止，"鳌别耗蠹"，清除过重的赋税和徭役，"善政具举"；宋必达就职宁都知县时，百姓流离失所，他上书请求减免清泰、怀德两个乡拖欠的所有税赋以安抚百姓。当时县里的百姓都食用两淮盐场所制之盐，自从明代王守仁出任山西巡抚后，全县人民改食粤盐。但是百姓去两淮盐场核销购盐凭证的路途十分遥远不便，宋必达便请求上级"以粤额增淮额"，用广东盐场购盐额度抵销两淮盐场的额度，使商人和百姓都极为便利；陆在新在担任江西庐陵知县期间，将所有的钱穀耗羡全部革除，极大地改善了百姓的生活；陈时临"和平惇厚，简易得民，深鄙世

---

① ［清］全祖望：《鲒埼亭集》，景上海涵芬楼藏原刊本，第296页。

俗武健严酷之徒"。①当时河南境内百姓大多食用芦盐,唯独汝宁一郡食用淮盐,于是倒卖芦盐的商贩便想让汝宁也改食芦盐,从而获利。陈时临因芦盐"不问其所需之多寡",统一"计口而授",有伤于民而极力反对,并且说道:"吾不能为河南尽革其害,反徇商人意以害境内乎?"识破盐商的诡计,始终坚持原则,保护了百姓的周全。一直以来都"与民相安于无事";康熙十二年时,遭遇大旱,黄贞麟对全县百姓说:"大吏使勘灾者至,供给唯官是责,不费民一钱"。意思是说,勘察灾情的官员已经到了,大家有什么需要都是我们的责任,不会使用大家一分钱。到了秋天征税的时候,官吏仍然按照从前的额度上报,黄贞麟认为百姓向上缴税简单,但是朝廷退税太难了,等到批准下来返税,恐怕百姓的生活早已经受到了影响。于是立即下令减免税赋,并且革除了所有的随意摊派的税收名目。被提拔为户部山西司主事后,他发现山西闻喜邑人丁徭役十分繁重,极力请求为他们减免;登封县地处中州地区,当地"火耗"私派十分严重,张埙到任以后,在衙门前的大树旁巨石刻下"永除私派"四个大字;并且设置了检举箱,让百姓举报随意征收之事。嵩山出产一种名贵的兰花,原来的官吏多让百姓采兰送人,取悦上司,劳役百姓,张埙则决不采赠。他还革除了官署行户、铁犁私税、机户征银、里役坐催、盐贾牟利赂官增价、马骡草料、学使者供应派民等十多项不合理的苛捐杂税,其中盐贾牟利赂官增价一项,登封百姓每年可减轻"钱百二十万"负担。

三是平均徭役。徭役的不平均一方面与私派繁多有关,另一方面则是绅襟霸道所致。清人叶梦珠曾经提道:"田连阡陌者,或投津要而尽免,或凭土豪,或布金钱而役轻,势不得不以中人小户充之。

---

① 语出《尚书职方郎陈公墓碣铭》,载[清]全祖望:《鲒埼亭集》,卷22,北京:国家图书馆出版社2014年版,第407页。

始而及于百亩之家，既而数十亩，甚至数亩之家亦派，分厘必办。大户田数百亩，放征之日，里书贪婪索不遂，则良户尽留以自津贴而悉以顽户之田，令其催办，或小户办大户之粮，或乡愚办衙蠹市棍之粮，或庶民办绅缙子弟之粮……究竟不能清理，家业荡然，姓名殉之。"① 清朝前夕，实行里甲赋役制度。在这其中，地丁银是清代的基本税银，主要包括了人丁和土地两方面。由此引发了激烈的矛盾：有的百姓家族人口众多，但是土地少，而富人家中土地多，但是人口少，有的时候百姓要缴纳的税甚至要比富民缴纳的税还要多。为了解决这种赋役不均问题，康熙皇帝曾下旨："将现今钱粮册内有名丁数，勿增勿减，永为定额。嗣后所生人丁，不必征收钱粮。"② 而后清代循吏积极推行"摊丁入亩"之策，对人口进行重新登记计算，对土地面积重新进行测量。然而"天下之事，不难于立法，而难于法之必行"③，循吏顶住来自地方豪绅和朝中权贵的重重高压，令行禁止，将清廷的旨意真真正正落在了实处。此后"部复就一邑之丁粮，均派于本邑地粮之内，无论绅衿富户，不分等则，一例输将计算"④，百姓真正享受到了公平。

有清一代的循吏曾尝试各种努力推动徭役平均。清初的赋役征收制度基本上是从明代沿袭而来，主要是由户长主办，而因"版籍混淆，吏缘为奸"，造成田赋轻重不均，百姓苦不堪言。陈汝咸到任漳浦之后，发现这种不公平不公正的赋役方式，明确表示："吾当为漳浦立百世之利。"⑤ 于是他亲自主持对田地、人丁的重新编审工作，

---

① [清]叶梦珠：《阅世编》，上海：上海古籍出版社1981年版，第148-149页。
② [清]蒋良骐：《东华录》，卷22，鲍思陶、西原点校，济南：齐鲁书社2005年版，第332页。
③ [明]张居正：《请稽查章奏随事考成以修实政疏》，载《张太岳集》，卷38，北京：中国书店出版社2019年版，第482页。
④ 新乡市志办公室编：《封丘县志》，香港：新风出版社2001年版，第129页。
⑤ [清]蔡世远：《二希堂文集》，四库全书影印本，第282页。

使他们"各归现籍"。以三百亩为一户，作为一个征收单位，"令民具亲供，计丁口产业自封投"，用滚单法轮催。同时规定，以三百户为一保，"第其人口多寡供役。"每五年一编丁，以保证役法之均平。①陈汝咸的改革方式一经提出，便受到了吏胥的百般阻挠，他的上级也感到困惑，但是他"毅然不回"，坚持自己的思路。新的赋役征收制度得以施行后，从前的结党营私之辈再也无法营私舞弊，敲诈勒索，而"民乐输将，岁赋无遗负"，"岁省民二千余金"②。明朝开始的百年积弊到此终结。徐台英面对"积欠数万，官民交病"的税收乱状，大刀阔斧进行改革，"清田册，注花户粮数、姓名、住址，立碑埫上，使册不能改。应缓、应征者可亲勘"；任辰旦在担任上海知县时，当地赋税繁重，"户十余万，岁租不下四十万，漕复半之"③，以致"无一官曾经征足，无一县可以全完，无一岁偶能及额"④。任辰旦之前的知县，"皆座未及暖，参罚随之，因催科拙者十之七八"⑤，大部分都因赋税收缴不利而被罢职免官。任辰旦上任之后，一改之前厉令催收的陋习，并不对百姓苦刑相加，而是慎用刑罚，积极引导，"百姓感其仁，输纳恐后"。上海发生水灾过后，六千亩良田被水淹没，但是当地的赋税仍然按照之前的比例进行收取，捐纳者几乎倾家荡产。适值巡抚慕天颜疏请复勘，任辰旦高兴地说道："是吾志也。"在此之后，任辰旦"日往来泥沙中"，按照之前的记录丈量田地，找出并标记那些已经因水患而荒废的土地，减免那些被淹没了的土地的税赋。在近两个月的勘测、赈济过程中，

---

① 清国史馆编：《清史列传》，王钟翰点校，北京：中华书局1987年版，第6144页。
② 《月湖先生传》，载《近代中国史料丛刊·第十一辑·111》，《碑传集》，卷41，台湾文海出版社1973年版。
③ 清国史馆编：《清史列传》，王钟翰点校，北京：中华书局1987年版，第6100页。
④ 莫艳梅：《"邑夹道挽留之"的任辰旦》，《上海地方志》，2017年第3期，第84页。
⑤ ［清］叶梦珠：《阅世编》，上海：上海古籍出版社1981年版，第87页。

所有的费用均由任辰旦自行负担，俸禄不够支付这些费用的，他便"出银钏棉布偿之"，把家里的银钏、棉布都卖了换钱。等到正式上交赋税时，远远超出了朝廷规定的份额。在出任工科给事中之后，任辰旦仍然挂心赋税严苛以致百姓生活不安的问题。他直言"百姓徒受鞭朴，有司徒受参罚，浮额相沿而积逋亦复相沿，是究竟国课何补哉"，请求皇帝酌减苏松赋额，并说"减一分，百姓免一分之困；减一厘，百姓沐一厘之惠"。① 姚文燮在福建建宁府担任推官之时，正值海防吃紧，朝廷抓紧修筑战船，要求每户出钱应征，姚文燮上书陈明百姓疾苦，发动筹款以代替大规模的征收，使百姓免于承担繁重的税赋压力。到了雄县任职以后，他发现当地的狐皮邑贡压力巨大，百姓根本无力承担，于是分条明晰其弊，朝廷便同意免除雄县狐皮的邑贡。此外，他还多次清理耗羡，减少盐引的金额。

四是整治胥吏。虽然州县官是本州县赋役征收的第一责任人，但是由于其事务繁多，无法亲力亲为，更多的时间则是交由胥吏执行。在这一过程中，胥吏强行征收，以权谋私，中饱私囊的现象时有发生。"钱粮一项，万绪千端，势必假手吏胥……吏胥自权在手，一味玩弄，任意侵渔。"② 面对无所忌惮的胥吏，清代循吏公开缉捕审断，严明征收纪律，保证百姓安宁。

据《清史稿》和《丰润县志》记载，曹瑾出任丰润知县时，"剔除弊蠹"。上任伊始，就在官衙门前贴出告示："严拿胥差勒索资费"。由于当地灾荒严重，导致米价疯涨。然而境内左家务镇的地痞，买通胥吏，联合强盗，抢劫朝廷赈济百姓的均粮。曹瑾得知此事之后，"将倡首者置于法"，第一时间缉捕了参与抢劫的所有犯人，

---

① 《工科给事中任辰旦为酌减苏松之赋额以均国课事题本》。转引自中国第一历史档案馆：《康熙前期有关赋税征收御史奏章》，方裕谨选编，《历史档案》，1993 年第 2 期，第 11 页。

② ［清］熊一潇：《为江南国赋多逋等事》。转引自陈锋：《清代的钱粮征解与吏治》，《社会科学辑刊》，1997 年第 3 期，第 101 页。

并且严加惩治，最终"民获安堵"①。于宗尧出任常熟知县时，他发现当地的漕运有很大的弊病，按照惯例，需要百姓自己运输上交的税粮。但是这一过程中就存在着很大的风险，不管是漕吏勒索还是强盗打劫，百姓都难以承受，"往往破家"，稍不小心就会倾家荡产。于宗尧拟定了官收官兑之法，使百姓的窘困之境得以解脱。并且每到征粮之时，他便提前贴出告示，命令不再由胥吏代收，减少了胥吏欺上瞒下压榨百姓的风险，百姓也因此获得了便利。上任仅三个月，便解决了积压已久的税粮收取问题。据《江苏省通志稿》记载："漕事不为民困，自宗尧始"。浙江定海县，土地贫瘠生活贫苦，百姓经常不能按时完成赋税，缪燧实行"一条鞭法"，允许百姓分批分期缴纳。还为交不起钱的百姓先行垫付，缓解百姓压力，允许他们等到秋收之后再归还。定海县原有涂税，即对进行海水养殖的渔民的泥涂进行征税，后来渔涂被强者霸占，百姓再也交不起税，苦不堪言。缪燧经过细致地调查，请示上级后取消了涂税。当时，百姓的日用所需都需要渡海购买，关卡的胥吏便趁机勒索，乱加收税，缪燧多次向上级陈词，用了整整三年的时间，最终使百姓购买日用品再也无须交税；定海是产盐大县，但是一直以来都没有"灶户"②，主管盐业的官吏"设厂砌盘，官为收卖"，把这件事儿当作了可以牟取私利的机会。缪燧坚决反对，仿照江南崇明县的做法，"计丁销引"，全年按照人头征税42两，并且在衙门里立了一座刻有"永为定例"的石碑。每一年征收漕粮期间，官员都命令推官负责此事，但是推官性格懦弱，下面的胥吏骄横无常，经常欺压民众，暴力征收。崔宗泰知道情况之后，向朝廷请命担任漕督，随身带着刀看管

---

① 《丰润县志》，清光绪十六年本。转引自杨玉东：《曹谨论》，《安徽理工大学学报》（社会科学版），2005年第3期，第64页。
② 灶户，即经批准设灶煎盐的盐户。

漕粮收取，并且严明纪律，必须公正征收，不许随意克扣加码，胥吏惧惮崔宗泰，百姓得以正常缴纳漕粮。

五是减税赈灾。天灾无常。遭遇自然灾害之时，庄稼连年歉收，百姓连最基本的生活都无法满足，更别提承担高额的税赋。所以清代循吏在灾害发生时，大多立即上书朝廷，请求给予蠲免。将此前规定的需要缴纳的赋役钱粮按受灾的情况或者贫富的状况，予以全部或部分减免。同时，在请求减免税赋的基础上，综合考虑百姓的实际情况，对征税时间、征税形式也都有所变通，真正解决受灾群众的燃眉之急。据《清史稿》记载，"畿南久苦旱，赈难普及"，陈崇砥在请求朝廷赈灾之后，第一时间编定保甲，统计受灾群众的名录，同时制定详细公平的赈济规则：家中有十亩以上田地的不予赈济，"极贫，大口钱千，小口半之，壮者不给。"在发放赈济款之前事先说明，"不曰赈而曰贷"。灾荒过后，"奏请蠲贷"，百姓都安居乐业。曹瑾在饶阳任知县时，"值水旱相继"，他请求朝廷即刻赈灾，"察户口多寡，被灾轻重分给之"……在遭受重大自然灾害的时候，百姓的生活压力和心理压力往往激增。清代循吏请求朝廷减免赋税，一方面可以缓解百姓的现实压力，另一方面也能使百姓看到生活的希望。

第四节　保民安境：驱逐寇盗，维护治安

学界普遍认为，"治安"一词最早由贾谊在《治安策》(《陈政事疏》)中提出，其在文章中分析了当时国家面临的种种危机，进而论述"陛下何不一令臣得熟数之于前，因陈治安之策，试详择焉！"在其后文中，治安一词也多被提及。结合当时的语境，从词义角度来看，此处的"治安"，专指国家层面的长治久安，是关乎国家政权

稳定的大事，是从法理角度论证国家太平、社会稳定、百姓和谐的方式方法。有研究者认为，中国古代的治安是"统治阶级通过法律、习俗、舆论等手段，利用国家机构、民间组织、团体或有影响力的个人对社会秩序、公共安全等进行监督、调控和管理，达到政治清明、国家安定、社会有序的目的和状态"①。由此可见，中国古代治安的内涵和外延都十分广泛。但是遍览历代法律，却并没有关于治安的专门规定，一方面这是诸法合体的古代法律特点所造成的，另一方面则是治安之事既涉及官府，也涉及民间组织，此中并没有明确的界定。所以可以这样认为：只要涉及国家秩序、社会秩序、百姓秩序的所有调控手段，都可以称为治安。在这里，治安专做动词使用。

在本书中所探讨的循吏保民安境，维护治安之行，颇有现代意义上"治安"的意蕴。治安做名词或形容词讲，一是指一种良好的社会秩序，二是形容一种和谐的社会状态。其内涵和外延也有所缩小，专指缉捕盗贼、整治豪强、除暴安良。"王者之政，莫急于盗贼"②，有清一代的统治者十分关注社会的治安状况，雍正皇帝就曾说："为治莫要于安民，安民莫急于饵盗。诚以盗贼者，民生之大害。奸究一日不除，则善良一日不获宁居也。"③他认为，盗贼横行，危害民生，只有强力缉盗，才能确保百姓安宁。按照清代的法律规定，州县一级的官府，设典史、巡检等多个职位专门管理当地的治安事务。而循吏作为政府长官，自然是最直接也是最主要的第一负责人。盗贼的频繁出没，不仅会造成人心惶惶，更是对当地的经济社会发展产生不利的影响。所以循吏不仅全力调动官方力量，更是积极引

---

① 李山：《清代乡村治安管理的当代启示》，曲阜师范大学2013年硕士学位论文，第5页。
② ［唐］房玄龄等：《晋书》，卷30，北京：中华书局1974年版，第922页。
③ ［清］托津等：《钦定大清会典事例》，卷785，清嘉庆二十五年武英殿刻本，第5755页。

入民间组织,共同保境锄奸。从形式上看,打击寇盗是维护治安,保障社会秩序的有力手段。从更深层次考察,保民安境的本质,是清代循吏作为州县长官开展所有工作的基础和前提。

循吏维护治安的第一方面是对境内盗贼的整治。

贼盗横行,不仅给百姓的生命财产造成巨大的威胁,更使得境内人心惶惶。对百姓而言,没有一个和平安全的生活环境,谁又有心思去务农种桑呢?所以清代的州县官员上任之后,大多采取了相应的措施,以缉捕盗贼,或预防盗贼危害乡里。

有清一代的循吏无论是在执法、司法、普法方面,都可堪称同僚典范。在这其中,由于循吏施政方针和方式的不同,取得的成绩也就有所差别。对循吏姚柬之来说,其最大的成就莫过于治盗。姚柬之治盗的事迹,散见于《揭阳县续志》《大清宣宗皇帝实录》《清史稿》等文献之中。姚柬之治盗主要有这样几次比较成功的经历:

临漳与直隶大名毗邻,姚柬之在此任知县。这附近有很多盗贼的根据地,他们常常挖地为穴,经常在一起赌博。为了躲避抓捕,他们还特意安排了枪手以抵抗攻击。眼见贼众聚集得越来越多,严重危害到境内百姓的生命财产安全,姚柬之立马联合大名县共同对他们进行抓捕。经过一番努力,终于拔掉了盗贼的老巢,境内的盗贼之风也就此平息。如果说,在临漳治盗只是姚柬之治盗生涯的开端,那么他上任广东揭阳知县的同时,便也拉开了其治盗生涯巅峰的大幕。刚刚服丧期满的姚柬之,被朝廷派到了揭阳任职。根据史料记载,姚柬之赴任之时,揭阳当地政令不通,盗贼横行,"居民各守隘,出隘即道梗,豪强攻掠乡堡,虏人口以勒赎,惨酷至无人理。乡堡被毁之人无归,则去为盗。地不能耕,赋税无所出,潮属皆然,而揭为甚,官其土者,如坐漏舟",这也和《清史稿》中"濒海民悍,械斗掳掠,抗赋戕官,习以为常"的记载相吻合。面对这样的局面，姚柬之上任伊始，便"集神耆於西郊"，其寓意在于"保护善良，与民更化"。随后，他"集骁健而教以击刺步伐之法"，训练乡勇随时准备战斗。揭阳之乱，最难治理的是下滩。在这里，盗贼和土豪相勾结，姚柬之就从难啃的硬骨头开始啃起。他联合军队前往剿匪，遇到抵抗者，或直接将其正法，或生擒回府。姚柬之在下滩活捉了一位曾犯过十八起案件的盗贼，为了以儆效尤，在处决他时，姚柬之特意通知被害者和其他乡民前来围观。在细数他的罪行并处死他以后，"境内称快"。在这次"杀人立威"之后，境内的治安状况有所改观，但还是时有盗贼出没。姚柬之每次出门巡逻之时，都会随身携带"止斗旗"。有一次，他遇到了一队携带着火枪的人，他们看到姚柬之巡逻，便将火枪藏到了水中。姚柬之命令属下用渔网将火枪取出，同时抓捕挑起事端之人，按照清律依法予以惩罚。因治盗有方，邻县生盗也经常求助于姚柬之。有一次，姚柬之奉命前往普宁县缉盗。"普宁县匪徒戕官肆劫"，长期占据地势险峻、易守难攻的涂祥和磨盘山。姚柬之在实地勘察地形过后，第一时间制定策略，"正军攻涂祥，调揭阳壮勇自磨盘岭突进破贼巢"，最终抓获盗贼六百余人。慢慢地，姚柬之也总结出了规律，在汉族与苗族杂居之地，"宜治以安静"。

除姚柬之外，也还有很多循吏采取多种措施抵御盗贼。概言之，主要的工作有这样两方面：

第一是亮明态度，手段直接。循吏针对境内所有偷奸耍滑之事，坚决打击到底。比如，崔宗泰全力缉拿境内盗贼，并且严厉惩治。有时候他骑着马在常州城内巡逻，偶尔遇见剽窃之人，便大呼"崔太守来"，偷盗之人惧怕崔宗泰的威严，紧忙逃跑。不久之后，城内一片安宁。陆在新在担任江西庐陵知县期间，威严尽职，使境内秩序井然。强力地打击盗贼的嚣张气焰，使盗贼不敢来犯。于宗尧任职的常熟县境内，豪强频出，经常抢夺百姓财产，他下大力气整治治安，"搏击豪强无遗力，而待良民慈恕"①，使得境内晏然。骆钟麟在陕西盩厔县任职时，同时管理着兴平和鄠两县。其间，骆钟麟整饬保伍队伍，维护当地治安。当时兴平县内有豪强霸道横行，之前的县令也束手无策，骆钟麟"廉得其状"，将所有人缉拿归案，依律处罚。祖进朝清除了常州境内的恶匪强盗，除暴安良，执法严明……

第二是对保甲制度的贯彻与发展。保甲制度肇始于宋朝，是一种以户籍登记为主要手段的社会管理制度。有清一代进行了整饬和发展。《清史稿》记载："世祖入关，有编置户口牌甲之令。其法，州县城乡十户立一牌长，十牌立一甲长，十甲立一保长。户给印牌，书其姓名丁口，出则注所往，入则稽所来。其寺观亦一律颁给，以稽僧道之出入。其客店令各立一簿，书寓客姓名行李，以便稽查。"②也就是对外来人口进行严格的管控。到了乾隆年间，行"保甲更定之法"，明确规定保甲长要负责区域内的盗窃、藏奸、查疑等所有关乎治安的事宜。清代循吏贯彻保甲之法，对境内来往人员严格管控，一方面使境内百姓不敢与盗贼为伍，另一方面也提升了百姓保护家园的信心。循吏陈崇砥每到一处，都将维护当地的治安当作必为之事。在献县任职知县时，"盗贼充斥"，于是他日夜缉捕，严厉惩罚，以至"渠魁多就擒"。在日常的工作中，他还注意防患于未然，"治乡团十六区，合千五百人"，并且制定严密的制度，令乡团分班值守，防备盗贼的侵袭。姚文燮担任直隶雄县知县时，当地盗贼频起，他训练屯丁，定时巡逻，极大地加强了当地的防御力量，盗贼再也不敢轻易来犯；黄贞麟在担任直隶盐山知县时，当地土地贫瘠而盗

---

① 参见《苏州府志录钱志》，载［清］缪荃孙总纂：《江苏省通志稿》。
② ［清］赵尔巽等：《清史稿》，卷120，北京：中华书局1977年版，第3481页。

贼频出，黄贞麟"立法牌甲互相救护"，如果碰到盗贼来侵袭，村中一半人防守，另一半人支援。在强大严密的防控之下，盗贼日渐消亡……

循吏维护治安的第二方面则是对外来寇盗的抵抗。

官有文武之分。古代法律规定，文武之官有着不同的职掌，且二者截然相反。主管行军打仗、驻扎练兵的官员被称为武官，其他非直接指挥军事力量的官员则被称为文官。如前所述，清代地方州县的职掌包括"平赋役、听治讼、兴教化、厉风俗、养民、祀神、贡士、读法"等方面，但是唯独没有涉及军事。笔者在本节中将要论述的清代循吏在军事方面的功绩，主要是关于循吏作为地方州县长官，配合武装力量抵御寇盗的行为，和循吏在非担任地方州县长官，在军中任职时的经历。需要指出的是，本节中论述的循吏在军事方面的成绩和上文所讲的循吏缉捕盗贼的区别在于，寇盗的主体有所不同。也就是说，抵御境外（这里专指循吏所在州县）寇盗的行为（大多数为侵略、抢劫），将放在军事方面考察。笔者专设此部分探讨循吏军事方面的成绩有以下几个考虑：

第一，部分循吏有过军中任职经历（非武官）。前文已经提到，虽然《清史稿·循吏传》中已经明确指出所载循吏"以官至监司为限"，但是根据其撰写者夏孙桐的阐述，"由守令涖至监司而政绩显于郡邑者入《循吏》"。这说明《清史稿》所载循吏并非只担任过州县长官，或许在担任州县行政长官之前或之后，均有其他的任职经历，只不过在州县任职期间功绩最为突出罢了。笔者考察清代循吏的为政之行，将部分循吏从军之时的经历纳入其中，也是为了更为准确地把握循吏德行形成的全貌。比如，循吏李炳涛，咸丰年间任州判，后改任皖军营务，"能调和将士"，从而"积功晋同知"。从这个事例中可以看出，清代循吏在非担任州县行政长官之时，依旧具备一定的才能，受到多方褒奖。这其实也能够从侧面表明，循吏为政之能具有一定的连续性和一贯性。

第二，部分循吏带领乡民抵御寇盗。据笔者观察，大部分循吏任职的州县以偏远地区或者沿海地区居多。这类地区经常遭到外来之人的侵袭，给百姓的生活造成极大的困扰。循吏作为父母官，一方面带领百姓完善预防措施，另一方面主动出击抵御寇盗。比如，陈汝咸在漳浦县任职时，不仅力行保甲制度，还训练乡兵，主动出海缉捕海盗。

第三，部分循吏承担了军事辅助工作。俗话说："兵马未动，粮草先行"。在幅员辽阔的清代中国，为了保证信息、物资的快速运输与传递，便设置了以驿站为载体的传递网络，在战时发挥着重要的作用。清代"省一级的是由道员兼管到臬司总核，州县一级的是由驿丞专管到州县兼管"，[①] 地方长官和驿丞承担着驿站的日常管理工作，传递信息的主体还是驿夫。在战争紧张之时，驿站人手不够，这就需要征集差役帮忙传递军情。清代循吏面对紧急情况，及时制定政策，保证驿夫人数充足，避免耽误战事。此外，《清史稿》中还记载着有的循吏被叛乱分子捕获，而后逃出向清军传递情报之事。循吏虽未能直接参与行军作战之中，但也为战事的胜利提供了帮助。因而放置军事方面加以记述。兹举几例描绘清代循吏在抵御外来寇盗的执法实践：

事例一：道光二十一年（1841年），曹瑾出任淡水厅同知。恰逢英军来犯，曹瑾即刻组织乡民奋起反抗，整饬保甲，屯练乡勇，抵御外敌。果然，仅隔几月，英人海军侵犯鸡笼口（基隆港），曹瑾"禁渔船勿出"，严令当地百姓不得成为英军向导，与此同时高价悬赏敌酋，百姓干劲十足。在严密的防守和有效的进攻之下，曹瑾带

---

① 张苓苓：《清代山东邮驿制度考略》，曲阜师范大学 2006 年硕士学位论文，第 20 页。

领当地军民擒贼100余人。英军不愿放弃进攻,但都被曹瑾打得连连败退,最终也没能登陆鸡笼口。他又命令继续修筑工事,安排乡勇轮番站岗值守。越明年,不愿就此作罢的英军侵犯淡水南口,曹瑾与敌周旋,设计埋伏,诱敌出击,最终俘获汉奸5人,敌军49人。

事例二:白登明在太仓任职期间,寇盗侵犯刘河堡,他带领当地百姓竭尽全力抵御,最终击退了寇盗。后来,另一拨寇盗攻破镇江,沿江宁而出急攻崇明。时任巡抚蒋国柱领兵支援,想要前去派人告知援军到达日期,但是没有人愿意前往。白登明主动请缨,在半夜独自驾船前往报信。得知援军将至,崇明守军顽强坚守,最终击败了敌寇。

事例三:彼时,南漳县城盗贼频至,经常外出掠夺百姓财物,还杀害官府的官吏,县城内人人自危。汤家相上任后,下定决心铲除祸患,带领全城坚壁清野。寇盗来临后,汤家相淡定谋划,对守备说道:"寇众我寡,当效罗士信破卢明月法,可胜。"于是用此方法,生擒了马成、孙信辈等寇盗首领,"斩首数百级"。敌寇遭到重创,疯狂逃窜,再不敢犯。

事例四:康熙十三年(1674)时,耿精忠造反叛乱,从福建起兵攻掠邻近的省份,江西全境都十分震惊,众多贼寇纷纷响应叛乱。宋必达所任职的宁都有南北两城,南面住的是百姓,北面住的是士兵。宋必达面对来犯,淡定地说道:"古有保甲、义勇、弓弩社,民皆可兵也。王守仁破宸濠尝用之矣。"于是按照这种方法进行训练,"得义勇二千"。等到叛贼濒临城下,守军将领面对数倍于自己的敌人,急忙邀宋必达商量对策,说道:"众寡食之,奈何?"宋必达义正词严:"人臣之义,有死无二。贼本乌合,掩其始至,可一鼓破也。"于是守军将领带领部队进攻,等到敌人稍稍退却之时,宋必达又命此前训练的勇士再次出击，使敌人落荒而逃。过后敌人又率领更多的人前来攻城，使用重炮击毁了城墙，宋必达紧忙带人修补缺口，"随方备御益坚"，防守越发坚固。等到宋必达的援军到达，敌人紧忙逃跑。几年之后，宋必达已经卸任宁都知县，云南贼寇韩大任从吉安逃窜至宁都境内，宋必达的继任者万蹶生采用宋必达训练乡勇的办法抵御敌人，最终保证了城池的安全。

事例五：张沐到任四川资阳县后，正值吴三桂盘踞庐州。庐州离资阳仅数百里，各种军中公文来往如织。但是城中住户不足二百家，人手不足，张沐便进山招抚，制定规则调配人员，"供夫驿不缺"。

事例六：陈汝咸任职的漳浦临海靠水，当地百姓经常受到海盗的骚扰。这群海盗与陆地上的同伙互通有无，每次抢劫完之后便立即转移出海，给当地的社会治安造成了极大的威胁，百姓深受其害。陈汝咸为了保民安境，力行保甲制度。据《漳浦县志·方域志》记载："康熙三十九年，知县陈汝咸重加编定，以每十家为一甲，每二十甲为一保，除绅衿、衙役、兵丁、老弱、鳏寡外，凡可以任役者实二百户，多寡悉均，守望相助，人皆称善。"[①]他力主的保甲制度的施行，彻底断绝了盗贼与海盗的联系，使海盗失去了耳目。与此同时，他还积极组织力量准备剿除海盗，"令各乡练乡兵，日则瞭望，夜则巡逻"。保甲制度在其担任御史之后仍然贯彻，他曾上书康熙皇帝说："海贼入内地，必返其家。下海劫掠，责之巡哨官；未下海之踪迹，责之本籍县令；当力行各澳保甲"。康熙四十二年，有一伙土寇藏于漳浦县内七里洞，即将逃窜入海。陈汝咸发兵镇压，贼党无奈逃入山中。陈汝咸"密招贼党，诱擒其渠曾睦等"，寇盗"馀

---

① 参见漳浦县政协文史资料征集研究委员会编：《漳浦县志·方域志》，漳州：金浦新闻发展有限公司2004年承印。

党悉散"。次年,又擒获海贼徐容,缴获"白金二千百八十两,珍珠四十六颗,玛瑙二颗,绮绔、罗纱千余疋,盉斝之类不可胜数"①,全部收归府库。他软硬兼施,想办法赦免徐容之罪,责成他到海上招抚其他海盗。没过多久,残余海盗前来投诚,海上恢复宁静,商船往来频繁。因陈汝咸治理海盗有方,便被调到南靖治盗。他到达南靖之后,"积盗"曾惜、刘渐等相谓曰:"此漳浦陈公十三年矣,善治盗,我等出没彼皆知之,将安所逃?顾其人长者,能自诣归诚必无患也。"②相继自首就抚,陈汝咸"开示威信,颂声大作"。后来,适逢海盗陈尚义向朝廷乞求投降,陈汝咸请命前往招降。康熙命郎中雅奇和陈汝咸推荐的阮蔡生一同前往,陈尚义果然率领他的党徒一百多人前来受降。

事例七:定海知县缪燧上任时,海盗横行猖獗,"结巢荒岛,劫掠民船",给百姓的生活带来了极大的危险。缪燧抱定宗旨:"倭夷之祸莫甚于翁州矣,翁当海会之冲,倭夷屡结巢穴,燔烧屠杀,民无孑遗。"为了保证地方安全,他亲自带领手下,日夜不停巡查缉拿海盗,对捉拿归案的海盗一律严惩不贷。"凡羊巷、下八、尽山、花脑、玉环、半边、牛韭诸岛"均设置了相关的防护措施。一时之间,"盗风顿戢",百姓的安宁生活也得到了保障。

事例八:姚文燮在被提拔为云南开化府同知后,适逢吴三桂叛乱,他为贼党所获。因其与建义将军林兴珠有密约,被贼人察觉,所以贼人将其囚禁。其后,他趁机逃跑,到军中拜见安亲王岳乐,将所知晓的敌寇情况一一告知,凭借着姚文燮的情报,敌人节节败退,很快叛乱就被平定。

---

① 《月湖先生传》,载《近代中国史料丛刊·第十一辑·111》,《碑传集》,卷41,台湾文海出版社1973年版。
② [清]蓝鼎元:《鹿洲初集》,四库全书本,第189页。

以上只是笔者选取的循吏抵御寇盗执法过程中较为典型的事迹。除此之外，还有刘煦"督师破清丰贼垒，乘胜进攻濮州老巢"，史绍登"驰一昼夜入城，率民壮出剿，擒其渠，峒卡悉复"，施昭庭"预设伏丛棘中，伺贼过，突出击杀"……这些循吏都用自己的方式保卫着境内的社会安全和稳定。百姓的生命财产安全是前提和基础，如果没有安全和稳定的社会环境，百姓必然无心生活。对统治阶级来说，不稳定就意味着风险。所以在统治者的严令要求下，在循吏自身为民之心的指引下，在乡民的积极配合下，循吏严明纪律，执法如山，对待寇盗坚决打击，治下社会秩序稳定，治安状况良好。

第三章　清代循吏的司法实践

在清末修律之前,清代法律依旧存在着"诸法合体、民刑不分"的特点。行政长官兼理司法,理讼断狱自然成了循吏的众多职能之一。"地方之要,首在狱讼"。① 为官之人,尤其是地方州县长官,应该"首谳狱,次征输"。之所以这么说,是因为审冤断狱是社会矛盾化解最直接也是最有力的武器。当社会矛盾不断激化,必然威胁到统治根基。

对于清代循吏的司法实践,近年来法史学界关注颇多。一方面是因为诸如汪辉祖、蓝鼎元、蒯德模等清代循吏以审冤断狱而闻名,且都有众多著作传世。这些著作或为判牍或为官箴,都为研究清代地方审断的态度与方法提供了重要的参考。另一方面则是由于清朝这个朝代的特殊之处。清末,西学东渐,西方法律传入中国,清人按照大陆法系的基本范式创造了诸如《大清新刑律》《大清商律草案》《大清民律草案》等诸多法律,开始出现了法律部门的划分。这些法律在根本上是与中国存在着上千年的礼法制度相左的。法律制度和法律思想的变革,自然会引起断案结果的差异,而这种差异则需要在对比中进行体现。经笔者梳理,清代循吏所处的时期均为清末修律之前。更确切地说,《清史稿·循吏传》中关于传主司法实践的记载,止于清末修律。或许正是基于这样的考虑,循吏作为官吏群体中的典型代表,他们司法审断的依据和结果,成了研究清末修

---

① [清]陈述文:《颐道堂集·文钞》,卷6,嘉庆十二年刻本,第216页。

律前后，司法官断案变化的最佳样本。

有清一代根据案件性质和种类的不同，确定不同的审断流程和审理级别，将案件分为"细故"和"重情"两类。"细故"案件主要以财产、户婚、田土等方面为主，类似于今天的民事案件。对于"细故"案件，州县官完全有权力独自进行审理。《大清律例》规定："州县自行审理一切户婚、田土等项。"① 而"重情"案件则是关于人命、邪教、盗贼等方面的严重犯罪和其他一些应该判处徒刑以上的案件，这种案件相当于今天的刑事案件，其罪行往往比较恶劣，惩罚通常比较严重。清代的循吏在审理"细故"和"重情"两方面案件时，呈现出两种截然不同的心理状态和审判结果。概言之，在"细故"案面前，循吏多秉持"无讼"的理念，力求化解矛盾，调处纠纷；在"重情"案面前，循吏在综合考虑犯罪事实和犯罪动机的情况下，尽可能地做到天理、国法、人情的统一，常常屈法申情。当然，清代循吏在司法实践中，还具有公平正直、不徇私情、严肃治吏等高贵的品德和行为。《清史稿·循吏传》中记载了60余位循吏断案的事迹，笔者还搜集整理了《鹿洲公案》《吴中判牍》等书籍中较为典型的案例，对清代循吏的司法实践特点及影响加以归纳和总结。

第一节 贵和持中：息讼止争，重在调解

清人刘兆麒有言："为劝民省讼保身家，劝官简讼以励廉节事，照得四民安居乐业者，谓之善良，居官给简刑清者，谓之循吏。"② 清代循吏在处理"细故"案件时秉承的态度确实是息讼止争。为何对

---

① 《大清律例》，田涛、郑秦点校，北京：法律出版社1999年版，第473页。
② ［清］刘兆麒：《总制浙闽文檄》，载官箴书集成编纂委员会编：《官箴书集成》第2册，合肥：黄山书社1997年版，第423页。

"细故"案件采取这样的态度,笔者认为有这样几点原因:

第一,是内心价值所现。人们的行为是内心思想的外在表现形式。前文提到,循吏多为科举出身,幼时即受儒家思想教化,以儒家"仁"的标准为人处世。加之有清一代仍然将儒家思想奉为圭臬,列为治国理政的重要思想。所以在循吏内心之中,不管是工作还是为官做人,都应该以儒家思想为指引,将"德""礼"贯彻到实际生活和工作中。循吏面对"细故"案件之所以力求息讼宁人,一方面是循吏"无讼"思想的体现,另一方面则体现出循吏的"仁爱",二者的最初来源都是儒家法思想。《论语》中载:"听讼,吾犹人也,必也使无讼乎。"①儒家思想认为,在司法案件审理过程中,要以无讼为最终的目标,要善用道德教化从而减少争讼。在古人看来,诉讼是一种缺乏道德的表现。在"两造"对簿公堂时,清代循吏的第一反应并不是判处某一方败诉,而是想办法动之以情,晓之以理,从夫妻情、父(母)子(女)情、邻里情、朋友情等情感入手进行劝导,只是为了能够达到止讼的状态。另一方面,清代循吏力求息讼是站在百姓的角度考虑问题。在清代要想打一场官司,其耗费的时间、精力、钱财难以估量,不仅要舟车劳顿上告官府,还需要买通大小衙役,聘请讼师,"千谋百虑,打点弥缝之策。"②这样折腾下来,百姓劳心劳力,诉累颇重。清代循吏不愿百姓对簿公堂,是儒家"将心比心"价值观的体现,是爱民之行的生动践行。

第二,是国家法律所定。有清一代的法律制度不同于今天,今日的人民法院必须有案必立,有诉必理。而《大清律例》规定:"每年自四月初一日至七月三十日,时正农忙,一切民词,除谋反、叛

---

① [宋]朱熹:《四书章句集注·论语集注》,北京:中华书局2011年版,第130页。
② [清]胡衍虞:《居官寡过录》,载官箴书集成编纂委员会编:《官箴书集成》第5册,合肥:黄山书社1997年版,第35页。

逆、盗贼、人命及贪赃坏法等重情，并奸牙铺户骗劫客货，查有确据者，俱照受理外，其一应户婚、田土等细事，一概不准受理；自八月初一以后方许听断。若农忙期内，受理细事者，该督抚指名题参。"①意思是说，每年四月初一到七月三十日，是农忙时节，百姓应该勤勉耕种，州县官不得受理百姓关于户婚、田土等"细事"。国家法律明确禁止每年中四至七月的农忙季节受理"细故"案件，一来可以减少案件数量。"细故"案件大多是熟人或亲人之间的争讼，他们或许因鸡毛蒜皮小事所起，又或许因为一时赌气告官。设置了这种禁止性条款，在某种意义上也算是为诉讼双方创造了一个"冷静期"。农忙过后冷静下来便不再起诉。二来，国家此种规定则是为循吏提供了一个完美的息讼宁人的"借口"，也正符合循吏无讼的司法理念。

第三，是社会治理所需。国家治理需要法律和道德协同发力。今日奉行此举，古代亦是如此。清代循吏将教化融进息讼之争中，这种行为正如孔子所言："道之以政，齐之以刑，民免而无耻。道之以德，齐之以礼，有耻且格。"②用道德和礼教约束百姓，让百姓不但产生廉耻之心，更会主动纠正自己的错误。如果干巴巴地用语言教化百姓，不仅空洞，而且收效甚微。在案件中对百姓进行教化，既生动又真实，不仅可以让双方当事人和好如初，而且也能让其他百姓感受到道德的力量，这对于良好社会风气的弘扬大有裨助。其实，无论是站在统治者的角度，还是站在循吏的角度，无讼状态的达成，必然意味着社会和谐，百姓安定，而这也正是昭示了统治者德政的普及和循吏教化的成功。循吏教化百姓时，将儒家之"礼"贯穿始

---

① 《大清律例》，田涛、郑秦点校，北京：法律出版社1999年版，第480页。
② [清]朱熹：《四书章句集注·论语集注》，北京：中华书局2011年版，第55页。

终。《左传》载:"礼,经国家,定社稷,序民人,利后嗣者也"①,在儒家看来,"礼"是调节社会关系、促进社会进步的重要手段。循吏也深谙此道,他们明白"礼"是教化的内容,"无讼"是教化的抓手,"和合"则是教化的目的。清代循吏寓教化于止讼中,其实也和司马迁所描绘的循吏"施教导民,上下和合"如出一辙。平息诉讼,可以从根本上化解社会矛盾,缓解社会风气,弘扬社会正气。

第四,是案件缘由所致。由于"细故"案件大多为家庭内部矛盾纠纷或者邻里之间的矛盾纠纷,对社会的危害性并不大,哪怕涉及财产问题,案件的金额也不是很高。按照法经济学的观点,任何司法程序的启动都必然导致社会司法成本的增加。而如此简单细微的案件都要诉诸公堂,无疑为地方衙门的运行平添压力。用现代法理学来阐释,清代循吏大力息讼,倡导案件的和平解决,是节约司法成本的有力举措。这样不仅可以减少当事人的诉讼成本,更可以减轻州县府衙的工作压力。

以上四点,大抵是清代循吏对待"细故"案件采取息讼止争态度的缘由。在具体做法上,清代循吏也表现出了诸多形式。一是通过兴教办学改善民间好讼之风,防患于未然。日常向百姓灌输仁义谦让等思想,让好讼的百姓不去或者少去进行诉讼。二是通过日常的法制教育使百姓免于争讼,比如,有循吏在任上发布《劝民息讼告示》,苦心劝诫百姓争讼不仅费财费力,而且还有可能殃及子孙后代,威严中透露着恳切。三是通过调解以达到息讼的目的。调解既包含了诉讼之中即官府的调解,也包含了诉讼之外即宗族内部的调解。诉讼中的调解为州县官任内职责,无须赘言。民间的调解能够起到作用,主要是家法族规的限制。在中国古代,民间习惯法与国家制定法同样能够对人的行为产生威慑和规制。发生案件之时,如

---

① 杨伯峻:《春秋左传注》,北京:中华书局2018年版,第65页。

果宗族内部进行调解,"感情牌"可以使两造尽快熄灭怒火,同时也更能促进宗族内部的团结。循吏息讼的第四个手段便是通过里长、乡约等百姓尊崇之人进行息讼。"民服教者讼自少,其有讼者,亦须先谕以息讼,或令乡保处和。"① 简单来说,里长和乡约等人都是奉官府之命,协助处理境内大小事务的人。其中大部分都是贤能之人,在百姓中具有威望。其一,他们可以在日常对百姓实行教化,极言好讼之弊,倡导仁义之举。其二,他们可以在百姓告到官府以前,提前介入进行调处,这样也能减少州县府衙的办案压力。清代循吏秉持仁心,行仁举,通过息讼止争移风易俗,百姓多从其化。兹举几例以证:

1.《鹿洲公案》中记载了一个兄弟争田的案例。此案发生在循吏蓝鼎元担任潮阳知县之时。村民陈智有两个儿子,大儿子叫阿明,小儿子叫阿定。这两个人"少同学,壮同耕",和睦友爱。长大之后,二人分别成家。陈智去世的时候,留下了7亩农田。兄弟二人为了能够争到农田,出现了嫌隙,以致"亲族不能解,互相争讼"。面对这样的案件,"若寻常断法,弟兄各责三十板,将田均分,便可片言了事",可是蓝鼎元觉得如果这样判决,定会有损兄弟之间的亲情,也会给社会造成不利的影响。所以他"命隶役以铁索一条,两挚之,封其钥口,不许私开,使阿明、阿定同席而坐,联袂而食,并头而卧,行则同起,居则同止,便溺粪秽同蹲、同立,顷刻不能相离"。也就是说,把他们二人绑在一起,让他们时时刻刻不能分开,每天共同生活。蓝鼎元还派人每天观察他们,结果发现,刚刚开始的时候,二人沉默不语,几乎没有任何沟通,"悻悻不相语言",而且常常背对背而坐;等到过了一两天,二人便可以相向

---

① [清]胡衍虞:《居官寡过录》,载官箴书集成编纂委员会编:《官箴书集成》第5册,合肥:黄山书社1997年版,第38页。

而坐；三四天又过去了，兄弟二人常常面对着对方叹息，有的时候还能交流几句；再过几天，二人可以共同吃饭了。得知这样的情况，蓝鼎元说："余知其有悔心也"。于是命人将二人带上来审问，同时把他们的儿子也都一同叫来听审。蓝鼎元还是没有直接对案件发表意见，而是说："汝父不合生汝兄弟二人，是以今日至此。"将兄弟二人争讼的根源，推到了他们的父亲身上。如果他们的父亲当初没有生下他们，就不会出现今天亲兄弟对簿公堂的尴尬局面。然后，蓝鼎元说为了防止日后他们的儿子也像阿明、阿定兄弟二人一样，为了争夺父亲的财产而反目成仇，提出"汝两人各留一子足矣……命差役将阿明少子、与定长子押交养济院，赏与丐首为亲男"，因为"丐家无田可争"，所以"他日得免于祸患"。听到要把自己的儿子送给乞丐，两兄弟都开始着急了，纷纷表示知错后悔，同时表示不再争讼，愿意将父亲的田地留给对方。最后，蓝鼎元提出"近以此田为汝父祭产，汝弟兄轮年收租备祭，子孙世世永无争端，此一举而数善备者也"，让他们兄弟二人轮流收取田租，以用来祭奠祖先。此案就此平息。

其实，蓝鼎元本可以采用常法，直接根据案件事实进行判决。但是可能是出于息讼的考虑，又可能是想借此案教化乡民，他另辟蹊径息讼止争。在两兄弟明确表示"至死不复争"时，蓝鼎元又让他们回去询问他们妻子的意见。再次回到公堂之时，二人的妻子"邀其族长陈德俊、陈朝义当堂求息"。这样，通过一个再简单不过的土地纠纷案件，不仅教育了两造双方，还保护了兄弟之间几十年的情谊。更为重要的是，通过这样一个案件，可以让世人感受到以礼待人的和谐之道，起到润物无声的奇效。当蓝鼎元做出轮年收租的决定时，阿明、阿定夫妻四人"悉欢欣感激，当堂七八拜致谢而去"，而"兄弟姊娌相亲相爱"的场景出现，也使得"民间遂有言礼让者也"①。

2.《清史稿》中还用短短三十余字，记载了循吏李文耕平息了民妇陈某控诉其子忤逆之讼。当时，陈某之子忤逆犯上，被告上公堂。古代中国素来强调"忠孝同构""以孝治天下"，汉宣帝就曾提出"导民以孝，则天下顺"②。而且，"传统法制中受孝道的影响非常之大，表现为孝与法的有机融合"③，忤逆不孝实为重罪，清廷统治者对不孝之人的惩罚力度也越发空前④。《大清律例》规定："凡骂祖父母、父母，及妻、妾骂夫之祖父母、父母者，并绞。（须亲告乃坐）；凡子孙殴祖父母、父母，及妻、妾殴夫之祖父母、父母者，皆斩。（殴）杀者，皆凌迟处死；凡谋杀祖父母、父母。及期亲尊长、外祖父母、夫、夫之祖父母、父母，已行者，预谋之子孙，不问首从，皆斩；已杀者，皆凌迟处死。监故在狱者，仍戮其尸。"⑤即使没有杀害父母，单纯地忤逆，也会受到笞刑、杖刑、流放等不同程度的

---

① ［清］蓝鼎元：《鹿洲公案》，刘鹏云、陈方明译，北京：群众出版社1985年版，第123页。
② ［汉］班固：《汉书》，卷8，北京：中华书局1962年版，第250页。
③ 林明：《传统法制中的孝道文化因素释义》，《法学论坛》，2001年第6期，第45页。
④ 现嵌于荆门市钟祥张集镇南门内墙一块石碑，载有同治帝对汉川县武生郑汉祯夫妻殴母一案的处置圣谕。主要有九条：
一、郑汉祯、妻黄氏，夫妻忤逆殴母，处以流四县、发回本县、剥皮挂于本县城门示众；
二、族长不能教训子孙，问须绞罪；
三、本地保甲并左右邻隐匿不报，杖八千，发充乌龙江；
四、教官乃师生之责，不能教训，杖六十，流千里；
五、祯叔祖父魁斩决；
六、祯姊才美，祯兄童禄均绞决；
七、府县不能善化教民，削职留籍；
八、黄氏之母，剑刺"养女不教"四字，流七省地方示众；
九、黄氏之父黄英，杖八十，流三千里。
可以看出，郑汉祯夫妻殴母，最终落得了"剥皮"的下场，而二人的父母、叔祖父、姊妹，甚至是族长、保甲、邻居、教官因未能履行相应的教育、阻止职责，同样受到了严厉的处分。中国古代的法律之中，亲亲相隐也好，存留养亲也好，无论是法律制度还是法律思想，均围绕着孝道这一核心价值理念所展开。
⑤ 参见［清］托津等：《钦定大清会典事例》，载《续修四库全书》，第809册，上海：上海古籍出版社1996年版，第755页。

刑罚。可见，如果李文耕严格按照律例进行审断，陈某之子必然会受尽刑罚，而陈某本人亦恐怕要承受丧子之痛。清制，忤逆不孝之罪必须要长辈亲自告诉，州县官员才可进行审理。换言之，如果长辈不对晚辈进行控诉，也就不会使晚辈受到惩罚。李文耕看出陈某之子并非无药可救，也不忍看见母子感情就此破裂，甚至阴阳相隔。面对告诉之时，他"引咎自责"，说自己没能履行好作为父母官的义务，教化好当地的百姓，才会出现忤逆父母之人。陈某之子也认识到了自己的错误，"叩头流血"，连连悔过。陈某见此情形，深受感动，请求李文耕不再追究，带着儿子回家了。《学治臆说·断案不如息案》中讲："勤于听断，善已，然有不必过分皂白，可归和睦者，则莫如亲友之调处。盖听断以法，而调处以情；法则泾渭不可不分，情则是非不妨稍借；理直者既通亲友之情，义曲者可免公庭之法。"①李文耕在任之时，"听讼无株累"，竭尽所能地息讼止争，最终使得"讼者日稀"。

3.湖北黄陂知县邵大业刚刚到任之时，争讼之人繁多，"投诉牒者投讼牒者坌至"，他勤于听讼，断案严明，只要有案件便第一时间处理。慢慢地，他在清理完积压的案件之后，也开始从根源寻找问题，力行息讼。有一次，兄弟二人因财产纠纷闹到了衙门，邵大业看着他们两个人，"皆斑白，貌相类"，便让衙役为他们找来一面镜子，让他们对着镜子照，同时问他们："像吗？"二人均回答："像。"接着，邵大业满怀忧伤地说，他自己的亲弟弟刚刚去世。自己一个人怎么能和兄弟二人共同搀扶照顾比呢？兄弟二人听了邵大业的话，深受感动，不再争讼，握手言和。在清代的这类案件中，尤其是近亲之间的争讼，循吏往往都会以情动人，从而使他们打开心结。毕

---

① ［清］汪辉祖：《学治臆说》，载官箴书集成编纂委员会编：《官箴书集成》第5册，合肥：黄山书社1997年版，第277页。

竟"以情而论，在彼未必全非，在我未必全是。况无深仇积怨，胡为喜胜争强，我之所欲胜，岂彼之所肯负乎？以此平情，其忿消矣"①。

4. 蒯德模也是有清一代循吏中的断案高手。在日常理讼的过程中，他极为擅长对诉讼纠纷的化解和矛盾的调和。在其所撰的《吴中判牍》中就有这样一个案例：李清桂在娶了妻子方氏之后，又纳妾熊氏，并且对熊氏极为偏爱和放纵。熊氏每日和李清桂的正妻处在同一屋檐之下，心生不爽，想上位取代方氏成为正妻。于是便找了个机会殴打方氏，致方氏受伤。李清桂非但没有制止熊氏伤人，竟然还对其放任。方氏一怒之下，将李清桂和熊氏告上官衙②。熊氏图谋上位，以旁妾之身殴打正妻，触犯《大清律例》"妻妾失序"条，该条规定："凡以妻为妾者，杖一百；妻在，以妾为妻者，杖九十，并改正。若有妻更娶妻者，亦杖九十。"③接手该案之后，蒯德模没有第一时间对李清桂及其妾熊氏进行处理，而是召来李清桂，意图对他们进行调解。

在中国传统法律文化中，一个人的行为是否具备道德可以用"义"来评价。《中庸》记载："义者，宜也。"一个人的行为适宜、合乎情理的就是义，不合时宜、不近情理的行为就是不义。通常来说，"义"可分为忠义、信义、道义、情义，儒家认为，人要受到义的自我约束，不做违反"义"的事情。著名武师霍元甲创办精武体育会，把侠义精神与爱国精神结合起来，这是为国为民的忠义；季札挂剑，季子内心已经答应将宝剑赠予徐国国君，后出访归来，徐

---

① [清]黄六鸿：《福惠全书》，载官箴书集成编纂委员会编：《官箴书集成》第3册，合肥：黄山书社1997年版，第332页。
② [清]汪辉祖、[清]蒯德模：《病榻梦痕录·双节堂庸训·吴中判牍》，梁文生、李雅旺校注，南昌：江西人民出版社2012年版，第214页。
③ 《大清律例》，田涛、郑秦点校，北京：法律出版社1999年版，第206页。

国国君已逝，季子仍然将宝剑挂在徐国国君灵前，这是一诺千金的信义；诗人李白曾东游扬州、京陵一带，遇到落魄公子便出钱救济，不到一年时间"散金三十余万"，这是慷慨解囊的道义；东汉初年的宋弘，不为皇室公主所动，留下"臣闻贫贱之交不可忘，糟糠之妻不下堂"的千古名句，这是举案齐眉的情义……①显然，本案中李清桂和熊氏的行为自然就是"不义"。蒯德模仔细分析了情况之后，认为此案的发生是由于李清桂没能尽到人夫之责，才使妻妾争斗。在妾室殴打正妻的时候，没能上前制止，更是不义之举。在蒯德模看来，处罚李清桂和熊氏并不能从根本上解决问题，只有让李清桂明白"夫妇有义"和"夫者，妻之天也"的道理，对妻妾严加管教，才能杜绝此类事件的再次发生。于是他耐心地训斥、教导李清桂和熊氏，并且把正妻方氏叫到一起，以礼服人，以情感人。最终三人轻松而去。

除上述列举的几个颇为典型的案例以外，还有很多循吏致力于调解息讼的实践之中。比如，云茂琦"劝以务本分、忍忿争"；王肇谦"亲谕利害，积嫌顿解"；张埙平时骑着毛驴到各地访贫问苦，遇到小的争讼，在田间便能很快解决，使百姓免于争讼之苦。登封县西部有一个叫吕店的地方，这里的人们争讼较多。张埙认真考察，发现里长文约十分贤能，便推举他为乡约，让他教化百姓，息讼止争，果然民风大变。张埙到任之前，县里面有很多衙役，随着官司一天天地减少，那些偷奸耍滑的胥吏便没有了容身之处，所以大多辞职回家了。其他当值之人，也因为官府里没有能挣到钱的地方了，没有事情的时候便回家拿起农具干活。陈汝咸到任之后，发现很多百姓因为争讼而倾家荡产。于是他一方面严厉惩治讼师，警告胥吏

---

① 参见闫纮羽：《从中华优秀法律文化中汲取法治建设的力量》，《重庆日报》，2021年5月18日，第10版。

不得再利用诉讼之事欺压百姓，贪赃枉法；另一方面，则劝导百姓互谦互让，化解纠纷。并规定户婚、田土等民间小讼由乡族自行调处，大者方亲自处理。自此之后，"无敢欺者"，讼风渐戢。姚柬之出任贵州大定知府时，"俗好讼"。为了纠正好讼之风，他每次审理案件时，都迅速审结，一以贯之秉承"不能售其欺"的宗旨；闲暇时间便独自一人巡视乡里，如果碰到了争讼之人，他马上审理。劝导乡民不要争讼的同时，也为他们讲解其中的道理。不到一年的时间，争讼之风便大为改观，"期年而讼稀"。王肇谦在担任海澄知县时，恰逢一富绅之家因财产问题争讼至衙门，王肇谦见这一大家族"男妇数十人环跪堂下"，并没有直接对案件进行审理，而是援引儒家经义开导他们。在这一过程中，他更是陷入深深的自责之中，认为百姓争讼，都是由于他这个"父母官"没能履行好教化之责。在王肇谦的循循善诱之下，"众赧然，谓今日始知礼义，讼以是止"。冷鼎亨担任德化知县期间，"民皆悦服"。有一次，他在白鹤乡巡查时，正巧遇到一对叔侄因为田产问题喋喋不休，吵得不可开交。冷鼎亨见状，把他们二人拉到树下，劝导他们二人谦让有礼，以仁待人。叔侄二人"悔悟如初"，答应再不争讼……

其实，关于有清一代循吏息讼的案例不胜枚举。上述的循吏都是在案件发生之后，采取相应的措施进行息讼止争。还有一些循吏，把日常的教育引导也看得尤为关键，其中政绩突出的当数刘衡。刘衡曾经对他人说道："牧令亲民，随事可尽吾心；太守渐远民，安静率属而已。不如州县之得一意民事也。"他将富民、教民、养民、亲民当作自己的为官信条，并且发布《劝民息讼告示》用来教化乡民，告示中采用口语化的表达方式，通俗易懂，百姓也易于解释。开头便说道："照得钱债田土坟山，及一切口角细故，原是百姓们常有的，自有一定的道理。实在被人欺负，只要投告老诚公道的亲友邻族，替你讲理,可以和息,也就罢了,断不可告官许讼",其后他说,打官司费钱费力费时,而且讼师当道,还会让他们受尽委屈,陈明了争讼带来的种种弊端。最后他苦口婆心地说道:"若不听本县府的话……只肯告状,不肯和息,你父母兄弟妻子一家不安,还是小事,只怕败了你的身家,还要送了你的性命","你们不可辜负我教你一片苦心。切记切记。"在日常生活中,用如此接地气的方式向百姓传达息讼的思想,宣扬无讼的理念,久而久之,境内社会风气为之一变。到后来,"其旁邑民诉冤者,皆乞付刘青天决之",可见其影响之深远。

汪辉祖有言:"譬晓其人,类能悔悟,皆可随时消释,间有难理,后亲邻调处,吁请息销者,两造既归辑睦,官府当予矜全,可息便息,宁人之道,断不可执持成见,必使终讼。"① 清代循吏在司法断案的全过程贯彻息讼理念,这不仅是他们深受儒家思想教化的结果,更是循吏为民之心的展现。

第二节 持心如衡:态度公允,巧断疑案

古往今来,司法的目的都是追求公平正义。在中国古代封建社会中,百姓公平正义的获取就必须依靠州县之官。可以说,州县官员审理案件的态度和方法,直接决定了百姓能否自得其乐。笔者将清代循吏审案断狱的另一个特点概括为:公允。公,即公平,正直,不偏私;允,即诚信,适度,合情合法。这种公允,在某种程度上超出了人们日常所简单理解的公平正直,清代循吏"公允"特征的外延包含了态度和方法两方面。

其一,态度上的公允:清白正直。理论界和实务界将"循吏"

---

① [清]汪辉祖:《佐治药言》,载官箴书集成编纂委员会编:《官箴书集成》第5册,合肥:黄山书社1997年版,第317页。

和"清官"并为一谈,很大的原因就在于循吏在司法案件审理上的清廉和公正,是和清官的内涵相通的,"持身严法律,自爱比冰玉"([宋]张孝祥:《赠江清卿》)。首先,清代循吏在断案的过程中,不偏私不舞弊,始终秉持公心,只针对案件事实做出判断;其次,清代循吏坚定职业操守,面对他人的贿赂始终不为所动,清廉如一;最后,清代循吏坚持原则底线,即使面对权势豪强的威胁,仍然秉公执法,不徇私情。正所谓"论天下者,必循天下之公"①,作为司法官的循吏以公心断案,捍卫着司法的权威与公正,赢得了百姓的尊敬。

其二,方法上的公允:谨慎巧妙。断案如果仅凭着一颗公心,难免力有不逮。有清一代的循吏中,不乏断狱理讼的高手,像汪辉祖、蓝鼎元、黄六鸿等循吏,皆以断狱机敏而闻名。他们在熟练掌握法律条文的同时,结合自身的生活经验、社会经验,运用敏锐的观察力和巧妙的方法查清案件真相,惩恶扬善。一方面,清循吏查明案件的过程中慎之又慎。上文提到,清代的案件分为"细故"和"重情"两类。循吏对待"细故"案件的态度是息讼止争,而对待"重情"的案件则是力求公允。清代法律规定,州县官员对"重情"案件只具有初审权,审理完结后,要将初步的审理意见随同案件的所有材料呈送上级,经过几轮的审转与复核,最终才能定罪。由于"重情"案件涉及的均是杀人、抢劫等《大清律例》中规定的较为严重的案件,若稍有不慎造成冤狱,直接可能导致蒙冤之人命丧黄泉。而州县官员作为最初审理之人,造成冤案必然难逃干系。所以清代循吏在发生"重情"案件时,对待现场反复勘查,尤其是发生命案之时,定亲自勘验尸体,查验伤口,不放过任何蛛丝马迹。这既关乎自己的考绩高低与仕途起伏,更关乎百姓的性命。另一方面,

---

① [清]王夫之:《船山全书》,第10册,长沙:岳麓书社1988年版,第1175页。

清代循吏在审理案件的过程中，能够创造性运用多种方法查明案件真相，也就是"巧断"。一是针对犯人口供的获取，创造性地发明了"要案隔别取供之法"和"游词之法"。隔别取供，就是在获取多个犯罪嫌疑人口供时，将他们分别关押分别审理，避免当场串供。游词，就是在案件审理的过程中，先与犯罪嫌疑人聊家常，说闲话，使其放松警惕后再步入正题，让其在没有防备的情况下露出破绽。二是针对证据的鉴别，提出"凡遇呈粘契据借约之辞，俱于紧要处，纸背盖用图记，并于辞内批明，以杜讼源。至楚省，则人情虽诈，只知挖改绝卖为暂典而已。欲笔迹断讼者，不可不留意"①。将案件中（尤其是"细故"一类涉及纸质契约凭证的案件）所涉及的证据加以甄别，从字迹、时间、纸的颜色等多方面辨别真伪。清代循吏逃离了机械审理案件的窠臼，审慎巧妙地查明真相，不仅"雪诸冤狱"，更是让"吏民惊为神明"。

1. 在清朝民间流传着这样一个故事，同治十一年（1872）时，陈崇砥出任河间知府，当时境内有一件赖婚案，极为棘手，陈崇砥公正断案，不徇私情，赢得了百姓的纷纷喝彩。郝延龄是河间当地有名的富豪，一开始把女儿许配给了当地举人周敬止的儿子。可是不久后，周敬止的儿子不幸逝世。为了不耽误郝延龄之女，周敬止主动提出取消婚约。后来，郝延龄又将女儿许配给了另一个举人周庆元的儿子周墨，无奈又遭不幸，周家家道中落，粗心的周墨也将当初的婚书遗失，郝延龄嫌贫爱富，以自家女儿已许配给周敬止的儿子，且周墨也没有婚书为由赶走了周墨。同时又将女儿送到了周敬止家。周敬止坚决不同意，于是闹到了府衙。陈崇砥在查清案件事实真相之后，判定周墨迎娶郝延龄之女，并且为惩罚郝延龄诬告

---

① ［清］汪辉祖：《学治臆说》，载官箴书集成编纂委员会编：《官箴书集成》第5册，合肥：黄山书社1997年版，第277页。

周敬止之行，革去其秀才功名，以资警示。从这样一个案件中，可以看出陈崇砥公允正直之风。

2. 近代徐世昌所辑的《晚晴簃诗汇》中，夸赞姚柬之"断怀疑狱，治械斗，政声卓越"，《清史稿》中对姚柬之亦有"屡决疑狱"的记载。其断案公允，正直无私，且富于技巧。在出任河南临漳知县时，当地居民张鸣武指控贼人杀其妻子，称强盗是穿越了二层窗棂而入室行凶。姚柬之即刻勘查现场，他发现，张鸣武家中的窗棂很窄，并不能穿过人，而且张鸣武本人最近并未外出。在姚柬之的再三盘问之下，张鸣武终于承认了其因为追赶盗贼而误杀妻子的行为。又如，县内常姚氏被杀害，可是凶手迟迟未能归案。姚柬之经过调查，发现常姚氏被杀当晚，正是县内举行招考的头一天。然而所取的第一名杨某并未去参加考试，姚柬之就此生疑，便将杨某带回府衙询问。在询问的过程中，当姚柬之问到其住处时，杨某"神色惶惑"，说出其住址后，姚柬之发现其与常某是邻居，更加坚信了他的怀疑。但是由于没有证据，又不能抓捕杨某。姚柬之计从心来，晚上，他赶至城隍庙，命一妇人把血涂满全脸，同时与杨某对话沟通。果然，杨某以为是常姚氏的冤魂前来报复，一五一十地道出了其图奸不成而杀人的事实。

3. 黄贞麟曾经遇到过这样的案件：河南有一名艺人名叫朱虎山，头发长达数寸，在太和游历。当地有名的狡猾之人范之谏素来和昝姓有矛盾，便向官府举报，诬陷在昝姓家借住的是原明朝皇族朱虎山。碰到这样的事情，江宁推官不敢轻易审问，便向黄贞麟求助。黄贞麟查明缘由之后，极力地说明这是诬陷。后来将案件提交到京师进行审理，也得出了和黄贞麟一样的结论。官府释放昝姓，治了范之谏的罪。

还有一次，邪教成员、颍州百姓吴月蛊惑当地群众，被株连的有千余人，黄贞麟查清实情之后，认为这是因为百姓愚昧无知，不应治罪。于是只对吴月和其他为首的几个人进行判决。衙门里有一名捕快利欲熏心，向水姓人家索要钱财，水家人不同意，这名捕快将这家人诬陷为吴月的同党，将其一家追至新蔡乡想要杀死他们。新蔡乡民前来营救，也被诬陷为同党。官府便发兵围剿，将全乡人押解到凤阳。黄贞麟查证实情之后，依法惩治了捕快并释放了全部的新蔡乡人。

4. 姚文燮断案也以公正廉明著称。一次，官府有一名武官被人杀害，株连众多百姓，经过详查之后，仅仅判定几人有罪。上级大怒："此叛案，何遽轻率？"姚文燮回答道："某所据初报文及盗供也。"原来当时乡民共同驱赶盗贼，这名被杀的武官正好遇上，孤身一人被盗贼杀害。军营里其他士兵便认为是百姓造反而杀了武官。姚文燮抓到了杀害武官的盗贼，他对杀人之事供认不讳。上级认为姚文燮断案公允，明察秋毫，此后各种疑案难案都交给他来审理。经过姚文燮的治理，不到几个月，建宁府"囹圄为空"。

5. 蒯德模是清代循吏中公正严明的代表人物，其在审断过程中，严格执行朝廷法律，同时将人情融入裁判过程中，深受百姓爱戴和朝廷器重。《吴中判牍》中就记载了一则他秉公执法，严惩罪犯的案例。据该书记载，保长王春亭、尤公顺发现谭大兴、徐二观、姚阿福等三人盗窃棺材内的财物，将他们擒拿过后，和他们盗棺的器具一同扭送至官府。谭大兴等人供述前后已经盗棺九十余具。蒯德模详查案情过后，判处谭大兴、姚阿福速死之刑，留年仅十七岁的徐二观作为线人，待最后一位同案犯小阿孜到案后共同审判。根据《大清律例》的规定："凡发掘坟冢见棺椁者，杖一百、流三千里。已开棺椁见尸者，绞"①，蒯德模将其二人判死并无不妥。然而在清代，死刑案件必须逐级上报之后，待皇帝审批过后统一于秋冬行刑，他却判定其二人"速死"，实际上是有违法律之规定的。那么他为何如此为之？我们可以从他的判词中找到答案。他说："定例盗发人棺，其罪重于盗贼，以盗贼者窃人之物，发棺者攫鬼之财，理本绝无，事属仅有。"蒯德模在搜集证词的过程中，被害之家的亲属环跪而泣，正是由于他们几人的暴行，"使已死之尸骸颠倒于若人之手，而暴于风霜也"，"使送死之衣衾盗卖于若人之手，而供其醉饱也"。几人盗棺之行使被害家属蒙上了沉重的心理阴影，造成了巨大的心理负担。"茕茕何罪，犹严既死之诛；冥冥有天，断无再生之理"，不判处他们速死，有违天理。蒯德模"徇乡人之情，并为法外之诛"，这是打消民愤的举措，是关注民心的善举，也是其严格司法的体现②。

6. 曹瑾曾经巧断过这样一个案件：一次，他在路上巡查之时碰见两人争论不休，便前去询问情况。其中一人说，早些时候他在这里捡到了五十金，回家拿给母亲，母亲让他守在原地，"候失金者归之"。等到另一个人回来寻找失金时，他便将五十金全部归还。可不料另一人却说："尚有五十金，应并归"。曹瑾一番思索过后，诘问失者："所失实百金乎？"问他丢失的是不是确实是一百金而不是五十金。那人回答是一百金。曹瑾当机立断，让拾金之人离开，并对失者说道："渠失金数与此不符，此乃他人所失，汝姑取之"，意思是你丢的钱数和现在返还的钱数不符，这个不是你丢的，是别人丢的。然后又说："汝所失百金，少顷当有人送还，俟之可也"，你丢的一百

---

① [清]汪辉祖、[清]蒯德模：《病榻梦痕录·双节堂庸训·吴中判牍》，梁文生、李雅旺校注，南昌：江西人民出版社2012年版，第201页。
② 《大清律例》，田涛、郑秦点校，北京：法律出版社1999年版，第408页。

金，等下就会有人送还，你在这里等着就好了。其实，本案显而易见，捡到五十金者拾金不昧，失者利欲熏心，可是又都没有证据。曹瑾这样判案，既是对拾金者的赞扬，也是对谎报丢金数量之人的惩罚，所以"途中围观者咸称快"[①]。

7.乾隆十三年，叶新担任江西建昌知县。建昌邻县南丰有一位喜好拳勇的县民饶令德，南丰县令与其不和，于是便报告上级说其预谋造反，且"谓谋反有据"，说是证据确凿。上级便指派南丰县令前往逮捕饶令德，恰好赶上饶令德出门在外，无奈之下，就逮捕了他的弟弟关押在牢。等到饶令德归来得知情况，爱弟心切的他主动到官府投案，"受刑诬服"，胡乱认罪，说很多亲戚和邻居都是他的同谋。官府得到饶令德的口供，开展了大范围的搜捕，以至于很多人都逃到了相邻的县城。叶新也接到了追捕谋反之人的通知，"集诸囚亲鞫"，将株连的七十余人关在牢房里亲自审讯，却发现每一个人的供词都不相同，顿觉其中有诈。叶新为了查明真相，询问县中胥役抓捕饶令德弟弟的情况。胥役回道："初至其家，获一箧，疑有金宝匿之。及发视，无所有，弃之野"，只发现了一个空空如也的箱子。但是南丰县令听说此事之后，认为这个箱子就是谋反的证据，在严刑拷打之下，饶令德弟弟无奈招供，"妄称发箧得簿劄，纳贿毁之矣"。县令据此逼迫饶令德认罪伏法。叶新得知此情况，命人第一时间去掉他们身上的枷锁，并且让他们与他一起前往南昌拜见巡抚。与此同时，他还告诫这七十余人："有一逋者，吾代汝死矣"，只要有一个人逃跑，就由叶新代他们去死。到了南昌的时候，七十余人竟无一人逃跑。叶新将事实上报给巡抚，然而"巡抚愕不信"，召集了大量的有才能的官员共同查案，最后也还是没有证据。朝廷命两江

---

① 《威县志》，中华民国十八年本。转引自杨玉东：《曹瑾论》，《安徽理工大学学报》（社会科学版），2005年第3期，第64页。

总督派官员前来确认，叶新为他们一一辩解，还了他们清白，最后保全了二百多人的性命。本案中，叶新按照上官要求抓捕罪犯已经完成任务，可是他在发现疑点之后，不辞辛苦不畏风险为他们洗刷冤情。"公生明，廉生威"，只有一心奉公，才不会心中有愧。

8. 有的时候，为了保证案件顺利结案，循吏也会采取一些非常规手段进行处理。江皋曾经担任过广西柳州知州，柳州境内有个官宦人家的后代王缵绪，由于战乱的频繁侵袭，王家家产被原来的四个家奴悉数占据，而王缵绪也只能"只身寄食僧舍"。江皋在得知情况之后，"悉逮捕诸奴"。而这四个霸占他人家产的家奴，不愿受罚，竟然向江皋行贿二千金，乞求江皋对他们免予处罚。江皋假意接受之后，严格按照法律将四人治罪，并且将这二千金全部交给王缵绪，同时命令家奴四人"尽还其产"。在此案件中，家奴行贿，江皋可以再次治他们的罪，但是他假意收受是为了将这些钱还给王缵绪。重金之下，仍能不为所动，是需要极强的定力的。江皋廉明的事迹很快传遍了整个柳州，"柳人歌诵之"。

9. 陶元淳任职的广东昌化县，隶属于海外的琼州。由于长期在外，军队的将士十分骄横，尤以崖州地区为甚。陶元淳寻访时得知琼州守备黄镇中荒淫无度，目无王法，"以非刑杀人"，而将军余虎对此却熟视无睹；况且，黄镇中贪财好色，时常向当地黎族人索要钱财，百姓深受其苦。陶元淳将黄镇中的罪行一一列下，准备上报。将军为了庇护黄镇中，"以金贿之不得"之后，便造谣诽谤陶元淳。总督得知此事之后，下令由琼州总兵一同审讯该案，陶元淳义正词严道："私揭不应发审，镇臣不应侵官，必挫执法之气，灰任事之心。元淳当弃官以全政体，不能蒲伏武臣，贻州县羞也"，意思是按照朝廷法律的规定，武官没有权力干涉地方长官的司法审断。初次审判之时，黄镇中仍然嚣张至极，竟然"令甲士百人佩刀入署"。陶元淳不为所动:"吾奉命治事,守备敢令甲士劫持,是蔑国法也。"黄镇中只能领兵而去。经过审查,陶元淳无丝毫违法之事。他被释放之后,即刻抓捕了黄镇中,按照朝廷律法论罪。崖州当地的百姓听闻陶元淳不畏强权,宁死不屈,执法如山的事迹之后,无不感叹:"虽有余虎,不敌陶公一怒。"

10. 张敦仁在担任西高安知县时,当地名为武宁的民妇与第三者有染,二人合谋杀死了武宁的丈夫。张敦仁前任知县在处理该案之时,以"夫死途中,非由妇奸报"为由结案。张敦仁在核查了所有的证人证言和证据之后,未发现异常。可是有一个事情引起了他的注意,即"其幼子但哭不言"。于是,张敦仁会同前任知县共同重新审理该案,"遂得谋杀移尸状",武宁和奸夫受到了法律的制裁。要想断案公允,就不能放过一丝一毫的细节。本案中,张敦仁仅因为武宁之子但哭不言,就发现疑点。这既是他耐心细致的生动诠释,同时也是他谨慎小心,一丝不苟的公心使然。

11. 牛运震是平反冤狱的典型代表。《清史稿》称他"讼狱多所平反",其中记载了他二度为百姓洗刷冤情的正义之举,兹列举如下:(1)秦安县巡检诬陷居民马得才兄弟五人均是盗贼,牛运震前任县令未能明察秋毫,随意判定五人有罪。马得才难受其辱,自刎而亡。他的兄长马都准备越级告诉,证明马得才的清白。秦安知县得知此事后,派遣衙役将其诱骗到县衙监禁,并将其暗中杀死。剩下的兄弟三人全部都被关押在牢狱之中,只待发落。牛运震上任之后,重新审查该案,发现其中疑点,终于真相大白。在他准备上报之时,幕友都劝他此案时间已久,且牵扯官员较多,不要随意惹事。可牛运震不愿昧着良心办案,也不愿百姓受到冤屈,顶住了巨大的压力,使马家五兄弟沉冤得雪。(2)清水县发生过这样一起命案,有人向官府告发武生杜其陶父子谋杀,并且企图毁尸灭迹。清水知县断案方法简单粗暴，严刑拷打之下，杜其陶父子供认杀人之行。待到新任知县上任之时，杜家亲属联名上书官府，大喊有冤。新任知县重新审理该案之后，深感为难，请示上官如何处置。上官就委托查案经验丰富的牛运震前去复核。经过详细的询问、广泛的走访和细致的勘查，发现"死者得自刎状"，也就是自杀而亡。而杜家父子只是将其尸首移往他处。最后，牛运震"以移尸罪其陶而释其子"，当地百姓都称他为神明。

除上述较为典型的事例外，清代循吏中公允断案之人层出不穷。比如，石家绍"发奸摘伏，以神明称"；骆钟麟不徇私情，即使豪强从中施加压力也坚持原则，陕西盩厔县的官民对他又敬畏又爱戴；王时翔"屡雪疑狱，时称神明"；刘秉琳在"兵伐民墓树，纵马躏田禾，反诬村民辇其马"之时，"力争得直"；邵嗣尧面对"旗丁毒殴子钱家，入县庭，势汹汹"，而"移文都统讯主者，主者不敢承"的局面，顶住层层压力，绝不徇私，"具论如法"；陈文赞审查"民有杀子妇匿其尸者，母家以无左验，不得直"之案，"偶行山径，群鸦噪于前，索而得之，一讯具服，人以为神。不从强杀状"；清兵驻扎常州期间，有骑兵闯入村落追逐妇女，使其溺亡。崔宗泰得知情况之后，"夜叩营门，白将军缚置之法"；佟国珑面对千金之贿，颇为震怒，彻查邑豪宋某谋杀邻居之案，"覆验妇有重伤，鞫得其情"，将收受贿赂的胥吏和杀人凶手绳之以法……

其实，以上只是清代循吏公正审断的一个缩影。循吏作为为民做主之官，往小了说，他们的一言一行、一举一动都直接关系到百姓的生活是否幸福；往大了说，如果百姓因为不公正的对待而流离失所、家破人亡，很有可能导致社会的动荡和统治的倾覆。明代方孝孺曾说："公其心，万善出"，循吏秉持公心，秉公办事，受到百姓的拥护也是理所应当。而循吏之举，也是符合中国传统司法"欲知平直，则必准绳；欲知方圆，则必规矩"①核心理念的。

第三节 正直如绳：重典治吏，杜绝徇私

在有清一代的史料中，描绘民风多见"好讼""健讼"之词。所谓"自有生民以来，莫不有讼。讼也者，事势之所必趋，人情之所断不能免者也"（［清］崔述：《无闻集·讼论》），虽然争讼一定存在，不可能完全消除，但是好讼之风的盛行，则是民智低下，民风不淳的直接体现。在清代循吏积极倡导"无讼"的治理模式之下，讼师所作所为与此理念背道而驰。他们欺诈百姓，勾结官吏，更有甚者，将案件事实故意夸大，给州县司法增加了极大的压力，所以清代州县长官大多加强对本地讼师的教育和惩处力度。一方面是因为讼师职业道德的缺失助长了百姓的争讼之风。讼师阴险狡诈，诡计多端，丧失道德，在百姓诉讼之时谋取利益，甚至不惜做假证。《大清律例》中有"凡教唆词讼及为人代作词状，增减情罪诬告人者，与犯人同罪"②的记载，就是专门针对讼师教唆词讼之恶行而设；另一方面，讼师为了达到目的，经常收买衙门官吏，与他们沆瀣一气，狼狈为奸，败坏当地司法正气。清代循吏持公允之心，在整顿吏治的同时，也加大对无德讼师的打击力度。

《清史稿·循吏传》中，惩戒讼师的记载就达十余处：牛运震"遇人干讼，必严惩"；桂超万"严禁令，凡衙蠹、营兵、地棍、讼师诸害民者，悉绳以法"；刘体重在下属官吏干涉诉讼之时，"参劾无徇"，丝毫没有徇私。如果遇到胥吏揽讼，更是严惩不贷；蓝鼎元"尤善治盗及讼师，多置耳目，劾捕不稍贷，而断狱多所平反，论者以为严而不残"；在方大湜的严厉惩罚之下，"胥吏无所容奸"；徐台

---

① 《吕氏春秋》，陆玖译注，北京：中华书局2011年版，第894页。
② 《大清律例》，田涛、郑秦点校，北京：法律出版社1999年版，第378页。

英公正严明,"胥役需索者痛惩之";邵大业在刚刚上任,面对"投诉牒者坌至"的局面,马上处理,没有任何拖延。"吏人一见问姓名,后无不识,众莫敢弄以事便";冷鼎亨"捕讼师及猾吏数人,绳以法";张吉安"惩讼师,勤听断";陈汝咸"严惩讼师,无敢欺者";张琦在审断的过程中,如果遇到胥吏扰民的情况,"必严论如法";黄贞麟"严惩讼师,合郡懔然";刘衡任职的博罗县"里豪蠹役杂持之,害滋甚",刘衡面对此种乱象,严厉地惩治主谋,长此以往,"锢习一清"……《续佐治药言》中有言:"罪从供定,犯供最关紧要。然五听之法,辞止一端。且录供之吏,难保一无上下其手之弊。据供定罪,尚恐未真。"①此言恰如其分地道出了循吏严惩讼师的紧迫性和必要性。在中国古代,讼师是百姓办理词讼事务必不可少的重要人物,是诉讼事务中沟通百姓和官府的桥梁和纽带。讼师正是抓住了百姓对官府的敬畏和惧怕心理,帮助百姓在诉讼过程中处理问题而从中牟利;此外,部分无良讼师发现百姓对官府词讼事务并不了解,有时会为了一己私欲与官府或者当事人勾结,陷害其他百姓导致冤案出现。循吏严惩无良讼师,严格要求讼师,避免讼师奸猾给百姓造成负担,亦是其保民爱民的一种体现。

清代循吏蓝鼎元所辑《鹿洲公案》中,就有多位颠倒黑白的无良讼师干扰词讼。在这其中,最为典型的莫过于在《猪血有灵》一案中的讼师陈兴泰。蓝鼎元在文本中,开篇便用了大段的笔墨描绘其奸诈作恶的形象:

举练都草湖乡,有讼师陈兴泰焉。穷凶极恶,终日唆讼为生。常创诡名,架虚词,赴道、府控告素不相善之家,或指海洋大盗,

---

① [清]汪辉祖:《续佐治药言》,载官箴书集成编纂委员会编:《官箴书集成》第5册,合肥:黄山书社1997年版,第329页。

或称强寇劫掠。上司提解羁絷牢狱久之,以无原告对质,释宁行销。其人已皆磨累破家,不堪复问矣。而教唆命案,代告包诉,平地兴无风之波,尤兴泰长技也。①

该人兴讼无德,以教唆他人告诉为生,经常颠倒是非曲直,编造谎言,控告素来与他关系不好的人家。草湖乡蔡姓阿灶、阿辰、阿完和阿尾四兄弟均未娶妻生子,他们"日或登山刈草,换米度活。倘遇天时阴雨,则盗采园薯。沿门乞食,皆为常事",生活虽不富裕但也温馨。有一天,阿灶在煮饭时因瓦罐破裂而烫伤双脚,不能出外讨食而饿死。陈兴泰"闻之喜甚,以为奇货可居也",便将其余兄弟三人叫到一起,对他们说:"汝三人贫困,兄死无所殓,吾甚怜之。今有奇策,可得美棺衾,且弟兄皆免困穷,不愁乏食。"意思就是由他来出招,将阿灶的死栽赃陷害给其他人,然后他们从中得利。陈兴泰见兄弟三人犹豫不决,还送给他们六升大米,依次引诱其就范。兄弟三人禁受不住诱惑,于是便按照陈兴泰的指示,将阿灶的尸体搬到了陈兴觐家门口,栽赃陷害陈兴觐。为了保证事情进展顺利,陈兴泰还将阿尾诱养在家,"希图索诈,代写状词"。

蓝鼎元在审理案件的过程中,觉得案有蹊跷,心生疑惑。便在"问蔡滋茂、蔡光辅、蔡立兴、干证林可兴、保正马孟端及陈孟皆、郑奕可等二十余人"之后,终于查明陈兴泰伤天害理,嫁祸唆讼的事实,第一时间将陈兴泰捉拿归案。陈兴泰面对如山铁证,没等官府用刑,主动交代了"唆嘱阿辰、阿完移尸图赖;及诱留阿尾写状代告;并殴抢陈孟发衣服、酒瓶,打伤孟发折臂,截殴兴觐于和平桥,夺其布衣二件;及索诈陈绍涪三千钱"等一干犯罪事实。蓝鼎

---

① [清]蓝鼎元:《鹿洲公案》,刘鹏云、陈方明译,北京:群众出版社1985年版,第270页。

元感叹道:"讼师之恶至此极矣!"命胥吏"责之四十"。

蓝鼎元作为一代清官循吏,处理奸猾讼师的手段和力度都极为强硬。除《猪血有灵》案中的讼师陈兴泰因作乱而被严惩外,他还将《死丐得妻子》案中"造谋指使之讼师陈阿辰,并拘坐罪";将《林军师》案中"善为词状"的林军师"羁于狱,候究明包揽别案词讼,赃银确数,按律尽法创惩","以快一邑人心,永垂鉴戒,为移风易俗之一助";他还严明纪律,谨慎断案,通过计谋使《三宄盗尸》案中作恶多端的讼师陈伟度惭愧地说:"我之误也,不必言矣";在《龙湫埔奇货》案中,蓝鼎元查明案件缘由之后,下定结论:"此案之兴,实由此一班讼师、究棍、奸保、蠹书傍风生事所为。"于是他"漏下尚未四鼓,而网罗尽皆弋获,所谓恢恢不漏者乎!"在这种严惩讼师的高压态势之下,自此以后,"潮邑讼师、土棍、衙蠹、猾保、奸究、盗贼,皆人人震恐。地方大治"……在中国古代社会中,讼师多无德,但讼师也是百姓告官不可缺少的媒介和辅助,所以作为为民兴利、与民同苦的循吏来说,保证讼师队伍的清明,是他们在地方司法实践过程中必须解决的重要问题。

有时候,讼师欺诈奸猾只是百姓在告官过程中所遇障碍的一部分,衙门之中还有部分胥吏更是对百姓百般刁难,对他们敲诈勒索。对于此种现象,清代循吏中的断案高手蒯德模自有一套解决方案。一方面是出于社会正气的弘扬,另一方面则是为了避免讼师和胥吏的刁难,蒯德模将息讼的观念贯穿司法实践始终,同时告诫百姓"减一分讼累,即培一分身家",如果不是遇到不可调和的矛盾,就不要上官府告状,从源头上杜绝了奸诈之人的可乘之机。与此同时,他还规定,"每遇告期,当堂收词,量其远近,随到随审。在乡者,立予提讯结案;在郡城内外者,无不朝提晚结。既免差扰,又无守候跋涉之苦。"也就是说,他在案件受理的时候,按照距离的远近进行排序。这样安排，一来方便居民，二来提高效率，三来则可以防止胥吏从中作梗。种种预防措施之外，蒯德模惩治胥吏更是一绝。比如，《吴中判牍》中就记载了这样一个案例：朱小寿因为无钱交租而"身荷一枷"，被官府羁押在牢。他的堂兄朱锦堂为了赎他，将自家耕牛变卖，"变价得洋念四番"，将钱交给衙役王祥，委托他上交官府，可是王祥却"以剜肉补疮之钱，饱花费瓜分之囊"，将钱私吞。朱小寿家中此时"黄犊已牵，家贫如洗，堂上之青蚨未缴，官怒难平"，迟迟不见官府放人。所以朱小寿的母亲便向蒯德模询问，蒯德模在查办过程中发现王祥"犹复一味支吾"，再三逼问之下终得实情，于是"蒙发下县，当即坐堂，不再传过付之人"①。此案中，衙役私欲横行，霸道妄为，竟将家属赎金据为己有，严重败坏了司法公信。蒯德模明察秋毫，惩治衙役，实乃大快人心。

第四节　屈法申理：准情入法，情法兼容

传统中国司法，深受儒家法思想的影响，倡导"仁者爱人"，持之以恒地追求"天理""国法""人情"的高度统一，向往"和合"的社会目标。在这其中，情和法如何取舍，往往能够决定案件的最终结果。而无论是依法还是顺情，其实都是合"理"的。在三纲五常，仁义道德的影响之下，有清一代的循吏在面对情与法的冲突之时，往往"屈法以伸伦理"。这种情，并非字面上的情感表达，而是蕴含了情感、道德、伦理、风俗、习惯等多方面内容，是潜藏在统治者、司法官和百姓心目中共同的"人情"。清代循吏汪辉祖所言

---

① ［清］汪辉祖、［清］蒯德模：《病榻梦痕录·双节堂庸训·吴中判牍》，梁文生、李雅旺校注，南昌：江西人民出版社2012年版，第210–211页。

"法有一定,而情别千端,准情入法,庶不干造物之和"①恰如其分地道出了"执法原情"的本意。

在"细故"案件中,大部分的当事人都是亲人、朋友或乡里,如果单纯地依照法律判决,不仅将法律的冰冷残酷暴露无遗,更对良好社会风气的弘扬起不到任何的帮助作用。所以清代循吏在审断"细故"案件时,往往用亲情、友情,甚至是爱情感化双方,以求达到息讼止争的目的。同时,他们深谙"道德仁义、非礼不成;教训正俗,非礼不备;分争辩讼,非礼不决"②之道,面对民事纠纷,积极用德礼施行教化。

在"重情"案件中,面对杀人、强盗等犯罪之人,贯彻的则是儒家"矜恤"思想,以表怜悯、体恤之情,依然是"仁者爱人"的生动体现。也就是说,在审理"重情"案件时,犯罪之人若可能被判处较重的刑罚,要多方考虑,慎重决断,综合考量案件发生的背景、原因以及风俗习惯,本着"慎刑慎罚"的原则,力求法外容情,从宽处罚。这是"明德慎罚"的深远影响造成的。早在《尚书·大禹谟》中就有"罚弗及嗣,赏延于世。罪疑惟轻,功疑惟重;与其杀不辜,宁失不经。好生之德洽于民心,兹用不犯于有司。刑期于无刑"③的记载;康熙皇帝也曾说:"朕念人命关系重大,每于无可宽待之中,亦以法外得生之路。"④清代循吏面对情与法的冲突之时,大多选择顺情屈法,一来这是统治思想的落实,二来也是循吏爱人恤物的展现。所谓"法所不容姑脱者,原不宜曲法以长奸;情尚可以

---

① [清]汪辉祖:《学治续说》,载官箴书集成编纂委员会编:《官箴书集成》第5册,合肥:黄山书社1997年版,第298页。
② 《礼记》,胡平生、张萌译注,北京:中华书局2017年版,第5页。
③ 《尚书》,王世舜、王翠叶译注,北京:中华书局2012年版,第359页。
④ 《清实录》第4册,《圣祖仁皇帝实录(一)》,卷98,北京:中华书局1985年影印版,第1237页。

从宽者,总不妨原情而略法"①正是循吏在司法实践中的内心之道。为了使清代循吏屈法申理的形象更加饱满,笔者挑选了部分典型事迹加以佐证:

1. 蒯德模所著《吴中判牍》中就记载了多个准情入法的案例。比如,蒯德模刚刚上任之时,在查阅牢房的过程中,发现了一个名叫高发美的人,"忧戚之形见于眉宇",便问他为什么被羁押,高发美声泪俱下,回答是因为摆面饼摊经营不善而欠了别人的钱,现在已经三个月了。此前他经常以母亲生病为由乞求回家照顾,但是均未获准。而如今,母亲早已病故,所以面露愁容。蒯德模判曰:"两手全空没面为饼;一身在押避债无台,而且母死未归,家贫如洗,未尽一棺之恸,徒虞三尺之追。在本官既少矜凶之情,在原告亦犯伐丧之戒。区区不罘,他日可偿;哀哀徒劳终天饮恨。钱债事本细故,况属无多。亲丧疚在,终身能无隐痛?"②于是他亲自筹措资金,同面摊器具一同交给高发美,释放他回家。本案中,蒯德模以矜恤之心对待高发美,体谅其丧母之痛,将其释放,汪辉祖所言"法有一定,而情别千端,准情入法,庶不干造物之和"③恰恰道出此中真意。

又如,赵蓉江将原配夫人方凤姐休掉,另娶新妻,然而"亦见新人笑,不闻旧人哭矣",方凤姐的母亲方陈氏见女儿整日以泪洗面,生活困苦,便向官府告发赵蓉江吞没钱财之罪。经过蒯德模的查证,很快便认定此案系方陈氏诬告。但是他并没有直接治方陈氏

---

① [清]汪辉祖:《学治续说》,载官箴书集成编纂委员会编:《官箴书集成》第5册,合肥:黄山书社1997年版,第298页。
② [清]汪辉祖、[清]蒯德模:《病榻梦痕录·双节堂庸训·吴中判牍》,梁文生、李雅旺校注,南昌:江西人民出版社2012年版,第206页。
③ [清]汪辉祖:《学治续说》,载官箴书集成编纂委员会编:《官箴书集成》第5册,合肥:黄山书社1997年版,第298页。

诬告之罪，而是认为赵蓉江喜新厌旧，有违夫妻情义，而且其原配夫人无所依靠，方陈氏爱女心切，也是无奈之举，情有可原。最终，他"断令赵蓉江给洋四百元，其女凤姐即交该氏领回"，并且评价道："夫也不良，母兮犹谅，或者梦断蘼芜，尚可忧忘草也。"①

还有，吴顾氏早年丧夫，独自带着年幼的儿子生活。丈夫去世之后，吴顾氏便将财产托付给丈夫的兄长吴秋坪代为管理。但是吴秋坪"半托开销"，称每年租息的一半要给吴家一大家人使用，"遂至该氏日用之资亦多缺乏"，吴顾氏母子俩的生活越发艰苦。吴顾氏见状，便想要回丈夫的财产自己管理，但是吴秋坪一直"措不交还"。蒯德模痛心说道："试问该氏即无遗产，非该生之是依而谁依乎？该生代权余资，非该氏之是用而谁用乎？当有钱家算无凭账，既误于假手，实难以甘心，至于租簿不还，其将去籍耶？抑亦恋栈耶？丁年守志不过称未亡人午夜扪心，何以告先死者。"于是当机立断，判定吴秋坪将收租账本悉数交出，还给吴顾氏自行管理②。

再如，蒯德模曾受理过这样一个案件：汪吟舫告诉称，其与堂弟汪卓吾、堂兄汪循南合开永庆官铜局。他曾借给汪卓吾一万八千两银子作为合股资金，现在想要汪卓吾偿还。但是汪卓吾辩称，"铜商系循南充当伊属无干，并无合股欠银之事"，否认了这笔借款。而此时，汪循南远处东洋，无法取得联系，并不能证明此事的真假。蒯德模经过一番思索，判定"汪卓吾酌助吟舫银三百两，期分两限"。这样判决，自然有蒯德模的道理。一方面，他认为"但以如斯巨款，值此乱年，将谓循南应给，则望洋兴叹，君其问诸水滨"，远在东洋的汪循南定无法偿还；另一方面，如果判定汪卓吾还钱，汪

---

① ［清］汪辉祖、［清］蒯德模：《病榻梦痕录·双节堂庸训·吴中判牍》，梁文生、李雅旺校注，南昌：江西人民出版社2012年版，第206页。

② ［清］汪辉祖、［清］蒯德模：《病榻梦痕录·双节堂庸训·吴中判牍》，梁文生、李雅旺校注，南昌：江西人民出版社2012年版，第215页。

卓吾必定"避乱而逃家已毁于贼手"。显然,这两种方式均不是解决问题的最好方式。其实按照常理来讲,欠债还钱天经地义,既符合法律也符合情理。但是蒯德模考虑到本案中的当事人为兄弟三人,他认为"潭水照人千尺何等空明,而乃操同室之戈即为败类,屈公堂之膝未免贻羞",便以兄弟之情止讼宁人①。这样处理,就是"揆之天理而安,推之人情而准"②。

此外,《吴中判牍》还有这样一个屈法申情的案例:杨家共有三子,老二杨昭德因病逝世,其正房妻子杨顾氏没有子嗣。按照《大清律例》之规定,"无子者,许令同宗昭穆相当之侄承继,先尽同父周亲,次及大功、小功、缌麻。如俱无,方许择立远房及同姓为嗣"③,也就是说,过继子嗣需要按照五服的顺序进行。同时还要遵守长幼尊卑的相关规定。换言之,杨昭德为家中次子,即使要过继子嗣,也必须将杨家三子的孩子过继给杨顾氏。但是杨家老大的儿子杨念宗觊觎杨昭德的财产,也想过继给杨顾氏。杨氏族长杨秀章主持了杨念宗的过继之礼,然而"又于伦序之中寓调停之说,而自乱其例也",造成了自相矛盾的局面出现④。蒯德模详细探查案情过后,提出"礼有明文,例有专条,不得紊乱也",便判定杨顾氏将杨昭德的遗产分给长房杨念宗,打消他觊觎遗产的念头;同时判定将三房之子杨鸣皋过继给杨顾氏。蒯德模这样判定,一来符合大清律法之规定,没有违反"若立嗣,虽系同宗,而尊卑失序者罪,亦如之"⑤的规定;二来,为了避免家族内部产生矛盾,将财产判定给长房,

---

① [清]汪辉祖、[清]蒯德模:《病榻梦痕录·双节堂庸训·吴中判牍》,梁文生、李雅旺校注,南昌:江西人民出版社2012年版,第211页。
② [清]徐士林:《徐雨峰中丞勘语》,清光绪圣译楼丛书本,第2页。
③ 《大清律例》,田涛、郑秦点校,北京:法律出版社1999年版,第179页。
④ [清]汪辉祖、[清]蒯德模:《病榻梦痕录·双节堂庸训·吴中判牍》,梁文生、李雅旺校注,南昌:江西人民出版社2012年版,第214页。
⑤ 《大清律例》,田涛、郑秦点校,北京:法律出版社1999年版,第179页。

第三章 清代循吏的司法实践

又有利于家庭和谐,不得不说其断案思路和手段之高明,雷厉风行的断案之中无不蕴含着情理法的高度统一。

2. 任辰旦担任上海知县时,"敏于听断,数决疑狱"。平民孙祥的父亲被徐舍等人所杀,但是徐舍指使同党逃窜,致使"陈尸几年爰书莫定"。孙祥为报杀父之仇,便将外出饮酒归来的徐舍杀死。而后向官府投案自首。任辰旦审理该案时,竭尽全力上书陈词,最终使孙祥免受死刑。

3. 黄贞麟在安徽凤阳任推官时,"理枉活人",甫一上任便严厉惩治为非作歹的讼师,使得境内井然有序。赶上当地大旱,黄贞麟求雨未应,他在祷雨坛下反思自己"得无有沉冤未雪,上干天和乎?"回去之后立刻处理积压的案件,三天后果然降雨。时值江南逋赋案发,株连了蒙城、怀远、天长、盱眙等县百余人,导致"狱不能容",也没有其他地方安顿他们。黄贞麟说道:"彼逋赋皆未验实,忍令僵死于狱乎?"便都将他们放回了家。等到审讯之时,有些人胡乱捏造姓名,有些人误报自己的姓名,黄贞麟细加申断后都加以原谅,释放了无辜者,保全了五百多家人。

4. 张敦和在直隶南乐知县任上,"慎于折狱"。每每遇到百姓起诉之时,他便"于片纸召两造,立剖曲直",而且慎用刑罚,强调教化,将情理法融入断案的全过程,经常"当笞者薄责之"。在他情法兼容理念治理之下,大多数告状的百姓"感悔自新"。

5. 循吏朱休度曾经说:"南方狱多法轻情重,北方狱多法重情轻,稍忽之,失其情矣。"意思是判案的过程中必须小心谨慎,稍有疏忽便有违人情,百姓自然不会信服。他待人诚恳,推己及人,公正无私,周知民情,以至"囹圄一空"。在担任山西广灵知县期间,就曾处理过这样的案件,按照《清史稿》的记载,百姓薛石头带着自己的妹妹前去观赏戏剧,恰巧遇到了自己的朋友。但是"其友目送

· 131 ·

之",一直盯着薛石头的妹妹看。薛石头恼羞成怒,"刃伤其左乳",将他的朋友刺死。到案之后,薛石头主动认罪,说道:"早欲杀之,死无恨。"说他早就想杀死这位朋友了,现在杀人偿命,死也无憾。朱休度觉得事有蹊跷,第二天又重新审问薛石头,他诘问薛石头只是刺了一刀怎么就能把人刺死呢?薛石头回答道:"刃时不料即死",当时也没能想到刺了他一下就把人刺死了。朱休度接着再问为何没有再刺几刀,薛石头面露难色,回答说当时看见他出血不止,心生怜悯,怎么忍心再多刺几刀呢?正是根据这样的供述和对二人日常交往情况的调查,朱休度以误杀定案,保全了薛石头的性命。《佐治药言》中有言:"求生二字,崇公仁心,曲传于文忠公之笔,实千古法家要诀。法在必死,国有常刑,原非幕友所敢曲纵,其介可轻可重之间者,所争止在片语,而出入甚关重大,此处非设身处地,诚求不可,诚求反复,必有一线生机,可以藉手。"①试想,如果朱休度不经过认真的调查取证和听取供词就按照薛石头自己的供述,按杀人将薛石头定罪,恐怕他早已命丧黄泉。正是对生命的尊重和对权力的敬畏,使朱休度在断案过程中,谨慎小心,情法兼顾。

6.陈豪担任署随州知州两年,勤于听讼,法理兼容,深得民心。在他工作调动将要离开随州之际,他听闻"代者好杀"。为了避免百姓受苦受难,他用了几个昼夜,将未断之案全部判决,"凡狱情可原者,悉与判决免死",只要不是罪无可赦之人,都没有判决他们死刑。

7.康熙年间,廖冀亨担任江苏吴县知县。刚刚上任之时,便有人告诉他:"吴俗健讼,然其人两粥一饭,肢体薄弱,凡讼宜少准、速决,更加二字曰'从宽'。"换言之,当地的百姓十分喜欢争讼,

---

① [清]汪辉祖:《佐治药言》,载官箴书集成编纂委员会编:《官箴书集成》第5册,合肥:黄山书社1997年版,第317—318页。

第三章 清代循吏的司法实践

但是百姓每天两粥一饭,身体单薄,恐难以承受诉讼之累。所以在诉讼审理的过程中,应该公正、快速、从宽处理。廖冀亨将其牢记在心,并且立下规矩:"收词不立定期",百姓随时可以到官府起诉。慢慢地,廖冀亨了解到了许多社会上的实情,理解了百姓的苦衷,判决时经常纳情于法,使百姓的利益得到保障。他曾自我告诫"讼贵听,听之明,乃能速决而无冤抑"。在吴县任上三年时间,如果不是罪行特别严重的犯人,他执行杖责从来没有超过二十下的。他将"少准""速决""从宽"的办案箴言真正应用于实际工作中,使百姓服法的同时,也能让他们认理通情。

8. 姚文燮所任职的福建建宁府"俗号獷悍",当地的仇杀案件堆积如山。彼时,一个叫方秘的人,杀了名叫方飞熊的人,姚文燮的前任已经判处方秘大辟之刑。姚文燮重新审查该案,发现方飞熊本身为盗贼,且是杀害了方秘的全家老少的凶手。方秘看准时机杀死方飞熊,为全家报仇。姚文燮认为方秘此举情有可原,"不可与杀平人等",竭尽全力保全了方秘的性命。

《唐律疏议·名例》中载:"德礼为政教之本,刑罚为政教之用,犹昏晓阳秋相须而成者也。"[1] 有清一代的循吏在司法审断过程中,逐渐深化对德礼和刑罚作用和意义的认识,将天理、国法、人情融进每一个案件之中,既完成了朝廷赋予的审断任务,又安抚了百姓的心理,达到两全其美的效果。概言之,清代循吏屈法申理之理念,即是"法所不容姑脱者,原不宜曲法以长奸;情尚可以从宽者,总不妨原情而略法"[2]。

---

[1] [唐]长孙无忌等:《唐律疏议》,北京:中华书局1983年版,第2页。
[2] [清]汪辉祖:《学治续说》,载官箴书集成编纂委员会编:《官箴书集成》第5册,合肥:黄山书社1997年版,第298页。

第四章　清代循吏的普法实践

普法，顾名思义，就是向百姓普及法律常识以及国家现行的法律规范。这是现代法律体系中才出现的概念，其目的在于提升民众的法律素养，预防和制止犯罪。其实在中国古代，普法之"实"就已存在，只不过并未冠以普法之"名"，而是称之为：教化。

自古以来，统治者便强调"以德治天下"。西汉以降，更是将儒家法律思想奉为圭臬，将儒家的家族本位的宗法伦理思想贯穿于统治始终。"礼之所去，刑之所取，失礼则入刑，相为表里者也"①，在此种语境下，中国古代的礼，就是国家之法。儒家法律思想推行礼治，强调德主刑辅，力行重德轻刑，提倡用仁义道德去教化百姓，以此达到国泰民安的目的。此种思想在孔孟荀的诸多论著中可以找到答案。孔子曾说："道之以政，齐之以刑，民免而无耻；道之以德，齐之以礼，有耻且格。"②意思就是要用德和礼去教化百姓，让他们明白，违法犯罪不仅要受到严厉的惩罚，更是一种耻辱之事。百姓有了耻辱心，自然谨慎检点，回归正途。这样看来，古代的教化和现代的普法，目的指向高度一致。

古代官员教化乡民的核心目的在于维护统治的稳定，力止衔橛之虞发生。或许是少数民族入主中原的危机感使然，职是之故，清朝统治者极其看重对乡民的教化。顺治皇帝就曾严肃地提出："教化

---

① ［南朝宋］范晔：《后汉书》，卷46，北京：中华书局1965年版，第1554页。
② ［宋］朱熹：《四书章句集注·论语集注》，北京：中华书局2011年版，第55页。

为朝廷首务。"①清制，州县官员在宣讲圣谕的同时，必须将《大清律例》一并向乡民传达，以期达到"咸知法纪，雇惜身家，以远于罪戾"②的目的。统治者的最高指令和国法的明确要求，无疑为官员厉行教化提供了根本的指引。从清代州县官员的职掌来看，教化乡民确实是其任内必须为之的工作之一，朝廷也规定了诸多"必备动作"，比如，筹办学校，设立书院，宣扬德礼，等等；此外，州县官员在任上，还可根据自身的能力水平、当地的实际情况，开展教化的"自选动作"，比如，循吏张沐曾著《六谕敷言》，使乡民日夜诵读，并为他们讲解其中的道理。

黄六鸿在《福惠全书》中提道："夫古者州县官，莫不以教养为先"，如果说前文循吏执法的目的在于"养"，是为了让百姓富足，生活富裕，那么清代循吏的"教"就是为了避免"不知孝悌礼义，而犯上作乱之事无所不为"③的恶行出现。经过梳理，清代循吏的"普法"之行，主要集中在三方面：一则办学兴教，二则宣扬德礼，三则制定乡规。在他们的努力之下，境内多"彬彬向化、弦歌大作"，普法效果突出，成绩斐然。

第一节 教育感化：兴办学校，提升素养

"玉不琢，不成器；人不学，不知义。"文化的养成与教育的发达密不可分。在满足百姓物质生活的同时，统治者们也时刻不忘提升百姓的文化素养，由此便出现了各级教育组织。此前，有学者在

---

① 《清实录》第3册，《世祖章皇帝实录》，卷128，北京：中华书局1985年影印版，第994页。
② 《清实录》第9册，《高宗纯皇帝实录（一）》，卷47，北京：中华书局1985年影印版，第806页。
③ ［清］黄六鸿：《福惠全书》，载官箴书集成编纂委员会编：《官箴书集成》第3册，合肥：黄山书社1997年版，第497页。

甲骨文中就已经发现了"学""大学""庠"等表述①,《孟子》也曾记载:"夏曰校,殷曰序,周曰庠。"②由此可见,早在夏商时期,诸如"校""序""庠"等教育组织就已经出现,这也被认为是最早的官学组织。除了官学的发展以外,在教育家孔子提出"有教无类"等一系列教育方针后,私学也开始逐渐兴起。官、私二学互为补充,作为培养生徒的关键场所,在兴学育人中发挥着举足轻重的作用。

随着朝代的更迭,各级各类官学逐步得到建立,私学也有了更加长足的发展。在这一过程中,一以贯之的是统治者对兴办学校的关注与重视,正如朱元璋所说的那样:"足衣食者在于劝农桑,明教化者在于兴学校。"③明末之时,中央和各府、州、县的官学,地方书院等私学,共同构成了较为发达的教育组织机构。清承明制,顺治元年(1644年),清朝统治伊始便提出了"兴文教,崇经术,以开太平"④的教育方针。顺治九年(1652年)颁布《卧碑》,载明"朝廷建立学校,选取生员"⑤。在有清一代统治者大力兴学的指引之下,清朝的官学得到了快速发展,既有国子监这种中央官学,也有各府、州、县的地方官学,为清廷培养了大批人才。

兴办学校是清代地方州县官的重要职掌之一。境内学校的数量、培养学生的质量也是衡量州县官员能否被称为循吏的一个重要指标。他们不仅要保证各类官学的正常运行,还要自己捐款或者向当地富绅筹措资金以兴办私学。概言之,清代循吏办学之为主要集中在以下几方面:第一是办社学。《大清会典事例》载,"照顺治九年例

---

① 王贵民:《从殷墟甲骨文论古代学校教育》,《人文杂志》,1982年第2期,第23页。
② [宋]朱熹:《四书章句集注·孟子集注》,北京:中华书局2011年版,第238页。
③ 中央研究院历史语言研究所校印:《明实录·太祖实录》,卷26,湖南师范大学图书馆特藏文献室藏书,第388页。
④ 《清实录》第3册,《世祖章皇帝实录》,卷91,北京:中华书局1985年影印版,第712页。
⑤ 王云五总编:《清文献通考》,卷69,北京:商务印书馆民国二十五年版,第5486页。

（各）州县于大乡巨堡各置社学。"①社学是为乡村穷苦儿童进行启蒙教育的机构，肇始于元代。由于清代始终未能将社学纳入科举考试的系统之中，因此一直被视为私学。第二是办义学。义学的培养对象是民间孤寒子弟。与社学的不同之处在于，义学在城市和乡村都有设立，而社学只能设置在乡村②。清廷规定："各府、州、县，令多立义学，延请名师，聚集孤寒生童，立志读书。"③据《清史稿》及部分地方志记载，清代循吏在任之时，大多积极筹措资金，兴办义学。第三是兴书院。有清一代的书院经历了压抑和兴盛两个阶段。清初，世祖规定："不许别创书院，群聚徒党，及号召他方游食无行之徒，空谈废业。"④而到了雍正中期时，在"儒学浸衰，教官不举其职，所赖以造士者，独在书院。其裨益育才，非浅鲜也"⑤的背景之下，书院又得到了重视，兴办书院自然也成了地方官员的任内之责。

清代循吏大多科举出身，他们深知教育对于社会稳定及发展的重要性，所以大多广修学校、广建书院，为教化乡民打下坚实的基础。清代循吏中兴办学校实绩较为典型和突出的主要有曹瑾、陆在新、张塇、骆钟麟、刘大绅等人。曹瑾在平息了此前漳州、泉州居民的械斗矛盾之后，他意识到，之所以发生这样的事情，是因为民风、文风、教风有偏，唯有兴教办学，提升百姓的素质，才能从根本上改善社会风气。于是，曹瑾带头捐资，并且劝说当地富户捐款捐物，成功地筹办了"文甲书院"，并且刊印《孝经》等儒家经典读书，供学生习诵研读。从此，当地社会风气大为改观，日益和谐；

---

① 郭维城等：《民国宣化县新志》，民国十一年铅印本，第166页。
② 参见瞿同祖：《清代地方政府》，范忠信、何鹏、晏锋译，北京：法律出版社2011年版，第255-256页。
③ [清]托津等：《钦定大清会典事例》，卷396，清嘉庆二十五年武英殿刻本，第10496页。
④ [清]陈梦雷编撰：《古今图书集成·经济汇编·选举典·学校部》，第17卷，北京：中华书局、成都：巴蜀书社1985年版，第79884页。
⑤ [清]赵尔巽等：《清史稿》，卷106，北京：中华书局1977年版，第3119页。

陆在新在担任松江府学教授期间,"教诸生以质行为先"。履新江西庐陵知县后,就像在学校任职时一样,召集诸生,考论德艺。设置了四门义学,并且"刻孝经、小学颁行之"。张埙上任登封知县后,大修学堂,出资修葺曾是宋代四大书院之一的嵩阳书院。与此同时,他聘请耿介为老师,用程朱理学教导学生。从县城内到郊县,共计"立学舍二十一所"。骆钟麟在担任陕西盩厔知县时,建造明伦堂,在春秋时节开展演讲,宣扬仁义忠信之道。同时建立学舍(社),选拔民间优秀的子弟,向他们传授《小学》《孝经》等传统经典。刘大绅"在官公暇,辄诣书院课士"。他曾经对诸生讲道:"朱子小学,为作圣阶梯,入德涂轨。必读此书,身体力行,庶几明体达用,有益于天下国家之大。"在他的敦促之下,"士知实学,风气一变"……循吏治下,学风文风大振、社会风气向好的同时,人才辈出也逐渐成了常态。

除此以外,《清史稿》中记载的循吏兴办学校的事例还有:龚景瀚就曾经修建柳湖书院,同时身体力行,"与诸生讲学",境内"文风渐振";张沐在内黄县内创立繁阳书院,极力推行教化;陈汝咸在漳浦县内设置义学,还聘请德行高尚的人为老师为诸生授课;姚棻之"兴复书院,厚待诸生";陈德荣在苗疆设置了二十四所义学,吸纳童生入学就读。只要有时间,就"亲课诸生,勖以为己之学"。一段时间过后,苗疆"风气丕变";崔华"建塾校艺,士争乡学";康基渊"以无业之地,建社学三十二所","在肃州……建社学二十一所";高荫爵"置乡学,尊礼贤士,民大和悦";涂官俊"敌绩学,立宾兴堂,置性理、经济有用之书,日与诸生讲习。增义塾,定课程,亲考校之";刘体重"厚书院廪饩,课士以经,动绳以礼法",同时"创建河朔书院,仿朱子白鹿洞规条,以课三郡之士"……在传统中国社会,某种程度上,遵礼与守法的外在表现是一致的。就更深层次而言，百姓守法是需要内心道德的约束和指引的，循吏兴教办学的根本目的在于使乡民知礼懂法，从而推进社会的稳定与和谐。

在清代，学田是地方办学的主要经费来源。学田最初设置的作用就在于"专供修学及赡给贫士"。① 但是要想办成学校，学田租银恐怕只是杯水车薪，所以就要依靠循吏的力量。一方面，他们想办法请当地乐善好施的富绅志士出资；另一方面，他们自己也捐出饷银和大量书籍，支援学校建设。比如，缪燧在定海县大兴文教，创建定海县第一所义学，修葺学宫与书院10余间，"其事皆一手所经营，其费皆斥俸所措置"。根据雍正《宁波府志》记载，缪燧捐赠了《四书大全》《易经析义》《春秋心典》《朱子纲目》《左传》《国语》等书数十部，读书声响彻定海，贫家子弟也能接受良好的教育，从此学风甚兴。又如，邵希曾"募钱万缗，建义学"，共建立了经塾三所，蒙塾十五所。同时选拔其中优秀的人才进入书院继续学习。他本人一有时间也"集诸生讲论，增书院膏火，亲课之如师"。在这种极度重视之下，当地"文教兴而悍俗渐化"，最具代表性的成绩莫过于在道光六年的时候，当地学生王四杰登科及第，这是"自明初以来所未有"的事情。其他捐资助学兴教的清代循吏多如缪燧和邵希曾之举。笔者在考察清代学校建设的相关情况后对比发现，循吏治下的学校，无论是数量规模还是运行状态都明显要比其他地方州县的好。不得不说，这不仅是因为清廷的重视，更是循吏自身努力的结果。

第二节 政教风化：宣扬德礼，移风易俗

明清更迭之际，社会矛盾越发尖锐，统治者竭尽所能发展封建

---

① 王云五总编：《清文献通考》，卷12，北京：商务印书馆民国二十五年版，第4962页。

经济，使百姓富足。但是物质上的满足并不能从根本上化解社会矛盾，社会上仍然存在着争讼不断、民智不开、德行不正等现象。统治者逐渐意识到，在重视学校教育的同时，必须对百姓实行社会教化。这样做，一是为了统一思想，二是为了开启民智，三是为了倡导美德。这种教化不仅是儒家学说的基本要求，而且对于朝廷安全和社会秩序也是至关重要的。汉代以降，统治者都将儒家思想视为正统文化，清代亦是如此。实行社会教化的核心就是用儒家思想"道之以德，齐之以礼"，即用"德"与"礼"实现国家对意识形态领域的统一和控制，使百姓产生对国家正统思想——儒家思想的认同。这其实也算和孔子所说的"先富后教"殊途同归。

诚如刘向所提出的："政有三品，王者之政，化之；霸者之政，威之；强者之政，胁之，夫此三者，各有所施，而化之为贵矣。"① 彼时，清廷统治者已经统一全国，并不再需要"威"与"胁"征服百姓。为了保证统治稳定，就必须采取最为贵的"化"的手段，引导百姓形成"孝悌忠信礼义廉耻"的文化自觉，养成文化认同，提升道德素养。因为"通过道德对社会伦理生活进行评价和控制，其结果是出现了以有序化为基本特征的道德生活"。② 这样有序的道德生活，是最有利于政权稳定的。

顺治九年（1652年），顺治皇帝一字不差地将明太祖朱元璋的"六谕"重新颁布，"孝顺父母，恭敬长上，和睦乡里，教训子孙，各安生理，无作非为"，以此作为教化百姓的行为准则，称为"圣谕六训"；康熙皇帝秉持"不专以法令为事，而以教化为先"的宗旨，对"六训"进行扩充，提出了"圣谕十六条"，旨在"法古帝王，尚

---

① [汉]刘向：《说苑疏证》，卷7，《政理》，武汉：华中师范大学出版社1985年版，第169页。
② 单中惠、刘亮：《社会精英与统治秩序：西方雄辩家教育的阐释与诉求》，《华东师范大学学报》（教育科学版），2008年第3期，第82页。

第四章 清代循吏的普法实践

德缓刑,化民成俗"①;雍正皇帝则融合了中国古代典籍《尚书》《论语》中的内容,以"圣谕十六条"为基本要旨,用儒家经典对"圣谕十六条"加以解读,形成《圣谕广训》,并以此作为清代根本的道德行为规范和清王朝施行社会教化的根本遵循。"圣谕十六条"内容如下:

敦孝弟以重人伦　笃宗族以昭雍睦
和乡党以息争讼　重农桑以足衣食
尚节俭以息财用　隆学校以端士习
黜异端以崇正学　讲法律以警愚顽
明礼让以厚风俗　务本业以定民志
训子弟以禁非为　息诬告以全良善
戒匿逃以免株连　完钱粮以省催科
联保甲以防盗贼　解仇忿以重身命

可以看出,以上十六条几乎囊括了百姓日常生活的全部内容。既然规则已成,下一步就是将"圣谕十六条"向百姓宣讲,以正风俗。毫无疑问,作为地方州县长官的循吏,教化百姓自然是责无旁贷。《钦颁州县事宜》中,专设了"宣讲圣谕律条",将教化百姓定为州县长官的法定职责。循吏的教化之行主要集中在以下几方面:

第一是宣讲。清代循吏的首要任务就是完成朝廷交办的弘扬《圣谕广训》的任务,这不仅关乎当地社会的进步与否,更是与他们的仕途沉浮密切相关。清制,对州县官员的考课中极为重要的一项便是教化地方的成绩,并以此作为官员能否升迁的重要依据。但是

---

① [清]托津等:《钦定大清会典事例》,卷397,清嘉庆二十五年武英殿刻本,第10505页。

《圣谕广训》用文言写作，对大部分没有接受过教育的百姓来说，仍然难懂，所以有的循吏就将其翻译为白话文或者当地方言，更有甚者绘成图画，就是为了《圣谕广训》的广泛传播与深入人心。就比如循吏陈崇砥绎自编《圣训绎谣》，用通俗易懂，百姓方便理解的方式施行教化，其中以"乌能反哺羊跪乳，鹁鸽飞鸣燕呼侣。人生昂藏七尺躯，天性人伦传自古。生我之德报未能，与我同生何敢侮。劝汝孝弟汝不知，看汝眼前小儿女"①来敦促百姓遵守孝悌人伦，不仅形象生动，百姓也易于接受。除了对《圣谕广训》的宣讲以外，清代循吏还通过开设讲堂、延请名士、发布文告等行为，劝诫乡民，引人向善。其中就有陕西盩厔县知县骆钟麟，他在任职期间增删了《吕氏士约》并大力宣扬。在朔望时分去乡里进行讲演，拜访德行高尚的老人、践行孝悌的模范，见到他们都以礼待之，每逢过年还送上米和肉进行慰问。在这期间，他多次以师礼拜访李颙②，等到调任江南常州知府后，又请他到其创建的延陵书院讲学，骆钟麟带领他的部下和乡绅恭恭敬敬听讲。其后向李颙请教为学之要，李颙回答："天下之治乱在人心，人心之邪正在学术。人心正，风俗移，治道毕矣。"骆钟麟将这番话记录下来，终身诵读，用李颙所提出的"性善之旨，格物致知之说"教育乡民。在骆钟麟的促进之下，当地"士林蒸蒸向风，吏治亦和"。此外，还有姚柬之刚刚上任之时，面对百姓不明事理、闹漕之风盛行的混乱局面，他动之以情，晓之以理，将法律条文一一告知乡民，如果有什么改动则私下里再去传达。在姚柬之的治理之下，"官民无隔阂"，且"民服其治"。陈时临上任河南汝阳知县时，因为兵乱刚过，以致此地风俗败坏，百姓不知礼

---

① ［清］陈崇砥：《圣训绎谣》，清同治元年（1862年）刻本。转引自张祐琛：《清代圣谕宣讲类善书的刊刻与传播》，《复旦学报》（社会科学版），2011年第3期，第137–138页。
② 李颙（1627—1705），明末清初陕西周至人，明清之交哲学家，与浙江余姚黄宗羲、直隶容城孙奇逢并称为海内三大鸿儒。

义廉耻，他"斟酌古今所可通行者"，大兴教化，最后"衰经聚饮之风以息"；桂超万化导乡民，细心宣讲，使"习异教者多改行"；靳让更是"教士先德行而后文艺"……于循吏而言，教化乡民最直接也是最简单的方式就是口头宣讲，使百姓通晓法律和道德。他们以"崇正学、挽浇风"为己任，造就了一派清明的景象。

第二是著书。清代循吏中不乏才能突出之人。他们以朝廷规定的基本教化内容为中心，同时结合当地的风土民情、习惯风俗，又分别著成不同的教化之书。循吏张沐曾命直隶内黄县境内居民在门前大书"为善最乐"四字以自警，并且亲自著《六谕敷言》，让乡民每日诵读并理解其中的道理，妇孺皆闻，民风欣欣向善。他还在明伦堂讲学，"每会期，邑士及邻封之请教者，常百余人。"①登封县令张埙闻知张沐被免归来，写信邀请张沐来参观他正与耿介合力复建的嵩阳书院。清朝政治家、理学家汤斌对张沐极为赞赏，赞其"有心得，不依傍前人。制行端方，确有把柄。此当代真儒也"②。张沐履新资阳后，在百姓完成赋役之后，"犹进诸生诲导不倦"。退休后，仍然在汴中讲学，"两河之士翕然归之，多所成就"；刚刚提到的循吏张埙也曾亲自编写教材，"导民以孝悌，教以忠信，劝以勤俭"。按照规定的时间进行巡视、考察童生，为学生纠正错误的句读，并且"导之以揖让进退之礼"。循吏以儒家思想为指导，以乡情为基础，所著之书更有针对性，实用性更强，百姓更易接受。

第三是修祠。循吏在地方，一言一行都代表着朝廷的思想。由于明末清初战乱不断，许多百姓或保卫家乡，或时运不济而丧命，有的循吏便为战死之乡民修祠纪念，以彰忠孝之德。陈豪在随州任

---

① 内黄县志编纂委员会编：《内黄县志》，卷12，郑州：中州古籍出版社1987年版，第153页。
② ［清］汤斌：《与刘叔绩书》，载氏著《汤子遗书》，卷4，段自成等编校，北京：人民出版社2016年版，第222页。

职时，重修季梁祠；周际华将"苏门名贤祠宇"重新翻修，目的就是"修明祀事，以励风教焉"；张埙在登封修建古贤令祠，修建鄢公墓，纪念崇祯末年为守城抗敌而亡的死者；缪燧在定海任知县期间，宣扬仁教，劝导忠义，修祠建庙，"同归域者，海上死事诸人瘗骨处，捐赀修葺，建成仁祠"……这种教化方式融进了亲情、友情等多种情感，将寄托追思、道德教化、宣传教育融为一体，对于不知礼义廉耻的无知百姓，能起到良好的教育作用。

第四是禁巫。由于民智未开，清代地方巫风四起，导致社会风气极度恶化。面对这种不良的倾向，清代循吏采取积极有效的措施加以抵制，一方面，他们大力惩治蒙骗百姓的奸诈之人；另一方面，他们在抵制巫风的过程中对百姓加以教化。

陈汝咸是有清一代循吏禁巫的代表人物。他刚刚就任漳浦知县时，发现当地百姓民智未开，"俗轻生"。经常有百姓为了银两而故意服食断肠草，亲属借此敲诈钱财。陈汝咸"力惩其弊"，令当刑者掘断肠草赎罪，并且拿出自己的俸禄收购断肠草，一并焚烧。一段时间过后，断肠草几乎在漳浦境内绝迹了。还有百姓"好巫尚鬼"，生病了请巫医诊疗，陈汝咸力白其弊，严禁巫医行骗害人。遇到生病的人，陈汝咸耐心为其治疗，"自制药以济贫者"，从此巫风散尽。

另外，漳浦的明诚书院原为黄石斋先生讲学之所，后来被僧人霸占，陈汝咸"逐而新之"。漳浦此前有大量的无为教徒，这些男女聚集在一起吃菜礼佛，陈汝咸驱逐教众，并将他们的经堂改为育婴堂。后来，西洋天主教想在漳浦开设教堂，以蛊惑百姓，遭到了陈汝咸的坚决抵制。

陈汝咸意识到，当地百姓之所以迷信鬼神，是因为缺乏教化。于是他多次修葺文庙、朱子祠，拆毁学宫中的伽蓝祠，搜集整理陈真晟、周瑛、高登等先儒著作以教化乡民。陈汝咸"软硬兼施"，致

"风俗为之一变"。清初教育家蔡世远,著名将领阮蔡文,"治台宗匠"蓝鼎元,"漳之奇男子"陈梦林,著名数学家庄享阳,名士王道、李送林等,都是陈汝咸亲自教授出来的。云霄溪美进士、石矾塔创建者陈天达盛赞陈汝咸倡兴义学、举讲经会、纂修邑志、复先贤祠宇,表扬忠节,转移风化等"以文学饰吏事"的功德善举。

汉代大儒董仲舒曾说:"渐民以仁、摩民以谊、节民以礼,故其刑罚甚轻而禁不犯者,教化行而习俗美也。"① 大致意思是,要用仁治理国家,使百姓懂礼节、守孝悌、知进退,大兴教化,移风易俗。循吏李文耕也曾提道:"山东民气粗而性直,易犯法,亦易为善,故教化不可不先",一语道出教化的旨归所在。在循吏的努力之下,清代基层社会中,儒家仁爱思想大行其道,百姓"重利而薄伦常"的陋习逐渐得到禁止。百姓思想得到净化,素质得到提升,为有清一代的政权稳定起到了积极的推动作用。

第三节 国法转化:制定乡规,令行禁止

费孝通先生曾经说:"假如我们把法律限于以国家权力所维持的规则;但是'无法'并不影响这社会的秩序,因为乡土社会是礼治的社会。"② 这种"礼",既是上文中提到的儒家之礼,同时也代表着传统的习惯规则,也就是我们现在所说的乡规民约,是一种习惯法,是"维持和调整某一社会组织及其成员之间关系的习惯约束力量的总和,是该组织或群体的成员出于维护生产和生活需要而约定俗成,适用一定区域的带有强制性的行为规范"③。

---

① [清]姚鼐纂集:《古文辞类纂》,胡士明、李祚唐标校,上海:上海古籍出版社2016年版,第259页。
② 费孝通:《乡土中国 生育制度》,北京:北京大学出版社1998年版,第49页。
③ 俞荣根:《羌族习惯法》,重庆:重庆出版社2000年版,第7页。

中国古代社会之中，国法具有最根本的约束力。在此之外，基层社会之中还存在着一定的乡规民约，也就是乡民之间约定俗成的行事规则和处世准则，这种习惯法作为国法的补充，同样对乡民具有约束力。可以这么说，在某种程度上，百姓对国法的忌惮来源于惩罚的严厉，而对乡规民约的遵守，则是真正内心的敬畏。因为世世代代的乡民生活在一起，违反制度不仅要受到惩罚，更是颜面扫地的耻辱，所以清代循吏在日常工作生活中，悉心观察境内百姓的所作所为，发现严于律己、推行善事的乡民，便大力宣传褒奖。一方面，这是一种宣传仁义思想的手段；另一方面，则是为了起到见贤思齐的效果。与此同时，他们还积极帮助里长乡贤制定乡规，共同保障治下的和谐稳定。

道光二十四年（1844），福建漳州和泉州的居民发生了大规模的械斗，曹瑾亲自出面调解，并且将双方当地的乡贤老者请来，"持平晓谕利害"，平息了双方的怒火。接着，他命令两地乡贤里长制定严厉的家法族规对族人予以限制，对居民严加管束。成功化解危机的同时，又推动了乡规民约的制定，在国法和习惯法的双重规制之下，"彰化人相约不犯淡境，淡之漳泉人亦各释械去"。除了曹瑾制定乡规防止械斗之外，张埙恭敬品德高尚的乡民，形成表彰定制以推动百姓崇高品德的养成。他所任职的登封县内有一名里长名为申尔瑞，因为拖欠税赋而身负杖刑。申尔瑞在路上捡到了别人遗失的税金，并没有用拾金使自己免刑，而是马上归还给了人家，正是"宁受责，不利人财"。张埙得知此事之后，认为他品行高尚，特意登门对他进行表扬，免去了他的杖刑，并且以此为契机制定乡规，劝善劝良。张埙因人施教，大兴教化，没过一段时间，"自穷谷深山，妇人童子无不知有张公。"《清史稿》中还记载了刘衡、陈庆门等循吏转化国法，制定乡规的事迹，比如，刘衡面对治下轻生歪风的流行，为了保全乡民性命,"先事劝谕",而后命里长订立规矩,若同乡发现轻生之人不予救助,则要受到严厉的惩罚,并且将此规矩向乡民广泛宣传,最后百姓化之,轻生之风渐息;还有循吏陈庆门在面对乡民好讼的局面时,"仿古乡约法",命家族中德高望重的长辈先行调解,"使之宣导排解",如果调解不成再进行审理。诉讼两造在面对族中长辈亲人之时,多深感羞愧,和好如初。

对国法转化的作用,除了息讼止争、褒奖先进的功用外,还具有抵御盗贼的作用。比如,白登明上任河南柘城知县时,清军入关刚刚四年有余,柘城"萑苻啸聚",盗贼群集,为祸乡里,治安状况一直十分堪忧。白登明便"治尚严肃",将盗贼全部抓捕归案,使得"境内晏然"。调任太仓知州后,当地还是存在长期霸道的匪徒,"构陷良善,人不自保",官员和百姓都敢怒而不敢言,白登明颁布"一衙毒,一地棍,一赌博,一奸淫"的四禁法令,设计将匪徒一一缉拿,并在衙门前当众处刑,以儆效尤。还有,张沐在直隶内黄知县任上,严格执行十家牌法,①境内奸宄不敢造次,治安良好。

综上,乡规民约的制定,充分考虑百姓的心理:相较于国法的严惩,他们其实更害怕在乡民内部失去信任,因为这是他们赖以生存的家园。失去了同乡之人的支持与认可,他们的生活便无依无靠。循吏找准时机,推动乡规的制定,既是地方治理的需求,也是法律普及的创新。

---

① 十家牌法是明朝王阳明所创的乡间管理方法,规定每十家为一牌,牌上注明各家的丁口、籍贯、职业,轮流巡查。若一家隐匿盗贼,其余九家连坐。如有人口变动,需向官府申报,不然被认定为"黑户"。

第五章　清代循吏群体的法文化价值

二十五史中，有二十部正史都设有循吏传，这并不是一种偶然。我们可以这样认为：中国古代历史上的循吏俨然成了"好官""清官"的代名词，凝结成了一个独特的、区分于其他普通官吏的优秀群体。他们身上所具有的优良精神品质，也内化成了一种官德文化，这种文化具有法律文化的特征与价值。在前文的论证中，只是对古代好官为政的品德进行了简单的概括，并没有结合本书论证的中心——清代循吏来阐释。因此专设此章，集中为清代循吏为政所具有的法文化价值画像。在笔者看来，文化的价值在于传承、创新、发扬，其外在的表现形式是品德。比如，我们耳熟能详的国粹京剧《铡美案》的选段，赞扬了包拯的公正严明，痛斥了陈世美的忘恩负义；《四郎探母》集中展现了杨家四子延辉的仁孝之心……文化的传承，在某种程度上而言，就是优秀美德的传承。因此，清代循吏为政过程中所产生的法文化价值，其本质上也是官员奉法循理的高尚道德。

所有的工作或者行业都存在着其特定的职业道德，官吏也是同样。他们的为政之德被称为官德，是一种集封建政治道德、个人品行道德和职业伦理道德为一体的特殊的"德"。具体来说，所谓官德，就是指掌握一定政治权力和行政职权的公职人员从政的道德准则和道德品质，是从政为官者应有的职业道德、思想品格和精神风范。[①]

[①] 吴黎宏：《做合格的领导：中国古代官德概要》，北京：电子工业出版社2013年版，第7页。

中国自古以来就强调以德治天下。上到皇帝,下到百姓,任何人都要受到道德的约束。国家向来都是褒奖德行高尚之人,痛斥德行卑劣之辈。孔子说:"为政以德,譬如北辰,居其所而众星共之。"①只有品德高尚的君主,才能受到臣民的爱戴与尊重。早在春秋战国时期,便形成了以儒家思想为核心的"德治"理论和实践体系。对君主来说,德是为政之基,要想统治清明,就必须"为政以德"。《尚书》中有着大量的关于君主明德的记载,比如,"惟乃丕显考文王,克明德慎罚"②、"先王既勤用明德"③、"公称丕显德"④、"皇自敬德"⑤、"周不明德慎罚"⑥,等等;对官员来说,"为官以德"不仅仅是自身道德高尚的体现,更是作为封建官僚系统中的一分子所必须承担的义务。作为辅佐君主统治百姓的助手,官员不仅需要对君主忠贞不贰,对工作兢兢业业,对百姓仁义尽致,更需要严于律己,慎独慎终。所谓"其身正,不令而行。其身不正,虽令不从"⑦,就是告诫官员要注重道德品质修养,以身作则,为同僚及百姓树立良好的榜样。

官德因权力而生,又受权力所控。关键就在于这种德的载体,兼具政治人物身份与社会成员身份。作为政治人物,其一言一行产生的社会影响肯定要比普通百姓大而广。官员品德优良,可以对社会风尚进行引领,同时也能增强百姓对善治的信念和信心。作为社会成员,明德守礼是最起码的道德规范,也是为人的基本准则。作为社会成员的官员具有良好的道德修养和学识素养,也就更容易赢

---

① [宋]朱熹:《四书章句集注·论语集注》,北京:中华书局2011年版,第55页。
② 《尚书》,王世舜、王翠叶译注,北京:中华书局2012年版,第180–181页。
③ 《尚书》,王世舜、王翠叶译注,北京:中华书局2012年版,第213页。
④ 《尚书》,王世舜、王翠叶译注,北京:中华书局2012年版,第235页。
⑤ 《尚书》,王世舜、王翠叶译注,北京:中华书局2012年版,第260页。
⑥ 《尚书》,王世舜、王翠叶译注,北京:中华书局2012年版,第280页。
⑦ [宋]朱熹:《四书章句集注·论语集注》,北京:中华书局2011年版,第135页。

得百姓的支持与拥护，对工作的开展与进行也大有裨益。

官德文化在中国可谓源远流长，历来受到统治者的高度重视。尧、舜退位，传贤不传子，就已经表现出统治者对于具有良好道德品行的臣子的赞赏和肯定。西周时期，统治者仍然践行"天命观"，并通过对夏商兴亡历史教训的总结，进一步提出了"皇天无亲，唯德是辅"①，把"德"（君德和臣德）看作是获得天命、行使天命的前提。此时不仅强调君主有德，对官员的德行也极为看重。在选拔官吏时，就以"六德"和"六行"②为主要标准。可见，在这一时期，以德行作为官员的评价标准就已经被统治者所接受并认可。其后，伴随着春秋战国时期百家争鸣盛况的出现，思想家们对官德又做了进一步的阐释和衍生。郑国子产有言："德，国家之基也"③；晋国荀罃曾说："我之不德，民将弃我"④；鲁国臧哀伯说："国家之败，由官邪也；官之失德，宠赂章也"⑤……

儒、墨、法三家更是在其思想体系之下，对官德有着独到的见解。儒家德政思想以孔孟荀为代表，譬如，孔子提出"道之以德，齐之以礼"⑥，强调道德的教化作用；孟子则从君臣关系入手，提出"人不足以适也，政不足与间也，唯大人为能格君心之非"⑦，认为作为臣子（官员），应该直言指出君主的错误，这是为官忠诚的表现之一；荀子另辟蹊径，从"人"与"法"的关系着眼，认为法的施行，必须靠有德行的官员推动，提出"法不能独立，类不能自行，得其

---

① 《尚书》，王世舜、王翠叶译注，北京：中华书局2012年版，第462页。
② "以乡三物教万民而宾兴之：一曰六德，知、仁、圣、义、忠、和；二曰六行，孝、友、睦、姻、任、恤。"参见《周礼》，徐正英、常佩雨译注，北京：中华书局2014年版，第229页。
③ 杨伯峻：《春秋左传注》，北京：中华书局2018年版，第940页。
④ 杨伯峻：《春秋左传注》，北京：中华书局2018年版，第834页。
⑤ 杨伯峻：《春秋左传注》，北京：中华书局2018年版，第76页。
⑥ [宋]朱熹：《四书章句集注·论语集注》，北京：中华书局2011年版，第55页。
⑦ [宋]朱熹：《四书章句集注·孟子集注》，北京：中华书局2011年版，第266页。

人则存,失其人则亡。法者,治之端也;君子者,治之原也"①。墨家一以贯之地坚持"尚贤使能"的观点,提出"夫尚贤者,政之本也"②,认为官员的道德素养直接决定了治理的成败。此外,墨子还认为官员必须贤能勤勉,只有道德高尚、能力突出,才能"兴天下之利,除天下之害"③。而一再强调以法治国的法家,也不忽视道德在国家治理中的作用。管子就曾提出:"道德定而民有轨矣"④,认为只有设定了道德规范,君主、官员、百姓才能遵守奉行。在"公"与"私"方面,法家认为"公私之交,存亡之本也"⑤,官员应该秉公弃私,应该"修身洁白,而行公行正,居官无私"⑥。

此后数千年间,对官员为政之德的论述与关注从未间断。对官员而言,能力、功绩都可以不是那么突出,但是品德必须端正,这是为官的首要宗旨。秦代著有《为吏之道》,提出官员的"五善"与"五失"⑦,宋代吕本中提出"为官三事"⑧,明代薛瑄提出"居官七要"⑨,都从不同的角度概括归纳了官员的为政之德,为官员提供了遵

---

① 《荀子》,方勇、李波译注,北京:中华书局2011年版,第189页。
② 《墨子》,方勇译注,北京:中华书局2011年版,第54页。
③ 《墨子》,方勇译注,北京:中华书局2011年版,第97-98页。
④ 《管子》,李山、轩新丽译注,北京:中华书局2019年版,第510页。
⑤ [战国]商鞅:《商君书》,石磊译注,北京:中华书局2011年版,第108页。
⑥ [清]王先慎:《韩非子集解》,钟哲点校,北京:中华书局2013年版,第128页。
⑦ "吏有五善:一曰中(忠)信敬上,二曰精(清)廉毋谤,三曰举事审当,四曰喜为善行,五曰龚(恭)敬多让。五者毕至,必有大赏。""吏有五失:一曰夸以世,二曰贵以大(泰),三曰擅裴割,四曰犯上弗智(知)害,五曰贱士而贵货贝。一曰见民(倨)敖(傲),二曰不安其(朝),三曰居官善取,四曰受令不偻,五曰安家室忘官府。一曰不察所亲,不察所亲则怨数至;二曰不智(知)所使,不智(知)所使则以权衡求利;三曰兴事不当,与事不当则民指;四曰善言隋(惰)行,则士毋所比;五曰非上,身及于死。"摘自《为吏之道》竹简,1975年12月湖北省云梦县睡虎地秦墓出土的睡虎地秦墓竹简之一。
⑧ "当官之法,唯有三事:曰清,曰慎,曰勤。"参见[宋]吕本中:《官箴》,载官箴书集成编纂委员会编:《官箴书集成》第1册,合肥:黄山书社1997年版,第97页。
⑨ "正以处心,廉以律己,忠以事君,恭以事上,信以接物,宽以待下,敬以处事,居官之七要也。"语出明代薛瑄,载[明]陆绍珩纂辑:《小窗幽记》,卷11,南昌:江西人民出版社2016年版,第247页。

循与参考。

有清一代，更是将官德建设摆在了官员队伍建设的中心环节。清代官箴文化的盛行，也在一定程度上为良好官德的弘扬奠定了基础。顺治皇帝曾经为了整饬吏治，弘扬官德，为王永吉所撰的《人臣儆心录》亲自作序。该书分为植党论、好名论、营私论、徇利论、骄志论、作伪论、附势论、旷官论等八个部分，极言清代官场的种种弊病。顺治皇帝用反面之行告诫官员为政用德，真是用心良苦。康熙皇帝要求朝中文武大臣必须"念切民依"，"操守廉洁"，著有《讲官箴》《祭酒箴》《给事中箴》《御史箴》《台省箴》《太常箴》《提镇箴》《督抚箴》《守令箴》《河臣箴》《漕臣箴》等官箴十一篇；乾隆皇帝则著有《敬天箴》《法祖箴》《勤政箴》《亲贤箴》等官箴四篇……在这些言辞恳切、刚柔并济、恩威并施的官箴之中，以儒家民本思想为核心，倡导清正廉明、忠君爱民、克己奉公的行为准则，是一种柔性的道德教化，再加上清代庞杂的行政法律体系的刚性惩罚，二者相辅相成，共同促进了清代官员为政之德的构建。

前文多次提及，清代的州县官员职掌繁重，贴近百姓日常生活，是"亲民之官"。正是因为州县官员亲民的特殊之处，所以清廷对州县官等外官道德层面的要求也从未放松，甚至更严于其他官员。雍正皇帝开辟先河，下旨为州县官员编辑道德行为指引，史称《州县事宜》（或称《钦颁州县事宜》《训饬州县条规》），并"颁赐州县官各一帙，俾置之几案间，朝夕观览，省察提撕"[①]。为州县亲民之官的履职提供了借鉴与参考。

有清一代的循吏，一方面从小承儒家仁义之学，另一方面受朝廷官德之教，谨言慎行，谦恭有礼，为清代官场树立了良好的道德风尚。他们以儒家"仁、义、礼、智、信""温、良、恭、俭、让"

---

① 《国朝宫史》，清文渊阁四库全书本，第950页。

为标准，上忠君主，下爱百姓，深明大德、谨守公德、严立私德，彰显了高尚的道德情操。他们汇集了中华传统文化中的德治精华，探索了一条德治与法治相结合的基层社会治理之路，为后人留下了宝贵的精神财富。

第一节 以深明大德为根本遵循

何为大德？中国古代典籍中存在着诸多对"大德"的记载，比如，《易经》中有"天地之大德曰生"[1]，《中庸》中有"故大德必得其位"[2]，晋代陆机《吊魏武帝文》中有"丕大德以宏覆，援日月而齐晖"[3]。结合现代汉语词典中对大德的解释，古代典籍中的大德包含了这样几层含义：第一，大功德；第二，大恩，大节；第三，道德高尚；第四，是对德行高尚的人的总称。乍一看，似乎只有"道德高尚"这一个释义与文中想要表达的含义比较契合。但这样概括未免也太过抽象。

本节中所指出的清代循吏之大德，是为官之德的首要内涵，是为人臣子、为民父母的基本要义。如果把循吏的道德品行进行分类整理的话，"大德"无疑处在最核心的位置。循吏的"大德"包含了两方面的意义：忠诚无私和仁义尽致。这是封建社会政治法律制度中，官员最为关键的两个德行，既是底线，又是最高追求。如果为官之人没有了这两项最起码的道德品质，那么很难回答循吏为官为何和为官何为这两个问题。可以这么说，为官不忠，无异于对父母不孝；为官不仁，无异于弑兄杀弟。循吏的忠，有对君主的忠，对职守的忠，对百姓的忠，归根结底都是对国家的忠；循吏的仁，有

---

[1] 《周易》，杨天才、张善文译注，北京：中华书局2011年版，第606页。
[2] [宋]朱熹：《四书章句集注·中庸章句》，北京：中华书局2011年版，第27页。
[3] [南朝]萧统：《文选》，李善注，上海：上海古籍出版社1986年版，第2598页。

爱民恤物之仁，有行惠施利之仁，有悲天悯人之仁，归根结底都是将心比心之仁。循吏之"大德"，就是有"先天下之忧而忧，后天下之乐而乐"①的胸怀，有"先难而后获"②的气度。这里面包含了以身报国的决心，又有难以言状的社会责任感。经纬天地，拯救苍生，舍身为国，是清代循吏最初的为政目的，也是他们心底最坚韧的道德支柱。

一、秉持忠诚尽责，以身报国的家国情怀

清代循吏的科举出身，表明他们从小定受儒家思想教化而成。在儒家思想中，忠和孝是生而为人最基本的道德要求。这是中国古代忠孝一体、家国同构的政治体制所决定的。在内，对父母尽孝；在外，对君主尽忠。《吕氏春秋》有言："人臣孝，则事君忠。"③在古人看来，虽然孝属私德，忠属公德，但是子对父孝，臣对君忠的内在核心是一致的，因为"在私能孝，处公必忠"④。尤其是汉代以降，统治者奉行"以孝治天下"，治《孝经》，提出"君子之事亲孝，故忠可移于君；事兄悌，故顺可移于长；居家理，故治可移于官。是以行成于内，而名立于后世矣"⑤，并且通过"孝廉"选拔官员，认为只有清廉孝顺之人才能担当重任。而在此之后，历朝历代的统治者也极力贯彻这种理念，用孝悌之道培养忠君之臣，宣扬"事君犹事父"的价值观念。其实，从根源上说，这种忠孝之道亦是儒家"仁"的延伸与拓展。孔子曾说："弟子入则孝，出则弟，谨而信，泛爱众，

---

① 语出［宋］范仲淹所作《岳阳楼记》，摘自《范仲淹全集》本，该本据北宋刻本与康熙四十六年（1707年）范氏岁寒堂本整理而成。
② ［宋］朱熹：《四书章句集注·论语集注》，北京：中华书局2011年版，第87页。
③ 《吕氏春秋》，陆玖译注，北京：中华书局2011年版，第407页。
④ ［北齐］魏收：《魏书》，卷21下，北京：中华书局1974年版，第575页。
⑤ ［春秋］孔子：《孝经》，吴茹之编译，西安：三秦出版社2008年版，第45页。

而亲仁，行有余力，则以学文。"① 在家遵守孝道，在外才能信守诺言的仁爱之人，入仕为官之后也必然能够忠君不二。

清代循吏是官员中的典型代表，是经过官方认可的好官。《左传》中载："公家之利，知无不为，忠也。"② 他们的所作所为，无论是兴修水利、劝课农桑，还是公正断案、赈济灾民，一方面是他们自身品德的高尚和能力的突出使然，另一方面则是他们忠君的体现。认真履行职责，兴利除弊，保证社会稳定和百姓富足，种种善举无不彰显着一种强烈的政治理想、一种深刻的社会责任、一种崇高的历史使命。概言之，"天下至德，莫大乎忠"③，于国于君之忠，堪称循吏的首要品质。

循吏的忠，不仅仅是主动担当作为，造福一方百姓，还体现在敢于进言等方面。循吏任辰旦生性耿直，办事廉明，不惧权贵，他曾担任上海知县、工科给事中、兵科掌印给事中、大理寺丞等职，每任之上都治绩斐然。他在担任给事中和大理寺丞期间，多次根据自己的所见所闻向皇帝上疏，深切时弊。康熙二十二年（1683年），他冒着得罪功臣施琅的风险，向皇帝进言："提督施琅所保周昌，系被参之员，线一信系丁艰之官，施琅虽建大功，不宜干预此事。此二员或即行解任，或俟事平令其罢职。"康熙皇帝听闻此言，即刻下旨采纳，还称赞"本内有应守持满之道等语，其意甚善"④。除任辰旦之外，循吏林启也"直言敢谏，稽查禄米仓，不受陋规，为时所称"。试想，在等级森严的封建社会，如果不是对国对君的极度忠诚与热爱，有谁会冒着得罪同僚，甚至是杀头的风险直言诤谏，直陈利弊呢？

---

① ［宋］朱熹：《四书章句集注·论语集注》，北京：中华书局2011年版，第51页。
② 杨伯峻：《春秋左传注》，北京：中华书局2018年版，第279页。
③ ［汉］马融：《忠经》，吴茹之编译，西安：三秦出版社2008年版，第3页。
④ 《康熙起居注》，徐尚定标点，北京：东方出版社2014年版，第491页。

前文列举了循吏执法、司法、普法的事迹，或许分别体现了循吏克己奉公、清廉正直、勤勉敬业等种种品质，但是归根结底，他们如此为之的最深层次的驱动力则是胸怀天下、忧国忧民的忠诚精神。"苟利国家生死以，岂因祸福避趋之"（［清］林则徐：《赴戍登程口占示家人二首》），以天下为己任之大德，是清代循吏为政的法文化中最为精华的一部分，是循吏为政之本，亦是循吏官德的根本与核心。

二、彰显爱民恤物，推己及人的厚德仁心

中国古代深厚的民本思想，是传统官德文化的精华所在。儒家学说中"民为邦本，本固邦宁"①，"民为贵，社稷次之，君为轻"②，"君以民存，亦以民亡"③等治世之言的大肆宣扬，使历代统治者都意识到人民之于国家的重要性。那么应该如何将民本思想贯彻到统治和治理中呢？汉代刘向曾说："善为国者，遇民如父母之爱子，兄之爱弟，闻其饥寒为之哀，见其劳苦为之悲"（《说苑·政理》），也就是说，皇帝和文武百官在治理国家的过程中，应该关心百姓疾苦，体察社会民情，顺应人民心意。对于清代的循吏而言，他们富民、惠民、爱民、保民、敬民，最终得到了百姓的拥护、支持与爱戴。

《牧令书》中有这样一句话："做官的只事事想一想，这事究竟是为百姓为自己，便可做循吏。"④清代循吏常常爱民如身，以百姓心为心，以百姓苦为苦。他们将自己内心对百姓的仁爱之心化为铮铮誓言，就如石家绍说过："吏而良，民父母也；不良，则民贼也。父母，

---

① 《尚书》，王世舜、王翠叶译注，北京：中华书局 2012 年版，第 369 页。
② ［宋］朱熹：《四书章句集注·孟子集注》，北京：中华书局 2011 年版，第 344 页。
③ 《礼记》，胡平生、张萌译注，北京：中华书局 2017 年版，第 1083 页。
④ ［清］徐栋：《牧令书》，载官箴书集成编纂委员会编：《官箴书集成》第 7 册，合肥：黄山书社 1997 年版，第 38 页。

吾不能；民贼也，则吾不敢，吾其为民佣乎"；佟国珑说过："为政在诚心爱民，兴利除害，化导之而已，严峻非民之福也"；即使是在弥留之际，陈汝咸也仍然对百姓念念不忘，"语不及私，惟恨饥民情形不得上达。"清代循吏爱民之心可见一斑。

　　清代循吏的爱民恤物，既有铿锵的誓言，也有果断的行动。在《新刘河志》中记载了这样一个故事，顺治十三年冬天的时候，太仓水患严重，威胁到了百姓的生产生活安全。按常理来讲，应该第一时间治理。可是由于河道情况复杂，且人手不够，就必须征用大量的百姓协助治水。在此背景之下，知州白登明没有自行决断治水之事，而是召开了一次别开生面的群众大会，议题就是是否治理娄江水患。白登明深知，任何工作的开展都必须以百姓的支持为前提，而任何工作都是为了百姓生活的幸福。所以他在大会上，陈明修葺河道的利与弊，与百姓仔细商量修复河道的各种细节，尽最大限度解决他们的后顾之忧。百姓听到白登明坚决而又恳切的话语，都同意支持修河。工程开工之后，白登明与百姓同吃同住，唇齿相依，结果计划半年完成的工作用时一个月即宣告完成。白登明身为州县长官，对州县内部事务有着完全的决定权，可他却先与百姓商量，征得百姓同意，调动百姓积极性。我们在感叹其将心比心，施行仁政的同时，也不得不佩服其工作技巧的高超。

　　中国古代战争频仍，百姓需要承担沉重的徭役，经常苦不堪言。对州县长官来说，如何平衡国家需求和百姓生活的矛盾，是其任上必须完成的职责。清代循吏往往提前准备，巧妙平衡，尽最大限度避免战争给百姓生活带来的不便。比如，三藩之乱刚刚平息之时，军中檄文传递十分频繁。为了保证不耽误百姓耕种、劳作的时间，循吏白登明与百姓约定，所有承担送往檄文任务的差役，听到了筶声之后再来服役，平时无须值守。还有康熙十三年，清军举兵进军福建，来到常州长期驻扎。循吏崔宗泰害怕官兵影响百姓的正常生活，前期做好了充足的准备，"纤悉必具"。诸如白登明、崔宗泰等清代循吏，严格配合国家军事行动的同时，还能因地制宜采取办法与民和谐，唯恐惊扰居民。这其实都是循吏爱民敬民的仁心所致。

此外，《清史稿》中还记载了许多爱民恤物的循吏：于宗尧对待百姓"以诚恳胜挚出之"；李素每每在寒冬来临之时，便"出私钱给孤寡"；云茂琦"询民疾苦，恳恳如家人"；阎尧熙在灾害来临之时，为了赈济灾民，"人给百钱，以资裹粮，散钱十万"，百姓纷纷称赞他"真父母也"……还有循吏不仅以仁爱之心对待百姓，面对同样有着高洁情操的官员，更是仁义尽致。陈崇砥曾为曾国藩写过挽联："惟公至性过人，看武功文德，勋业懋昭，卒瘁亮三朝，终此生鞠躬尽瘁；在我感恩犹后，惜外患边防，谋猷未竟，不憗遗一老，为当今宏济艰难"；亦曾和大名知县庆之金、元城知县杨应枚共同出资建立狄仁杰祠堂碑亭；还与按察使范梁清、同知邱铭勋等人，为清代边疆史学者修墓，并撰写墓志铭；他还为献王祠题联："衣德绍闻，济济多士；明经载道，勉勉我王"……陈崇砥此举，一方面可以看出他仁厚待人，另一方面他缅怀先贤，也表达了他见贤思齐的谦卑之心。

《荀子》中提道："得百姓之力者富，得百姓之死者强，得百姓之誉者荣。"① 那么如何得"百姓之力""百姓之死"和"百姓之誉"呢？清代循吏以身作则，已经给出了正确的答案。他们富民、保民、爱民、教民、敬民的法文化价值，不仅仅体现在使治下百姓生活富足，衣食无忧，邻里和谐这些能够切实感受到的实惠，其更为深远的意义在于他们秉持公心，想百姓之所想，急百姓之所急，解百姓之所需，为后世官员提供了良好的学习范本。换言之，为官之人，

---

① 《荀子》，方勇、李波译注，北京：中华书局 2011 年版，第 184 页。

要体察百姓疾苦，倾听百姓心声，解决百姓诉求，关注百姓生活，做到仁爱待人，推己及人。只有这样，才能无愧于父母官的称号，无愧于肩上的职责，也无愧于时代赋予的使命。厚德仁心，以民为本，是在任何时代都不会过时的优秀法文化。

第二节 以谨守公德为有力保障

现代汉语中的公德，是指有关社会公众的安宁和幸福的行为，或者专指公共品德。在这里，"公"作公众、公共讲，具有普遍的意义。比如，社会公德就包括了文明礼貌、助人为乐、爱护公物、保护环境等多方面的内容。本节中所要叙述的清代循吏之"公德"中的"公"，与前述稍有不同，是指公事，或者朝廷、国家，与"私"相对，是"肃肃宵征，夙夜在公"①中的"公"。易言之，循吏的公德，是一种特殊的职业道德，是循吏作为官员所必须遵守的道德规范。其包含的内容也比社会公德更加广泛，既有为官的职业精神、职业理念，也有为官的职业素质和职业内涵。

为什么对于循吏所要遵守的职业道德（公德），要比其他人的要求更严？这是因为循吏首先是为官之人，官就意味着掌握权力。列宁曾说过："不受制约的权力，必然导致不受节制的堕落。"②历朝历代为了纠正官员懒政怠政，甚至以权谋私，中饱私囊等行为的发生，都设置了相当严苛的法律制度予以惩罚。按照法理学的观点来看，法律制裁是一种带有惩罚性的强制措施，是一种事后救济机制。如果光靠法律制裁对为官不为之人或为官乱为之人进行惩罚，恐怕到最后，法律也无能为力。那么要想整肃吏治，就必须还要依靠道德教化的手段。法律只能让官员"不敢""不能"，而运用道德的手

---

① 《诗经》，王秀梅译注，北京：中华书局2006年版，第23页。
② 转引自丁社教：《法治博弈分析导论》，西安：西北工业大学出版社2007年版，第167页。

段，却可以让官员"不想"。荀子说过："礼者，法之大分，类之纲纪也。"①他认为，法在礼中，礼是法的指导原则。而礼从广义上来看，就是道德。官员遵守公德——这种特殊的职业道德，一方面符合道德上的要求，另一方面也是坚守法律的表现。

对清代循吏而言，其践行"公德"突出表现在两方面：一是正直严明，二是勤勉敬业。手握权力，就要保证权力不被滥用，审慎用权，公正用权；除此之外，"王用勤政，万国以虔"（《进学解》），对官员来说也是一样，必须夙夜在公，履职尽责，毫不懈怠。"业精于勤而荒于嬉，行成于思而毁于随"（《进学解》），也同样道出勤政的必要性。清代循吏的公德来源于他们的职守，朝廷命官的身份约束他们必须秉持公德为政。当然，正是秉承着公正不偏私，勤勉不怠政的两项基本原则，他们才能创造一个又一个彪炳史册的成绩。

一、凝聚公正无私，刚直坦率的浩荡正气

"大道之行也，天下为公。"②为官之人手握权力，若不能秉持公心办事，处处自私自利，难免走上邪路，误入歧途。中国古代官场之中，向来是褒奖以公祛私之人，痛斥假公济私之辈。各家法律思想之中，也多蕴含着为官公正、公平、公允的论述。比如，荀子认为："公义胜私欲"③；韩非认为："义必公正，公心不偏党也"④；墨子认为："举公义，辟私怨"⑤……直到今天，这些价值理念依然被奉为圭臬，指导为官之人持公正之心、为公正之事。"公生明，廉生威"，为官之人公而忘私，不偏不倚，坚持原则，自然正大光明，胸怀坦荡。

---

① 《荀子》，方勇、李波译注，北京：中华书局2011年版，第7页。
② 《礼记》，胡平生、张萌译注，北京：中华书局2017年版，第419页。
③ 《荀子》，方勇、李波译注，北京：中华书局2011年版，第23页。
④ ［清］王先慎：《韩非子集解》，钟哲点校，北京：中华书局2013年版，第137页。
⑤ 《墨子》，方勇译注，北京：中华书局2011年版，第52页。

"政者，正也。为政之道，莫若至公"（[宋]司马光：《温国文正公文集·上太皇太后疏》）。清代州县长官掌管着全境大小事务，若不能公心待人，公正处事，百姓自然不会拥护，工作的开展与推进自然也不会顺利。在前文清代循吏的司法实践一章中，笔者论述了清代循吏在司法审断过程中的持心如衡与正直如绳。其实，清代循吏的刚直公正不仅仅体现在其处理司法事务中，在诸多细枝末节的小事之中，他们依旧能够做到以身正法。

其一，不畏强权。对国法的严格执行与落实，是循吏为官要务。但是循吏身处传统封建官僚体制之中，人微言轻，经常会有各级官员为满足一己私欲向他们施压。在这种状况之下，为了维护法律的严肃，循吏铁面无私，反对特权，使贪官污吏胆寒。比如，李渭曾审理过一个案件，认为事有蹊跷，不惜忤逆上官，也要将此案重审，他的一句"吾官可弃，杀人媚人不为也"道出了潜藏在他心中的刚直之心。如果说，循吏在任上体现出刚直不阿是工作中的必需，那么还有的循吏在归家途中偶遇不平，也敢直面强权，维护公义，便完全是性格使然了。循吏陆师在父忧归家途中，遇到了六七个人拿着弓箭骑着马，驱赶着牛车，车上还载了三十多个妇女，便问她们来自何处，她们称自己是受了饥荒的灾民，现在被某将军买下做奴。陆师听到此言，"叱止之，令官还妇女于其家，白将军收其骑卒"。不仅仅是这一次，当掌选之时，"有要人求官"，他也能够顶住压力，严格按照程序选拔。在君主专制、等级森严的封建社会之中，能够做到以身护法，公允办事相当困难。他们不惜牺牲生命，不惜丢掉官职，也要维护法律的公正与权威，是值得学习和褒扬的。

其二，执法严明。一地政治的兴衰与百姓生活的好坏，取决于地方长官能否履职尽责，依法治理。清代循吏无论是面对肆意弄权的衙役，还是欺压百姓的豪绅，都能直道为人，直道为官，正是

"无偏无党,王道荡荡"①。康基渊"治官事如家事,博求利病";于宗尧上任常熟知县伊始,访察民情,大刀阔斧整顿吏治,很多久居官场的圆滑老吏自此不能再虚混闲职,只能认真履职;史书记载李渭"为政持大体,不容出纳,不轻揭一官",在治理手下方面,既严格要求,又不溯及以防之过错,使胥吏颇为信服;吴均"从役有取民间丝粟者,立斩马前,民益畏服"……在危机四伏的官场之中,面对形形色色的压力,清代循吏用自己的实际行动诠释着"心如规矩,志如尺衡,平静如水,正直如绳"([汉]严遵:《道德指归论》)的真谛。

其三,誓死守节。韩雍曾经这样评价文天祥:"守身之大节,不宜以成败利钝而少变"。守节,守的是为人的气节,为官的忠节。鸦片战争失败之后,英人蛮不讲理,盛气凌人,要求清廷严厉惩治曾经重击过他们的曹瑾,总督怡良素知曹瑾刚强正直,亦明知其保家卫国有功,不应治罪,但是迫于压力,也无可奈何。当他问曹瑾"事将若何"时,曹瑾义正词严地回答:"但论国家事若何,我官可不做,但要做正直人,若真罪有应重,甘心当之,但百姓死力捉贼,不应株连。"其刚强正直如此,连怡良也感叹:"真乃丈夫也"。还有的循吏,宁愿背受处分,也不愿违背原则,就比如缪燧曾经将沂水作恶多端,又异常狡猾的盗贼杨岕抓获,但杨岕却在途中逃脱。他的下属建议,牢房中有一与其同名的犯人,不如将他顶替处决,交差了事,缪燧认为是他的责任就要他来承担,绝对不能弄虚作假,坚决不同意。后来,缪燧因此撤职丢官,他也毫不惋惜。他坚守住了做人为官的底线,也就是坦率刚直。除此之外,清代的循吏即使不在任上,也依然保持高傲的风骨。宋必达被弹劾免职后,湖广总督董卫国深知其能,想要上疏重新起用他,可宋必达却拒绝重新授

---

① 《尚书》,王世舜、王翠叶译注,北京:中华书局2012年版,第149页。

职。他觉得"故吏如弃妇，忍自媒乎？"拒绝董卫国之后，他整日粗茶淡饭，最终死于田间。足见其气节之正。

二、培养勤勉担当，夙夜在公的敬业精神

勤政是官之本分。中国传统官德无不强调勤勉之于为政的重要性。孔子认为，要用"居之无倦，行之以忠"①的标准约束和要求官员。对官员来说，懒政怠政是为官大忌。身在其位，就必须勤谋其政，不仅要敬业勤业，还要甘于吃苦。历史上诸多大家对官员勤政都做出过深刻的论述，比如，朱熹曾说："一日立乎其位，则一日业乎其官"（《朱子语类》），胡太初曾说："莅官之要，曰廉曰勤"（《昼帘绪论·尽己篇》），吕坤曾说："做官都是苦事，为官原是苦人。官职高一步，责任便大一步，忧勤便增一步"（《呻吟语·治道》）……只有勤于政事，才能够政通人和，社会和谐。而对于为官之人如何勤政，清代曾国藩有着一段颇为经典的论述：

"勤之道有五：一曰身勤。险远之路，身往验之；艰苦之境，身亲尝之。二曰眼勤。遇一人，必详细察看；接一文，必反复审阅。三曰手勤。易弃之物，随手收拾；易忘之事，随笔记载。四曰口勤。待同僚，则互相规劝；待下属，则再三训导。五曰心勤。精诚所至，金石亦开；苦思所积，鬼神亦通。五者皆到，无不尽之职矣。"②

曾国藩将为官之勤分为"身勤""眼勤""手勤""口勤""心勤"五方面，告诫后人为官之时需知行合一，办事认真，守道勤政。清

---

① [宋]朱熹：《四书章句集注·论语集注》，北京：中华书局2011年版，第130页。
② [清]曾国藩：《劝诫浅语十六条》，载[清]李瀚章编撰、[清]李鸿章校刊：《曾文正公全集》，第7册，北京：中国书店出版社2011年版，第432页。

代循吏殚精竭虑，鞠躬尽瘁，经常工作到深夜，堪称官楷模。陈庆门在担任知县期间，"勤于听断，日决数十事"，石家绍即使在"首邑繁剧"的情况下，也仍能"尽心民事，理讼尝至夜不辍"，他们都秉持着良好的职业操守和道德标准，热爱自己的事业，忠于自己的职守，将勤勉敬业贯穿于治理始终。

据笔者统计，《清史稿》记载的116位循吏中，卒于任上（殉职）的就有45人，其中也不乏数十位循吏有着"因劳卒官"的明确表述。在这其中，最为突出的莫过于循吏于宗尧。他在担任常熟知县时，勤勉奉公，对待百姓"以诚恳胚挚出之，四年如一日"，最终积劳成疾去世，年仅二十三岁。还有的循吏即使在弥留之际，心中惦念的仍然是未竟的工作和未完的事业。缪燧久病在床，行将就木，交办后事时，他只字不提家事，只是用尽了全身力气，反复叮嘱要把县志修好，把义学办好，把堤坝修好。在他看来，"事可对君父，心无累子孙。"而"平生无他，唯'不欺'两字"的座右铭亦成了他夙夜在公，勤政爱民的光辉写照。"凡事勤则成，怠则废，思则通，昏则窒"（[金]刘祁：《归潜志》），为官以勤，事无留滞，才能真正造福于民，无愧本心。

第三节　以严立私德为核心动力

私德，也就是人们常说的个人道德，属于广义的道德范畴，是一个人内心价值的外在体现。道德本身是没有高低好坏之分的，但是人作为社会成员，就必须受到社会的核心价值观的约束和评判。有的人乐于助人，常行善举，人们就评价其道德高尚；有的人自私自利，小肚鸡肠，人们就评价其道德低劣。这是由于每个人从小所受教育的不同，后天成长生活环境的不同，价值观产生了偏差，才导致外在彰显的行为呈现出不同的形态。于本质上讲，这些都是个人道德，也就是私德的评价领域。

中国古代封建社会，尤其是汉代以降，将儒家思想列为正统，统治者坚持以儒家德治思想管理国家，统治百姓。在严格要求自己的同时，自然也对百姓厉行德行教化，对他们提出了相应的道德规范。统治者希望百姓能够具有诚信忠义，以礼待人，谦让有序等高尚的私德，这样社会才能和谐，国家才能稳定进步。按照封建官僚制度中的职守分配，教化之责自然就落到了各级州县官员的肩上。

清代的州县之官，是非常特别的一个群体。于民而言，他们是手拥权力的管理者；同朝廷其他官员相比，他们长期与民接触，职掌繁重。但是不管怎么样，从根源上讲，他们依旧是社会意义上的"人"。只不过因其身份地位与百姓存在差异，所以他们的一言一行、一举一动都备受关注。尤其是他们承担着教化百姓之责，如若"其身不正"，以致"虽令不从"，恐怕难逃失职之罪。另外，封建社会中的百姓长期处于被压迫的状态之中，有时衣食无着，见到贪污腐败，每天喝酒吃肉，鱼肉乡里的州县官员，心里怎能平衡？所以他们对州县官员的"私生活"关注甚多。正是因为如此，在某种程度上来说，州县官员的"私德"亦是百姓眼中的"公德"。一日为官，代表的就不只是自己。能否严立私德，既关乎民风的善恶，亦关乎号召力的有无。

清代循吏是严立私德的突出典范。将他们称为私德典范，不仅仅是说他们为其他为官之人树立典范，更在于其身上的私德品质，于平常百姓家而言，一样具有借鉴意义。首先，清循吏自幼饱读诗书，明辨事理，通晓仁义之道，深谙治民之策。这是知书达理的品德。其次，清循吏生活节俭清廉，严以用权，从不搜刮乡民，收受贿赂。即使生活贫穷，亦不以权谋私。这是清正廉洁的品德。最后，清循吏大多家风敦厚，家教甚严，鲜有不肖子孙出现。这是良训传家的品德。这几种个人品德（私德），于公，是循吏之必需；于私，为百姓所效仿。

一、锤炼博古通今，明经知礼的深厚学识

修身齐家治国平天下是古往今来为官之人的抱负。对封建社会中的人们来说，要想实现这样的理想，首要的也是最直接的方式便是读书学习，入仕为官，正是"仕而优则学，学而优则仕"[①]。在求学的过程中，不仅可以锻炼坚韧不拔的性格，更可以增长他们的见识，使他们养成慎思笃学的习惯。

所谓理论指导实践，在中国古代，入仕为官之人只有掌握了深厚的理论知识，才能承担起教化乡民、公允断案、制民之产等任务，这也正与荀子所言"学者非必为仕，而仕者必如学"[②]如出一辙。对于州县长官而言，他们承担的任务要求他们必须学不止步，与时俱进，坚持学习。他们不仅需要向百姓传授先进的生产生活经验，更需要向百姓宣扬先贤智慧，引导百姓知礼守法，使百姓彬彬向化。

前文已经提到，有清一代的循吏大多为科举出身，他们从小寒窗苦读，接受良好的教育，学术成就突出之人比比皆是。在经济方面，陆在新在入仕之前"夙讲经济"，而且"以策论取士"；林达泉"留心经济，每论古今舆图、武备及海外各国形势，历历如指掌"。在算学方面，张作楠"贯通中西。在官以工匠自随，制仪器，刊算书。所著书，汇刻曰翠微山房丛书，行于世，学者奉为圭臬焉"。在诗词方面，柯劭憼"善为古今体诗"。在文学方面，循吏姚柬之为姚

---

① [宋] 朱熹：《四书章句集注·论语集注》，北京：中华书局2011年版，第177页。
② 《荀子》，方勇、李波译注，北京：中华书局2011年版，第460页。

鼐①六世孙，自幼博学多识，史料记载，他"早闻姚鼐之教，受古文法，且欲以著撰学问文章名世"②。尤擅作诗③，并且对诗词撰文有着自己的认识与见解，曾说过："且夫文之佳者，曰声，曰色，曰气，曰味。"④徐栋"更事在既事之后，读书在未事之先，乃汇诸家之说为牧令书三十卷"，"集诸说，成保甲书四卷"。汪辉祖"所著学治臆说、佐治药言，皆阅历有得之言，为言治者所宗"。孙葆田"故从武昌张裕钊受古文法，治经，实事求是，不薄宋儒。历主山东、河南书院，学者奉为大师"。在考订方面，张敦仁"精考订，公暇即事著述，所刻书多称善本"。陈时临"少从陈锡嘏学，得闻证人书院之教"。在经学方面，循吏龚鉴"湛深经术，能摘先儒之误，顾书多未成。所成者毛诗疏说，阐明李光地之说为多"。刘师培曾这样评价清代中州理学的领袖人物张沐："孙奇逢讲学百泉，持朱陆之平，弟子尤众，以耿介、张沐为最著"⑤……欧阳修说："立身以立学为先，立学以读书为本"（《欧阳文忠公文集》），学识渊博的清代循吏，将数十年如一日读书学习积累的养分，倾尽全力用到社会的治理和百姓的教化中。他们用切身经历告诫后代为官之人，"非学无以广才，非志无以

---

① 姚鼐（1732—1815），字姬传，一字梦榖，室名惜抱轩（在今桐城中学内），世称惜抱先生，安庆府桐城（今安徽桐城市）人。清代散文家，与方苞、刘大櫆并称为"桐城派三祖"。参见周中明：《姚鼐研究》，合肥：安徽大学出版社2013年版，第51页。
② ［清］方东树：《考盘集文录》，清光绪二十年（1894年）刻本。
③ 姚柬之的诗，多用以言志，现摘录几首如下。《北邙》：朝发广莫门，夕登北邙山。山侧无居人，白云相与还。宛彼刘太尉，威名震八蛮。巍巍劝进表，恻恻忧时难。天道不可知，匹碑师喑喑。英雄千古恨，流涕伤心肝。《湘水怀石甫》：岁晚湘江上，北风吹正哀。灵均千古恨，贾傅一时才。生事留诗卷，余情托酒杯。堤边逢驿使，不敢寄寒梅。《叶家洲》：词藻空南国，饥寒返旧庐。风云催日暮，星月落江虚。短发悲春去，丹心又岁除。食其贫落魄，悔读未焚书。《葺吴兰雪祠感赋》：自古遭逸愿，多缘秉轴臣。尔亡由市侩，我病为儒巾。云散蛮荒雨，天高京洛春。平生多缩纻，谁复念陈人……其实可以看出，姚氏所作之诗都颇为悲怆，但是悲怆之中也蕴含着自己成为儒吏、成为英雄的抱负和理想。
④ ［清］姚柬之：《童云逵文集序》，载《伯山文集》，清道光二十八年（1848年）刻本。
⑤ ［清］刘师培：《近儒学术统系论》，载《刘师培史学论著选集》，邬国义、吴修艺编校，上海：上海古籍出版社2006年版，第397页。

成学"（［三国］诸葛亮：《诫子书》），唯有自身具备高超的理论素养和庞大的知识储备，才能更好地服务百姓，造福人民。这是循吏为政的法文化价值中最为基础的环节，不仅是官员立身之本，更是做人之基。

二、塑造朴素节俭，不贪不腐的清廉品格

古往今来，节俭清廉都是为官之人最为崇高的道德理想之一，他们把廉洁从政，廉洁为官定为自己的人生信条。古代先贤对于官员廉洁从政的论述也比比皆是，他们认为只有克制私欲，廉洁奉公，才能使百姓信服，才能够树立威信。汉代马融曾说："立身惟清，清则无欲，方可廉己治人"（《忠经·守宰章》），唐代魏徵则认为："为政者莫善于清其吏也"（《群书治要·刘广别传》），清代田文镜提出："务为清廉仁爱之官，勿作苟且贪污之事"（《牧令书辑要·屏恶》）。他们无不将节俭清廉奉为为政之基、为政之本。在中国古代，对于一名官员最大的褒奖莫过于称他为"清官"。历朝历代的官员之所以勤勉敬业，廉洁从政，追求品阶的晋升是一方面，能够被朝廷和百姓认可为"清官"亦是其中重要的原因之一。

清官与贪官相对。要想成为一名清官，首先就要在经济上廉洁，在生活中俭朴。在诸多清官之中，包拯无疑是最具代表性的人物。他以廉洁作为为官之绳，并痛斥贪污行为，他在《孝肃奏议集·乞不用赃吏》中曾说："廉者，民之表也；贪者，民之贼也。"其在任之时，即使位高权重，也"衣服、器用、饮食如布衣时"，过着清贫节俭的日子，不讲究排场也不铺张浪费，对吃穿用戴并不在意。给后人留下了51个字的家训，"后世子孙仕宦，有犯赃滥者，不得放归本家；亡殁之后，不得葬于大茔之中。不从吾志，非吾子孙"，并"仰珙刊石，竖于堂屋东壁，以诏后世"（《包拯家训》）。可谓字字珠

玑，发人深省。

北宋陈襄曾说："居官不言廉，廉盖居官者分内事"（《州县提纲》），他认为守正奉公是一名官员的分内之事，而不是需要被夸奖的事情。清代循吏淡泊名利，清心寡欲，他们不追求物质上的享受，面对诱惑也能不为所动，只是秉持初心，完成任内之责，深受百姓爱戴。

首先，清代循吏态度鲜明。大部分官员在上任之时，便立下铿锵誓言。比如，姚柬之提出："吾治斯邑，不爱官，不爱钱，不畏死，有梗吾治者锄之"；陆在新"誓不以一钱自污"；张埙立誓"不取一钱，不枉一人"。他们将誓言化为自己的实际行动，身心安然的同时，当地政通人和。他们高尚的清廉品格，更是为统治者、同僚和百姓交口称赞。

其次，清代循吏生活俭朴。据《清史稿》记载，陶元淳"自奉俭约，在官惟日供韭一束"；狄尚絅"敝衣蔬食，不问生产"；张沐"日戒诸弟子家仆，益卑下，衣服饮食如常"①；陈豪"每履乡，恒提榼张幕，憩息荒祠，与隶卒同甘苦"；冷鼎亨"历官十年，食无兼味，妻子衣履皆自制。以廉率下，胥吏几无以为生"；陈时临"宦橐萧寥"。还有的循吏竟然连自己的生计都难以满足，松江知府鲁某就曾将自己的俸禄分给陆在新以保证其正常生活，可见陆在新为官之清廉，生活之俭朴。更有甚者，有的循吏清贫得连入殓的钱都掏不出，比如，陈汝咸家无蓄产，病死任上之时，仅"衣一袭，钱一缗而已"；周克开"殁无余赀"，"天下称清吏"；李赓芸"不名一钱，殁无以殓"；白登明亦是清贫得没有任何积蓄，家人生活清苦，连安葬之费都拿不出。然而，可喜的是，节俭清廉的清代循吏赢得了百姓的高度认可和深切爱戴，百姓在得知他们生活上遇到困难之时，

---

① ［清］张沐：《前川楼文集》，卷2，上海：上海古籍出版社2010年版，第284页。

纷纷伸出援手。宋必达被弹劾罢官之后，宁都百姓哭着相送，为他送上盘缠；牛运震"贫不能归"，当地百姓"人输一钱，制衣铭德"。正是他们为官清白，做人清明，办事清正，才能赢得百姓的尊重，这是对他们高尚的品格和崇高的人格的最大认可。

最后，清代循吏拒绝贿赂。《礼记》中载："临财毋苟得，临难毋苟免。"① 这是官员对待财富和困难的基本态度。清代循吏"临财毋得"，建立了抵制贪欲的牢固防线。李赓芸在任期间"正己率属，无敢以苞苴进者"；陆在新"以金赆者却之"；谢仲坑"正躬率属，屏绝请讬"；靳让严词拒绝"奸商藉权贵势，谋专卖麦豆及设姜肆牟利"之事。清人陈宏谋说："清乃官箴之始基，犹贞乃女德之始基，不足恃也。居官者，以廉之一节自满，而种种戾气秕政伏焉"（《从政遗规》），为官之人手握权力，自然避免不了投机钻营之人的围猎。清代循吏用自己的正直给出了鲜明的答案，给后世官员留下了修身洁白、居官无私、清正廉洁的宝贵文化财富。

三、弘扬以德立身，以学立世的优良家风

古往今来，家庭都是社会中最为基础、最为牢固，也是最为长久的组织形式。家庭对一个人性格塑造，价值观养成的作用尤为关键。中国古代先贤历来看重门楣家风的弘扬与传承，并将其摆在极为突出的位置。《大学》有言："治国必先齐家"，说的是要想治理好一个国家，就必须先要治理好自己的家族、家庭。如果连家都治理不好，不能让家人和睦、氛围和谐，又何谈治理泱泱大国呢？对于"齐家"这一重要任务而言，光靠打骂恐怕不行，更需要靠良好的家风去涵养品格，砥砺德行。

那么何为家风？有学者认为家风是"家族成员长期恪守家训、

---

① 《礼记》，胡平生、张萌译注，北京：中华书局2017年版，第2-3页。

坚守家规，通过家教而形成的具有鲜明家族特征的家庭文化"，是"一个家族最宝贵的财富，是每个家族成员自豪感的源泉"。①从以上定义可以明晰，家风与家训、家规、家教密不可分。传统中国社会对良好家风的评价以是否符合儒家正统思想为标准，比如，勤俭持家、乐善好施、尊长爱幼、谨言慎行、推己及人、立学修身……可以这么说，通过前文的描述，以上种种高尚品德在清代循吏身上体现得淋漓尽致。那这些品格又是如何养成的呢？在进一步考察了部分循吏的家世背景之后，不难发现其中缘由。

一方面，循吏之所以孚尹明达，是因为从小接受了正统的家庭教育。在众多循吏之中，黄贞麟的母亲——即墨黄㻞妻孙氏对子女的教育最为典型。史料记载，黄贞麟的父亲在他很小的时候便去世了，然而"性端严"的孙氏并没有放弃对儿子的教育，从饮食起居，到读书勉学，再到人伦纲常，都悉心传授，严厉劝诫。在孙氏的谆谆教导之下，顺治十二年（1655），年仅二十五岁的黄贞麟便考取了进士。即使在黄贞麟步入仕途之后，孙氏对黄贞麟的敦促和提醒仍未中断。在他担任推官掌管司法期间，每每遇到黄贞麟审冤断案之时，她都"必问出罪几何"，在黄贞麟"具以对"之后，孙氏"有当焉则喜"。②黄贞麟能够在清代官场脱颖而成，最终入主《循吏传》，与其母一直以来的教导自然密不可分。除了耳提面命的言传外，还有一些循吏的长辈用身教使他们成人成才。比如，伊秉绶"承其父朝栋学，以宋儒为宗"；陈汝咸"少随父锡嘏讲学证人社"；汪辉祖"少孤，继母王、生母徐教之成立"……循吏能够德才兼备，政声卓著，除自身努力外，家庭教育同样起到了关键的作用。

另一方面，清代循吏也非常关注自己妻儿的言行举止，注重家

---

① 崇文编:《中国好家风》，北京：时事出版社2018年版，第1页。
② 同治版《即墨县志》，台北：成文出版社1976年版，第718页。

风的传承。张沐在入仕以后，即告诫家人"登山必至最高便险，人一入富贵势豪恐难享也"，要求家人俭朴生活，其妻"簪环不设，衣服除蔽体之外笼箱无有"①。陆在新亦教导儿子："我辈竖起脊梁，便合担当正义，何得负此昂藏七尺为？"勉励儿子，无论为官也好，为人也罢，都要对得起自己的良心，承担起自己应尽的责任。在他刚刚离开京师上任之时，深知其父的儿子悲伤地说："吾父此行，必殉是官矣。"陆在新果然在任上积劳成疾，最终殉职。张作楠命其三个儿子潜心耕读。有人问他："何不仍业儒？"为什么不继续读书做官呢？张作楠回答道："世俗读书为科名，及入仕，则心术坏，吾不欲其堕落也。"他不愿自己的儿子沾染世俗，而是希望他们心术正，人品正。还有缪燧为官节俭清廉，曾自书《舍身戒》，为妻子和子女树立良好的榜样。在教育孙子缪永昌时，他这样说道："人无贤不肖，忠孝为上"，不断地将孝悌之风传至后代。

在循吏的言传身教之下，后代耳濡目染，也都有所成就。上文提到的黄贞麟在致仕归乡后，致力于对子孙后代的教导。他修缮了祖父留下的快山堂，还建成华萼馆书塾，延请进士赵其昌教授子弟。据《莱州府志》记载，他"杜门课子弟。延益都赵进士其昌于别墅，邑中问字者，杂户外，墨文风玉变，麟实启之"②。他的七个儿子之中，二名成为进士，三名成为举人，还有二名为贡生，"皆以文名时"，可谓一家豪杰。更有甚者，一家几代人均学识渊博，政绩卓越。笔者摘录其中几人事迹以证：

龚景瀚"承家学，幼即知名"，"子丰穀，官湖北天门知县，亦有治绩，不隳家声焉"，"自其裕至景瀚，四世皆祀名宦，海内称之"；

---

① ［清］张沐：《前川楼文集》，卷2，上海：上海古籍出版社2010年版，第284页。
② ［清］严有禧、张桐主修：《莱州府志》，乾隆五年刻印本。

廖冀亨"曾孙文锦，嘉庆十六年进士，由翰林出为河南卫辉知府，有惠政，祀名宦。文锦子惟勋，道光十三年进士，亦由翰林为贵州镇远知府，抚苗有法，终贵阳府"；

夏子龄"子诒钰，官永年知县，亦以廉平称，有治绩"；

李渭"父兆龄，康熙中官福建闽清知县，以廉能称"，"子经芳，乾隆中官至湖北施南知府，亦廉谨守其家风"；

何曰愈"父文明，河南洧川知县，有惠政"，"子璟，官至闽浙总督"；

茹敦和"子棻，以一甲一名进士官至兵部尚书"；

刘棨"兄果，官山西太原府推官，有声"，"子统勋、孙墉、曾孙镮之，并为时名臣"……

不得不说，清代循吏上下几代人都能出类拔萃，流芳千古，这都要归功于优良家风的传承和严格家教的规制。循吏处于封建社会之中，且受儒家思想教化而成，极为看重宗法伦理。循吏的家风家教，颇有中华法系特有形式——家族习惯法之意蕴，其最为显著的特点莫过于无论是对家庭和个人都具有很强的约束力，这种约束力敦促着循吏的每一位家族成员树立德业，建立功勋。在清代循吏的身上，我们看到了一种传承：祖（父）辈将修身、求学、求业、治道之德行尽数传授，循吏又将立德、立言、立身、立行之方法悉数传承，规范子女待人接物、立身处世等各方面，并以此为定制。这种类似于家法性质的规则，"以儒学为基本宗旨，注重子孙的言行规范，心性淬砺，从价值理念、行为模式上注塑了代代英才，从文化上成就了中华法文化的辉煌实绩"，[①] 理应继续传承和发扬。

循吏（为循吏列传）是在特定历史条件下的产物，具有独一无二的历史价值、社会价值、人文价值。必须承认的是，传统循吏群

[①] 刘云生：《中国家法》，北京：中国民主法制出版社2017年版，第1页。

体以及其为政的法文化价值，和清官文化一样，都在安抚百姓、肃清吏治、稳定统治等方面起到了一定的积极作用。在封建社会的背景之下，这种价值可以细分为三个层次的内容：一是百姓心中的清官情结，二是皇帝默许的清官作用，三是官吏自身的清官精神。这三方面分别对应着传统中国社会的三类人物：民、君、官。换言之，这种奉法循理的官德文化映射到了封建社会中的全体阶层，而这种法文化价值也不仅仅局限于某一个朝代。可以这么说，存在于清代循吏群体中的法文化价值，在历朝历代堪称循吏的官员身上，都可以找到同样的踪迹。这既是一种传统，更是一种传承。

继承和批判是对立统一的。对待千年以前形成的文化，我们并不能全部否定，更不能全盘接受。尤其是发轫于封建社会中的文化，或多或少会带有一定的落后色彩，我们必须小心甄别。哲学中有一个术语叫作：扬弃，这个词的意思是"事物在新陈代谢过程中，发扬旧事物中的积极因素，抛弃旧事物中的消极因素"。在当代中国，要想让传统文化继续滋养群众，涵育群众，理应用一个全新的视角和思路去看待、审视、创新、转化。于循吏群体的法文化价值而言，既要透过外在现象，看清循吏为政之德的内在本质，同时抛弃其中的封建糟粕，继承其中的优秀内涵。

首先，毋庸置疑的是，循吏为政的法文化是中华优秀传统法律文化的重要组成部分。中国古代的法律深受儒家法思想的影响，以儒家伦理纲常观念为指引，形成了德主刑辅、以礼统刑的主基调。通过前文的论述，不难发现，清代循吏和前朝循吏的行为方式、处事原则、价值理念大多受儒家思想的指导和规范，他们忠君爱国、爱民如子、廉洁奉公……这些都是儒家法思想所蕴含的为官品质操守和价值取向。所以说，中华优秀传统法律文化包含了循吏高尚官德中的积极和正向因素，二者具有内在的统一性和传承的一贯性。

其次，必须认清的是，传统循吏为政的法文化中的一些消极因素确实已经不适用于当今社会。循吏产生于封建社会之中，是典型的人治社会的产物，和现代法治的内涵相去甚远，和当前建设社会主义法治国家的核心要求也完全背道而驰。当时的循吏再清廉再公正，其服务的最终对象都是专制的统治者。甚至毫不客气地说，彼时的循吏（好官）和酷吏（坏官）在本质上是没有区别的，都是封建统治者的爪牙和走狗，都是维护封建统治的工具。他们的一举一动、一言一行都是为了封建统治服务，在根本上是和百姓对立的。要说明的是，第一，古代的循吏为民做主、替民请命、帮民分忧，这种外在形式和具体实践是没有任何问题的，也是今天社会所大力提倡和拥护的。第二，循吏的这种忠诚的品质也是没有任何问题的。忠为八德之首，直至今日仍然是中华优秀传统文化的重要内涵。在当时的历史背景、社会背景之下，清官效忠皇帝、尽忠国家的行为是无须被否定的。第三，问题就在于当时清官的"忠"，是对封建腐朽的纲常礼教的"忠"，是对剥削百姓的封建统治者的"忠"。这种"忠"不是当代社会需要的。当代中国优秀官员的忠，是担负起忠于民族、忠于国家、忠于人民的责任，是履行好对国家、社会、家庭应尽的义务。这种忠应当是摒弃"忠君"后的忠。再有，社会主义法治社会中，人民是国家的主人。由循吏和清官而衍生出的清官情结，核心在于百姓对"为民做主"的好官的爱戴与期盼，这是当时作为被统治阶级的共同心声。而这些"清官崇拜""清官情结"，在强调依法治国、国家的一切权力属于人民的今天来看，完全是阶级社会的余孽，是完全违背社会主义法治国家建设的根本理念的，是与社会主义核心价值观相左的，必须予以摒弃。

最后，势在必行的是，对循吏为政以德的法文化精华要大力传承和弘扬。"中国法律文化是对中华民族长期以来的法律实践活动的整体描述和宏观概括。它作为一种文化成果，凝结着中华民族不屈不挠、勇于实践、善于探索的胆识与智慧"[①]，是中华优秀传统文化的重要组成部分。文化是一个国家、一个民族的血脉和根基，文化兴则国家兴，文化强则国家强。一方面，中华传统法律文化源远流长，博大精深。循吏执法如山、公正严明、爱民为民等优秀品质，都是中华传统法律文化精华，在今天仍然焕发着勃勃生机。在推进全面依法治国，建设社会主义法治国家的新时代，必须立足当代实际，对延续数千年的文化进行发展和创新。另一方面，清官循吏作为好官的代名词，直接指向现阶段公务员队伍建设。在推进国家治理体系和治理能力现代化的关键时间节点，公务员，尤其是领导干部的作风问题显得尤为关键。当前频出的腐败现象和不作为、乱作为现象，都是和清官循吏文化中的廉洁守法、勤政敬业等内涵相抵触的。要发挥传统清官循吏文化的积极功用，用清官循吏文化的精华去教育、引导、培养广大干部主动担当作为，涵养清官循吏之德，践行清官循吏之行，树立清官循吏之风。

---

① 武树臣：《中国传统法律文化》，北京：北京大学出版社1994年版，第64页。

余论　奉法循理的"无形之绩"

提到官员的政绩、功绩、成绩等，人们往往会想到官员任上之时，当地经济、社会、司法、文化等方面发生的肉眼可见的变化，也就是官员的"治"绩，是一种"有形之绩"，这种成绩是可以用数字进行衡量的，自然也作为了考课官员的基础性内容。前面所叙述的清代循吏执法、司法、普法的实践以及成效，均属于"有形之绩"。除此之外，官员在任上还可以取得一种"人"绩，这种成绩是"无形之绩"，不以各类指标为标准进行考察，而是以皇帝的嘉奖、同僚的认同和百姓的爱戴为内容。在文章的最后，笔者拟对清代循吏的"无形之绩"进行分析和论述，因为相较于"有形之绩"，古代官员似乎更看重"无形之绩"，毕竟"无形之绩"不仅直接关乎他们的政治生涯的顺畅与否，而且更是循吏自身价值的集中展现。

一、清代循吏"无形之绩"的三种样态

（一）皇帝的嘉奖

任何一个朝代的政治法律制度都是国家治理的核心。为了规范臣民的行为举止，树立统治理念，历代王朝都根据其实际运行的情况制定了一套完整的统治制度，以保证皇权稳固。在这其中，最为关键的统治方式莫过于赏与罚。所谓"赏罚二者，人君治天下之大柄也"[1]，"刑赏乃人君之大权，使赏必当功而不僭，刑必当罪而不滥，

---

[1]　[明]黄训：《名臣经济录》，卷13，影印文渊阁四库全书本，第241页。

则天下不劳而定矣"①,一方面,统治者通过制定庞杂的法律规范,对违法者予以严惩,另一方面则是建立一套奖励机制,对有功之人予以奖赏。赏与罚二者相辅相成,共同构成了统治过程中的重要手段。有清一代作为封建社会的终结,其政治制度、法律制度都极为完善,在吸收了前朝的法律制度精华之后并加以发扬,不管是治民还是治官,都于法有据,且严厉威武。然而"独刑而无赏则有怨"②,严酷的刑罚和适度的奖赏相比,警示力度有余,但教育程度不足。受到惩罚的官民,可能会因此更加遵守法令,但也只是出于对刑罚的恐惧,而不是内心的道德指引。相较于单独具有惩戒性质的刑罚而言,兼具精神层面和物质层面双重激励的奖赏,示范效用更加明显。韩非所言"若夫厚赏者,非独赏功也,又劝一国。受赏者甘利,未赏者慕业,是报一人之功而劝境内之众也"③,一语道破天机。官吏也好,平民百姓也罢,他们心中都有一种天然的趋利避害的心理,都愿意接受奖赏,而不愿承受刑罚。尤其是对协助皇帝治理百姓的文武百官来说,他们认为如果能够得到来自最高统治者——皇帝的奖赏,就是对其为政之功绩的最大褒奖。朝中百官无不把获得皇帝的奖赏(物质和精神),看作其仕途中的"高光时刻"。这无疑是笼络人心的最佳手段。

满洲开国伊始,便对常年征战在外,为其开疆拓土的有功之人予以重赏,以激励其继续报国尽忠,战场获绩。统治开始之后,更是建立了一套以儒家学说为指导的多层次、多领域的奖赏制度,主要有加官晋爵、封妻荫子、建坊旌表、优老尊老、恤赏之典、入祀祠宇、身后哀荣等制度。其中既有对前代的继承,在此基础上又有

---

① [元]王充耘:《读书管见》,卷下,影印文渊阁四库全书本,第504页。
② [宋]王安石:《周官新义》,卷1,影印文渊阁四库全书本,第12页。
③ [清]王先慎:《韩非子集解》,钟哲点校,北京:中华书局2013年版,第417页。

所创新；既有满族的传统遗风，又采纳了汉族的先进制度。① 作为一个少数民族政权，有清一代将儒家思想列为统治指导思想，目的就是推崇儒家德礼学说以滋养官民。

传统的官僚政治体制肩负着政权统治与社会治理两大基本任务。对有功官员进行奖赏，一方面是可以起到对受赏之人的激励作用，使其更为忠心，更加勤勉，以笼络人心；另一方面是可以扩大社会影响，引领社会风尚，为臣民树立良好的行为准则和道德榜样，以宣扬纲常礼教。清代统治者对州县官员的奖励较为频繁。州县官员虽没有机会日日面圣，但是皇帝可以通过考课、督抚报告等方式，了解其为政之行和为政之绩。对州县官员中的功绩突出之人大肆褒奖和宣传，正彰显了统治者的高明。他们贴近百姓日常生活，与百姓朝夕相处，朝廷所奖励的州县官员（循吏），必然是治理效果良好，同时深受百姓爱戴的官员。这样，一来顺应民意，二来又能在基层社会中掀起崇儒重道的热潮。统治者以此方式对社会成员的价值理念、政治信念和行为准则进行纠偏，用来实现道德教化和底层控制。在如此背景之下，清代循吏受到奖赏之后，也更为勤勉奉公，百姓也日趋向善。

有清一代的循吏多因政绩突出、直言诤谏而受到统治者的褒奖。比如，圣祖校猎至三河之时，问乡亲父老："高令与彭令孰贤？"意思是，现任知县高荫爵与前任知县彭鹏谁更贤能，父老这样回道："彭廉而毅，高廉而和。"圣祖皇帝大悦，下旨将高荫爵提拔为顺天府南路同知。曹瑾曾多次抵御英军侵犯，护台有功，道光皇帝称赞他"智勇兼施，大扬国威"。陈汝咸由刑部主事升擢御史之后，疏言："商船出海，挂号无益，徒以滋累"，直言商船出海挂号之弊，"圣祖嘉纳，赏赉食物"。他在任上因病去世时，身无旁物，"仅衣一

---

① 王彦章：《清代的奖赏制度研究》，浙江大学2005年博士学位论文，第2页。

件，钱一缗"，康熙皇帝"悯悼，称好官可惜者再"，①荫其子本醇入京国子监。邹钟俊受到光绪皇帝的赏识，光绪皇帝下旨"署涡阳县知县邹钟俊等、各为其父母建坊"②。贾朴因为政绩突出，康熙皇帝御书"宜民"匾额赏赐给他。任辰旦在担任工科给事中、兵科掌印给事中时，"论事切直"，后改为大理寺丞，仍然公正严明，直言进谏。在他去世后，康熙皇帝为他下了一道诰命，称赞其"直声振陛，上言抗疏，能令九棘风生，激浊扬清"，并将其追赠为"中宪大夫"。康熙四十六年，皇帝南巡，了解到缪燧勤政爱民的事迹，深受感动，特赐御书和印有"康熙宸翰""万几清宴"朱文印章的粉笺一幅。康熙五十四年，全国郡县考绩，他被评为一等。康熙五十五年，因政绩突出得到皇帝召见，但却因病未能成行。缪燧曾经三度告老乞休，但是均没有被批准。在他去世之后，康熙命国史馆为其立传，以彰其德。靳让在乞归养母之后，圣祖皇帝为了嘉奖他的功绩，"赐御书'天麻堂'额以荣其母"。祖进朝因失察被降职，常州百姓留任，巡抚汤斌也上疏康熙皇帝，但是再次复议，得出的结论仍然是不能免于处罚。最后康熙亲自下谕，让祖进朝留任，并且道出其中深意："设官原以养民，汤斌保奏祖进朝清廉，百姓同声恳留，可从所请，以劝廉吏。"可见康熙对其认可之深……

从以上事例中分析，可以看出，清廷对循吏的奖赏主要集中在以下几方面：

第一，是加官加衔。仕宦之人，对权力和晋升的渴望在所难免，循吏也不能免俗。皇帝下旨加官晋爵是官员的无上荣光，也是对官员来说最实际的奖赏。于循吏而言，主要有两种形式：一是加官，

---

① ［清］徐珂编撰：《清稗类钞》，第3册，《吏治类·陈汝咸为好官》，北京：中华书局1986年版，第1232页。
② 《清实录》第55册，《德宗景皇帝实录（四）》，卷268，北京：中华书局1985年影印版，第583页。

即从较低的职位擢升至较高的职位,从普通州县的行政长官升至关键州县的行政长官;二是加衔,即官阶的晋升,但是实际的职掌并不发生相应的变化。加衔的最大的优惠莫不如俸禄的增加。

第二,是物质赏赐。清代统治者也曾以银两、贵重物品、御书等形式对循吏进行奖赏。这类赏赐一般发生在皇帝出巡之时,偶见清廉循吏或才能突出的循吏,或受其感动或兴致勃发而奖。

第三,是语言褒奖。对循吏的语言褒奖,大多出现在督抚等高级官员因循吏之事向皇帝汇报时。比如,循吏祖进朝失职被免,巡抚汤斌上书力保,康熙便道出"设官原以养民,汤斌保奏祖进朝清廉,百姓同声恳留,可从所请,以劝廉吏"之语。

第四,是国史列传。皇帝宣付国史列传是清代恤典的一种。"乾隆四十年定一品官乃赐谥,而史馆凡仕非赐谥及死事者,不得为传。"① 换言之,只有死后被朝廷赐予谥号或者有重大功绩之人,才能够宣付国史馆列传,足见其分量之重。循吏多因政声卓著而被国史馆列传。但是在清代后期,宣付列传的范围不断扩大,既包括治理有方的文武大臣,也包括学问突出、坚守道义的平民百姓,含金量也大为下降。

第五,是入名宦乡贤祠。何为名宦乡贤?"凡州牧、县令,有惠政及民者"② 可称为名宦。嘉庆皇帝也曾道出其本意:"或其人为国宣劳,懋著勋绩,或为善于乡,实有义举,堪为闾党史矜式者。"③ 名宦乡贤祠是供奉、纪念朝中有功之臣或乡里受尊崇的士绅的祠堂。"了却君王天下事,赢得生前身后名。"被朝廷批准,死后能够入名宦乡贤祠的循吏,任上绝对治绩斐然。乾隆皇帝曾言:"直省建立名宦乡

---

① [清]吴振棫:《养吉斋丛录》,卷2,北京:北京古籍出版社1983年版,第295页。
② [清]张英纂著、[清]朱轼订编:《文庙贤儒功德录》,中卷,济南:山东友谊出版社1989年版,第688—689页。
③ [清]托津等:《钦定大清会典事例》,清嘉庆二十五年武英殿刻本,第10652页。

贤祠,古者瞽宗之祀,所以崇德尚贤,与斯祀者,必其人实可当之无愧,方足以光俎而式乡间,其典綦重",①也道出了循吏入名宦乡贤祠,从而引导百姓崇德尚贤的教育意义。

第六,是荫荫子孙。承荫之法自汉代兴盛以来,其后历朝皆顺应此传统,清代也不例外。所谓承荫之制,就是对达到一定品级的官员和具有爵位的贵族,以及因效忠国家而亡的功臣的子孙予以照顾入仕的制度。前文提到,承荫之制分为恩荫、难荫和特荫三种。有清一代的循吏中,便有以荫入监之人,亦有因政绩突出而子孙承荫者。清廷以此方式,纪念勤恳奉职之官。循吏能有此幸,是莫大的认可。

(二) 同僚的认同

有清一代的循吏上对君主忠诚,下对百姓仁义,在和同僚相处之时,也依然坚守底线,坚持原则,不卑不亢。他们不仅赢得了地方高级官员的认可,还给其继任者做出了良好的榜样。

一方面,地方高级官员(督抚)的认可是循吏晋升的重要路径。

法国心理学家、社会学家古斯塔夫·勒庞(Gustave Le Bon)在其代表作《乌合之众》中曾经提到过一个观点:一旦群体形成,他们就会急切之中期待着点什么。无论是什么,只要能够让他们行动起来,他们就会欣然接纳②。我们可以把以州县长官为代表的清代基层外官看作这样的一个群体。在这个群体之中,循吏也好,贪官也罢,他们期待的或许都是加官晋爵,概莫能外。只不过循吏意图升官,秉持的公心要比贪官多一些而已。在清代,循吏一类的州县长官要想得到晋升,不可绕过的一关便是其顶头上司——督抚的保举。

---

① [清]托津等:《钦定大清会典事例》,清嘉庆二十五年武英殿刻本,第10650页。
② [法]古斯塔夫·勒庞:《乌合之众——大众心理研究》,戴光年译,北京:新世界出版社2010年版,第28页。

余论 奉法循理的"无形之绩"

要想得到保举,就必须得到认可。

在《中国历代官制大辞典》中,保举被这样定义:明清荐擢官吏之方式。长官于属员之中,选拔有才能的,或有功绩者,举以上闻,谓其才堪重任,或应予以议叙,而为之保证者,称保举①。清制,督抚荐举地方所属人才为其职守之一。《清史稿》记载:"世宗御极,屡诏京外大臣荐举道、府、同、通、州、县","乾隆间,历行保荐之法,司、道、郡守,多由此选。"②然而奇怪的是,人总是善于发现制度的漏洞。在制度运行的过程中,部分低级官员把保举当作升官发财的快速通道,而高级官员也把保举当成拉帮结派,结党营私,收受贿赂的有效途径。循吏生性刚正,自然不屑于如此为之。《清史稿·循吏传》中列举了二十余位被保举过的循吏,他们要么以"卓异"而荐,要么以功绩而荐,从未参与过卖官鬻爵。那么他们因何被认可?标准又是什么?

曾任浙江巡抚的程含章,为了使保举之行更为公开公正,发布了《八条察吏》以作为保举标准,其中几条摘录如下:

郡守牧令中能以经术饰吏治,尽心于农桑、水利、学校、人才,日与绅士善民讲让型仁,培养元气,为地方兴大利、除大害,效在数十百世者,是为儒吏,定当破格保举。

居心诚朴,守洁才明,盗息民安,政平讼理。合境内之人为一心,视百姓之事为己事;或水旱为灾而能尽心救济,全活数万人者,是谓循吏,从优保举。

才具开展,吏治精勤,除暴安良,案无留牍。或水旱为灾而能设法捍御,事集而民不扰;或奸宄萌动而能掩捕神速,害去而人不

---

① 吕宗力主编:《中国历代官制大辞典》,北京:北京出版社1994年版,第614页。
② [清]赵尔巽等:《清史稿》,卷110,北京:中华书局1977年版,第3210–3211页。

知者;是谓能吏,从优保举。

遇事勤勤恳恳,不辞劳瘁。或虚心学习;或闻过知改;或守优于才;或才优于守;或熟习兵刑;或精通钱谷;或善于缉捕;或达于河工;是虽贤不如循吏,才不如能吏,而一长可取,亦当并蓄兼收,随事保举①。

此标准虽大而化之,但不可谓不严。在事务繁杂的地方州县,要想达到这样的成绩,非常人所能及。由此可见,能靠自己的努力获得上级官员的认可,取得"无形之绩"的循吏,确实非同一般。此外,上级的认可还体现在循吏因事落职之时。循吏祖进朝犯失察之罪,依律去职,巡抚汤斌上疏康熙皇帝,最终允其留任。不得不说,冒死进谏保荐下属,汤斌忠肝义胆,祖进朝更是品行端正。

另一方面,循吏政声人去后,亦能为其他官员提供良好的为政范式。

"人不率则不从,身不先则不信。"②循吏的事迹广为传播,为同朝为官之人也树立了良好的榜样。《清史稿·循吏传》在记载了第一位循吏白登明之后,有这样一句话:"时江南以良吏称者,汤家相、任辰旦、于宗尧,皆与登明相先后云。"众人循登明之道,克己奉公,治下安宁,身后均入循吏传。恐怕这与白登明创造的良好的社会风气不无关系。还有,常州一城,先后几任知州均政绩卓著,"先钟麟守常州者,祖重光、崔宗泰,皆有名。其后有祖进朝,政声尤著"。循吏的品德功绩不仅可以为当地百姓兴利,还能为接任者的继续发展提供良好的基础。这既是信任,也是传承。

---

① [清]程含章:《八条察吏》,见[清]徐栋:《牧令书》,载《官箴书集成》第7册,合肥:黄山书社1997年版,第564页。
② [元]脱脱等:《宋史》,卷284,北京:中华书局1977年版,第9595页。

除此以外，清代循吏还从其他方面得到了同僚的认可。俗话说，患难见真情，日久见人心。即使在循吏偶遭坐免之时，仍有朝中官员力保其复官，这些人或出资相助，或上书朝廷。比如，白登明因挪饷被罢免之后，赋闲在家二十余年。康熙十八年时，恰逢台湾战事吃紧，福建总督姚启圣、巡抚吴兴祚疏荐起用白登明出任平乱。在得知白登明没有钱财后，更是自掏腰包，"代为入赀"。其后，白登明拒绝上级上调征税的要求，但是"谅其清廉"，并没有弹劾指责他。又如，汤家相在因为江南收税不足被免几年之后，获得了给事中周之桂的认可。周上书顺治皇帝，陈明汤家相为政有方，所以重新授任湖北南漳知县。因其治理有方，其后"疆吏交章荐之"。

《清史稿·循吏传》中记述了多位收到同僚称赞、举荐的循吏，兹举部分以证：陈德荣勤勤恳恳，治绩突出，在苗疆叛乱平定的过程中，"驻师与屯将吏多以刻急见能"。到了乾隆元年，又被张广泗疏荐，被擢升为贵州按察使；张作楠"治事廉平，人称儒吏"；曹瑾治下有功，曾经举荐提拔过他的陈寿祺对其大加称赞："愧我成蓝定谢青"；宋必达在江西宁都知县任上被免职后，正赶上江西总督董卫国改任湖广总督，见到宋必达后感叹道："是死守孤城者耶？吾为若咨部还故职，且以军功叙。"言下之意是想要为宋必达求情，使其以军功议叙从而官复原职；清人杨仲愈曾经在陈崇砥殉职后深情做挽联有云："二千石卓卓贤声，溯九重恩命，三辅治平，县谱州书，家世相承循吏传；十四载悠悠远别，忆风雪长安，莺花白下，酒龙诗虎，旧游空忆少年场"；时任山东巡抚这样盛赞循吏吴焕彩："知县者，知一县事，君可谓之知县矣。知县者，民之父母，君可谓之民之父母矣"；陆在新在担任松江府学教授期间，因为廉政勤勉被巡抚汤斌赏识，以卓异疏荐。当年江南七府一州所有的官吏，只有陆在新一人被推荐，"时以此服斌之知人"；在陈汝咸因公去世而被人发现身无余财后,蓝鼎元①称赞他:"良法养政,不可胜述",蔡世远②称赞他:"正己率物,廉以居身,俭以养德,至(浦)之日,一以兴利除弊为己任";康熙二十三年(1684年),圣祖皇帝"命九卿举中外清廉之吏,廷推七人,外吏居其三,华为首焉",在众多州县官员中脱颖而出,可见崔华受认可之深;在缪燧殉职之后,时任浙江巡抚徐元梦含泪题写"王事独劳"四字。百姓强烈要求留葬缪燧,他又感叹:"其人如在";巡抚汤斌为了请求康熙皇帝对犯有失察之罪的祖进朝网开一面,上疏道:"进朝履任未一载,操守廉、治事勤,臣私心重之……进朝操守才干可与成龙颉颃,而独以一眚被谪,士民攀留,言之泣下,臣不知进朝何以感人之深如此。臣受事四日始获法宝,是受事之日,已为失察之日,且当候处分,何敢代人渎奏?惟臣蒙恩简畀封疆大任,属吏之败检者得纠劾之,廉能者不能为之一言,非公也。民情皇皇如是,而不为之解慰安辑,非仁也。畏罪缄默而使舆情不上闻,非忠也。敢据情陈奏。"在竞争激烈的清代官场,能够得到众多同僚的肯定,循吏的人格魅力和个人能力可见一斑。

(三)百姓的爱戴

传统封建社会中,官是皇权的代言人和执行者,他们将皇帝的旨意贯彻到实际工作中,其核心目的就是保证封建统治的完整与稳定。虽然汉代以降,中国古代王朝受儒家思想影响颇重,不断地倡导和践行民本思想,也就是"闻之于政也,民无不为本也。国以为本,君以为本,吏以为本"③。但是仔细思量,此民本并非当代意义上

---

① 蓝鼎元(1680—1733),漳浦县人,清代官员,字玉霖,号鹿洲。
② 蔡世远(1682—1733),漳浦县人,清代著名学者、教育家,字闻之,号梁村,世居漳浦梁山。
③ [汉]贾谊:《新书·大政上》,载《贾谊集校注》,王洲明、徐超校注,北京:人民文学出版社1996年版,第332页。

的民主，而只是单纯地强调保民、富民、敬民、爱民。在中国古代，国家的主人不是人民，而是封建王朝的统治者。正是由于封建阶级自身的落后性，使得无论是君主还是官员，都永远不可能设身处地地站在百姓的角度考虑问题。即使践行着为民兴利的行为，但是他们行事的根本宗旨都在于稳定民心，维护统治。

传统民本思想下的"民"是"被统治对象"，他们只能无条件地接收皇帝的恩赐抑或是惩罚。封建官僚体制中的官员，似乎也大多骄横跋扈，荒淫无度，施暴于民。在长期的压迫与奴役之下，百姓申冤无门，诉苦无处。所以当节俭清廉、勤勉奉公、无私公正的循吏出现之时，百姓似乎看到了希望。他们把对幸福生活的向往和美好明天的期待，全部寄予在直接管理他们的州县长官手中。正所谓百姓谁不爱好官，有清一代的循吏与民同苦，为民兴利，在任职地真正能够造福一方，所以在循吏调职、殉职，甚至是被弹劾罢免之时，百姓多有挽留之举。这既是对循吏个人表达爱戴的一种方式，其实更彰显了百姓心目中对好官，或者说对当家做主生活的向往。

我国台湾地区的人民为了纪念曹瑾的伟大事迹，专门为他建立了曹公祠，祠中有楹联写道："为政重盖藏百世功勋垂史册，开圳资灌溉千秋遗泽在人间"。白登明治理太仓海寇之时，需要大量军饷，他无奈请求用云南协饷应急，最终驱逐了寇盗。也因为这件事，白登明被其他大臣弹劾惨遭罢免。州民见此情景，纷纷列举他任上为百姓兴利的种种功绩，上书请求对他网开一面，留下登明；没能成功留下他，百姓"祖道阗咽"。在他殉职后，没有钱财入殓，高邮州民便自发捐款捐物为其送行。百姓为了纪念他，"多肖像立祠私祀"。汤家相任职期间，当时江南各地缴纳税赋与朝廷要求相差数百万，朝廷下旨夺各官职，汤家相作为常熟知县也因此遭到免职。在得知汤家相被免之后，当地的百姓争相缴纳税赋，不到一个晚上便足额交齐了税赋；并且列出上级官员的罪状，请求留任汤家相。任辰旦主政上海六年，深得百姓爱戴和拥护，"歌颂之声，洋溢遐迩"。修筑黄龙浦堤坝时，不使用生病了的徭役，也不随意浪费钱财，"邑人颂之"。离任之时，"邑中欢腾夹道思挽留之"，送给他由上海百姓自行编写的《任邑侯荣耀赠言》。而任辰旦对上海百姓也饱含深情，他到京上任之后，写下《示沪人——时沪民诣县请留》一诗："暂离数千里，似隔二三年。费日攀征马，成云失灌田。踌躇无可赠，为尔祝平安"①。于宗尧治理常熟四年，百姓安居乐业，他却积劳成疾，殉职时年仅二十三岁。他病故后，"合邑为罢市，男女皆巷哭"，百姓纷纷主动捐款为他发丧。于家人要把他的遗体运回老家，常熟百姓"号泣挽留"，于家人便将他葬在了虞山南麓。百姓们在他的墓碑上题词：万民留葬。常熟诸生陆曜、程端感念其事迹，创作了以于宗尧勤政爱民为蓝本的戏曲作品《遗爱集》。宋必达在出任江西宁都知县时，为了与民方便，请示允许当地百姓用广东盐场的购盐额度去抵扣两淮盐场的额度，最终导致购买广东盐场的盐数量不够，被弹劾罢职。当地百姓夹道相送，泣涕涟涟。绕道去南昌的路上，被歹徒所截获，歹徒威胁让他屈服，宋必达宁死不从，连续被关了十七天。突然有一天半夜，数十人手持兵器翻墙而入，说道："宋爷安在？吾等皆宁都民。"宋必达在众人簇拥之下逃了出来。待到宋必达去世之后，"宁都人岁时祀之"。陆在新在江西庐陵知县任上，夙夜在公，"以受前官亏帑盈万无所抵"，忧愁离世。庐陵百姓为他罢市三天，"请祀名宦祠，长洲人亦以乡贤祀之"。张沐调任四川资阳县，离开内黄县时，百姓遮道相送，关切慰问，张沐每天仅能走出几里地。张埙在登封任上五年时间，"民知向方，生聚日盛"，都在门上大书"官清民乐"。耿介曾经感叹道："年来嵩、洛间，别一世界

---

① 莫艳梅：《"邑夹道挽留之"的任辰旦》，《上海地方志》，2017年第3期，第86页。

矣!"被提拔离开登封之时,百姓拦路痛哭。因病去世后,百姓在县内各处为他建立祠堂,"岁岁春秋以时享,亲若祖考",称他"天下清官第一""登封张公"。陈汝咸离任漳浦时,县民向上请求,希望能够让他留任。搬来农具堵住了衙门,高呼"公毋去,活我百姓"①。但是皇命不可违,陈汝咸只能在半夜假扮成巡逻之人,悄悄离去。在陈汝咸离开之后,漳浦百姓"搆生祠曰月湖书院,岁时祀之"。得知陈汝咸因病去世的噩耗,漳浦境内"士大夫及农工贩竖,莫不咨嗟太息,牲设醴奔哭于月湖书院,数十日而不绝",南靖百姓"聚而哭之于社,至京邸,人之在京者,聚而哭之城西之都亭"。②两地的商人还出钱购置义田,设置祀田将陈汝咸祭祀于两县名宦祠。缪燧在沂水县任职,百姓感激缪燧恩德,将一桥一乡分别命名为"缪公桥""缪公乡"。而后因为犯人逃脱,缪燧被免。离开沂水时,"百姓扶老携幼将送,号哭终日不绝"。卸任定海知县时,定海士民代表黄灏等人"建生祠报之",缪燧得知此事之后坚决拒绝,便将生祠改作"文昌祠"。缪燧去世时,定海百姓"巷哭途号,哀声遍野","文昌祠"被命名为"蓉浦书院",同时要求将缪燧葬在定海,但是其子缪民垣以"垣母与父壮年分别,直至临危奔诀,家遗媳妇、诸孙,从未拜见公颜"为由要将其带回老家,其后礼部裁定:"遗骸归葬故里,定海建衣冠冢"。在护送灵柩返回缪燧老家的路上,定海百姓附送"定邑父母"匾……

从以上记载可以归纳出,百姓对清代循吏崇敬的表达方式主要有以下几方面:

第一,去职留任。为了保证对权力的绝对控制,避免州县官员

---

① [清]徐珂编撰:《清稗类钞》,第3册,《吏治类·陈汝咸为好官》,北京:中华书局1986年版,第1231页。
② [清]全祖望:《鲒埼亭集》,景上海涵芬楼藏原刊本,第301页。

权力过大,清制,州县官员三年一任。也就是说,州县官员在一地任职满三年,或升或调。能够进入《清史稿·循吏传》的传主,虽大多任期较长,比较特殊,但是在一地终老的官员仍是少数。循吏在任之时与民和谐,百姓感念其德,在调任之时,百姓多不舍难分。有的百姓上书督抚,请求留任;有的百姓堵住衙门,强行挽留。更有甚者,在循吏因事而遭弹劾免官时,百姓自发地想方设法挽留。

第二,夹道相送。封建社会中,皇权为大,圣意不可违。官员踏入仕途身不由己,面对朝廷的要求,即使心有不舍仍需从命。有清一代的循吏离任之时,当地百姓多罢市痛哭,夹道相送,以表达不舍之情。有的循吏任上殉职,清廉始终,连入殓之银都无法负担,百姓便自发捐款,为循吏送行。

第三,立祠纪念。百姓为德政突出的官员建生祠、立德政碑是古代社会中一项传统。在百姓心目中,这是对一名官员最大的褒奖和纪念。清代循吏德行兼修,善政具举,百姓立祠之人不在少数。其一,百姓为循吏立祠树碑,直接昭示着对循吏治理的认可。百姓对官员的晋升没有任何的话语权,但是百姓的认可却也是督抚等高官了解官员为政之行的评价标准。督抚发现政绩突出之人,向上荐举而委以重用,同样对自己仕途顺遂有益无害。其二,百姓立碑,是为了颂扬循吏的美名和功德。循吏任职之地,教化兴、民风正、衣食足,百姓当然想让美好的社会风气延续下去,所以都会对循吏的做法、功绩广泛地传扬。百姓口口相传自然是好事,但是随着时间的推移,循吏也终将免不了消失在人们的视野中。这样看来,为循吏立祠刻碑无疑是最好的选择,"此石永存,德名不朽"①。其三,立祠

---

① [宋]张茂良:《广西经略显谟赵公德政之颂》,[清]谢启昆:《粤西金石略》,载国家图书馆善本金石组编:《宋代石刻文献全编》,第4册,北京:国家图书馆出版社2003年版,第289页。

之行寄托了百姓对循吏之类好官的向往。官员群体中，能被称为循吏的毕竟是少数。百姓很难保证，下一任州县官仍然能够护他们周全。为前任州县官（循吏）立祠，既可以表达对好官的期盼，同时对离任循吏的继任者也是一种无形的规劝。当然，在历史的长河之中，不是所有为官员而立的祠碑都是百姓自发而建。有的昏官、贪官为了博取上级的眼球，命令百姓为其立碑。此举不仅败坏风气，更是污染吏治。为了减轻官员强制立碑的负面影响，统治者对现任官员立生祠一事极为限制。比如，《元史》中记载："诸职官居见任，虽有善政，不许立碑，已立而犯贓污者毁之，无治狀以虚誉立碑者毁之"①，《大明律》中也设"现任官辄自立碑"罪。但是，即使是"好官无生祠，墨吏有生祠"，也有"好官与墨吏，行人知不知"②。毕竟百姓心中都有杆秤，能否受到百姓真心的拥护与爱戴，不是靠权力大小就能决定的。

二、清代循吏追求"无形之绩"的动机

历史上的循吏，有一个比较显著的特点，就是他们无论在"有形之绩"还是"无形之绩"方面都极为突出。也就是说，循吏的评判标准，不仅是施行教化，劝课农桑，赈济灾民，倡导无讼，尽己所能做到富民兴利，更是需要得到来自百姓、同僚和皇帝的首肯与赞扬。能够单独取得"有形之绩"的官员可以称为能吏，能够单独取得"无形之绩"的官员可以称为名吏。唯有循吏二者皆占。笔者在论述完清代循吏"无形之绩"的形态过后，认为还有必要分析一下清代循吏（或者说古代官吏）追求"无形之绩"的动机，这是内

---

① ［明］宋濂等：《元史》，卷105，北京：中华书局1976年版，第2682页。
② ［明］沈钦圻：《生祠》，载［清］张应昌编选：《清诗铎》，卷19，《诒媚澳颂》，北京：中华书局1960年版，第642页。

心最核心的驱动之力。

所谓动机，是个体为实现目标或满足需求的愿望。美国学者唐斯（Anthony Downs）提出，官员所追求的利益包括权力、金钱收入、声望、便利、安全、个人忠诚、精通工作的自豪感、为公共利益服务的渴望、对特定行动计划的承诺等九方面。[1]其实世皆凡人，追求无非名利二字，以上的动机也都是名利的衍生罢了。"立国惟义与权，诱人唯名与利。名近虚，于教为重；利近实，于德为轻。"[2]循吏之所以称之为循吏，是因为他们更看重"有形"与"无形"的统一，对精神层面的满足趋之若鹜，对外在的名与利不屑一顾。在中国古代封建官僚体制之中，清代循吏追求"无形之绩"，既有法律的要求，也有道德的指引，主要包括自我满足、自我提升、自我保护和自我实现四方面。

首先，是自我满足。为何将自我满足放在首要的位置？笔者认为，这是有清一代循吏生而为人的价值观的最直接的体现。清代循吏道德品行高尚，从小受儒家教育，他们不仅践行着儒家"仁者爱人"的价值观念，更是将名节看得比生命更重，一如孟子所言，"舍生而取义者也。"他们遵从的"义"，有事君之忠义，有爱民之情义，有团结之道义，有为人之信义。当他们以"义"为准绳立身处世，而后获得他人的肯定时，就会产生一种天然的自我满足感。此外，康德的义务论指出，义务是人类行为在道德上的善，不是出于爱好或利己之心，而是出于道德本身即纯粹出于义务的行为，是出于对某种形式原则的敬重。[3]如果说，清代循吏勤勉奉公是对内心原则的敬重，那么他们期盼他人的夸奖，则是向往外在的形式上的肯

---

[1] 参见［美］安东尼·唐斯：《官僚制内幕》，郭小聪等译，北京：中国人民大学出版社2006年版，第89页。

[2] ［宋］欧阳修等：《新唐书》，北京：中华书局1975年版，第4921页。

[3] ［德］康德：《实践理性批判》，邓晓芒译，北京：人民出版社2003年版，第40-42页。

定。所谓"君子喻于义,小人喻于利",清代循吏以"义"为人,以"义"为臣,以"义"为官。在他们的身上,得到了"义"的内外统一。

其次,是自我提升。"清官更看重自己的名声和前程,有些人的升迁欲望和升迁机会也更大。"[1]所以说,循吏得到皇帝称赞、同僚举荐、百姓爱戴的动机还在于权力的扩大和品秩的晋升。在这其中,皇帝的称赞和同僚的举荐无疑能够对官员的晋升起到决定性的作用。当然,我们不能说,古代所有的官员为政都是为了晋升与权力。有清一代的循吏中就有像于宗尧、祖进朝等爱民如子之典范,他们不追求权力,只求造福一方。但是不得不承认,这样的官员毕竟是少数。循吏也好,酷吏也罢,既然朝中为官,升迁都是他们重要的目标之一。醉心于权力,就要想办法获取更大的权力。"清朝的君主和政治领袖人物认为普通官员既不可靠而又无能"[2],这样就给了循吏更大的施展抱负的机会和平台。努力获得君主和朝中重臣的肯定,无疑是保障仕途畅通的不二法门。

再次,是自我保护。在清朝从政为官,是一项风险较大的工作。其一,需要小心法律的制裁,遵守包罗万象的法律制度。在清代,官员的言行举止受到了极大的限制,稍有不慎轻则罢职免官,重则一命呜呼,甚至还可能牵连家人。正如晚清胡林翼所言:"大清律易遵,而例难尽悉,刑律易悉而吏部处分例难尽悉。此不过专为书吏生财耳,于实政无丝毫之益。夫疆吏殚竭血诚以办事,而部吏得持其短长,岂不令英雄短气乎?"[3]以《钦定吏部处分则例》为例,其作

---

[1] 马俊亚:《被妖魔化的群体——清中期江南基层社会中的"刁生劣监"》,《清华大学学报》(哲学社会科学版),2013年第6期,第61页。
[2] [法]魏丕信:《明清时期的官箴书与行政文化》,李伯重译,《清史研究》,1999年第1期。
[3] [清]徐珂编撰:《清稗类钞》,第11册,《胥役类·胡文忠论部吏》,北京:中华书局1986年版,第5252页。

为吏部处罚官吏的法规典章，包含了吏、户、礼、兵、刑、工六部近五十类条目，事无巨细，明确规定了对清代官员失错之行的处罚条款。由于字数众多，品类繁杂，常人难以完全掌握，所以循吏只能小心行事，以求免受处分。其二，是要面对残酷的权力斗争。同朝为官，党争难免。循吏身为州县长官，在等级森严的官僚体制内人微言轻，甚至可能一辈子都无面圣的机会。更有甚者，"外官参罚处分日密一日，降级革职动出意外，是以各官救过不暇，徒务虚文以为弥封旦夕之计，不能为地方尽心爱民。"①所以作为地方州县官员的循吏，要想平安顺遂，就必须洁身自好，有时候还需要得到王公贵族、朝中重臣的推荐和称赞，这样才能保全自我。

最后，是自我实现。《礼记》中载："古之欲明明德于天下者，先治其国；欲治其国者，先齐其家；欲齐其家者，先修其身；欲修其身者，先正其心；欲正其心者，先诚其意；欲诚其意者，先致其知，致知在格物。物格而后知至，知至而后意诚，意诚而后心正，心正而后身修，身修而后家齐，家齐而后国治，国治而后天下平。"②"治国平天下"是清代循吏作为儒生而为政的最终旨归。在日常为政的过程中，他们克己奉公、廉洁自律、循法遵理，一方面是对名节的看重，另一方面则是对理想的追求。"士议之不可辱者，大之者也。大之则尊于富贵也，利不足以虞其意矣"③，他们对"治国平天下"的执念深重，一以贯之践行"先天下之忧而忧，后天下之乐而乐"的家国情怀。在此过程中，他们也得到了自我的价值实现。

综上，清代循吏大致就是在以上四种动机的驱动之下而追求"无形之绩"。从本质上说，"无形之绩"是一种对官员的正向评价。

---

① [清] 李之芳：《请除无益条例疏》，载[清] 贺长龄、魏源等编：《清经世文编》，卷15，北京：中华书局1992年版，第384页。
② [宋] 朱熹：《四书章句集注·大学章句》，北京：中华书局2011年版，第5页。
③ 《吕氏春秋》，陆玖译注，北京：中华书局2011年版，第318页。

在封建专制国家内部，对好官循吏的评价，身处不同阶级的君主和百姓罕见地达到了统一。这是因为，于内，有道德作为推动和纠偏，引领循吏为政以德，为政出绩；于外，有法律作为限制和规定，强制循吏遵守法律，不贪不懒。宋人吕本中在《官箴》中提出，为官之人，应该"清""勤""慎"，"知此三者，可以保禄位，可以远耻辱，可以得上之知，可以得下之援。"① 按照本书的分类标准，保禄位、远耻辱也好，上知、下援也罢，都是"无形之绩"。可不管是皇帝的夸奖、同僚的举荐还是百姓的爱戴，都是需要载体表达，在此情境下，这种"无形之绩"又变成了一种"有形之绩"。"无形之绩"是封建国家中一种必不可少的制度设计，是一个社会的博弈规则，或者更规范地说，他们是一些人为设计的、形塑人们互动关系的约束②。清代循吏正是在此驱动之下，达成了天理、国法、人情的统一，从而既获得了官方的"奖杯"，又不缺乏百姓的"口碑"。

三、简短结语

"有形之绩"的取得，可以使百姓丰衣足食；"无形之绩"的加冕，可以使循吏万古流芳。

本书尝试以清代循吏的法律实践为主题，对传统中国中的好官代表——循吏的为政之德、为政之行、为政之绩进行了整理和总结。其实，若对传统中国社会中的人进行分类的话，可以明显地分出君、官、民三类人。作为世界上最早出现官僚制度的国家，中国自古以来便强调"以吏治天下"。"天子立，以其力为未足，又选天下之贤可者，置立之以为三公。"君主不直接统治百姓，而是通过官吏对百

---

① ［宋］吕本中：《官箴》，载官箴书集成编纂委员会编：《官箴书集成》第1册，合肥：黄山书社1997年版，第97页。
② ［美］道格拉斯·诺思：《制度、制度变迁与经济绩效》，杭行译，上海：格致出版社2008年版，第3页。

姓进行管理，以此维护封建皇权和中央集权。"夫明虖天下之所以乱者，生于无政长"①，统治者正是明白这一道理，于是设置了"官"作为"君"和"民"之间的纽带和桥梁。官吏上事君主，下抚百姓，看起来他们是皇权统治的附丽，实际上他们才是百姓真正的衣食父母。

皇帝将兵、刑、钱、谷等行政权力下放给官吏，怎会不担心权力滥用？所以历朝历代的统治者想尽办法设定各类法律规范整肃吏治，以求官吏能够勤勉尽责，保障政治清明。一方面是重视对官吏的选拔和任用。不论是先秦的世卿世禄制，肇始于两汉的察举制，发轫于魏晋的九品中正制，还是隋唐以降的科举制，对官吏选拔的严苛程度可谓有增无减。另一方面则是对官吏的考课与监察。关于考课，战国时期便有"上计"，有唐一代采"四善二十七最"法，明清时期有"京察"和"大计"。关于监察，秦朝设御史府，唐代设御史台，明代改设都察院。都对官吏的言行举止和执政实效设置了严格的要求和评判标准。

但这样就能完全保证官吏的廉洁奉公、忠诚为民、执法公正吗？答案恐怕是否定的。孟德斯鸠曾经说："一切有权力的人都容易滥用权力，这是一条万古不易的经验。"②有的时候，"千里之堤，毁于蚁穴"，哪怕一个官吏个人品德的缺失与履职能力的低下都有可能覆灭整个王朝。试想一下，如果不是毛羽健惧内而又被捉奸在床，出于私心向崇祯皇帝上书"驿递一事，最为民害，首宜厘革"③而使驿站被裁撤，导致李自成失业，逼到其走投无路起兵造反，崇祯是不是就不会在煤山自缢，大明王朝是不是就不会灭亡？只不过，历

---

① 《墨子》，方勇译注，北京：中华书局 2011 年版，第 85 页。
② [法]孟德斯鸠：《论法的精神》，张雁深译，北京：商务印书馆 1959 年版，第 184 页。
③ [清]邹漪：《启祯遗闻》卷 4 引崇祯时毛羽健语。参见谢国桢选编：《明代社会经济史料选编》校勘本下册，福州：福建人民出版社 2004 年版，第 309 页。

史没有如果。

科学研究表明,对世界上大部分的人、事、物按照一定的分类要素进行统计作图,会得到一条连续的类似抛物线式的曲线,在统计学中叫作正态模型:从最左端开始上升,到达顶点后下降,靠近两边的是少数,中间的是多数。纵观中国古代社会,像包拯、于成龙这样家喻户晓的好官屈指可数,像赵高、梁冀这样万人唾弃的坏官更是寥若晨星,更多的则是我们不知道姓甚名谁的甲乙丙丁。这样看来,如果把官吏群体品德的好坏和能力的高低当作不同的参数,对官吏群体进行统计的话,同样也是可以得到一条正态分布的曲线的。那么就是说,官吏群体中,德行畸低和畸高的官吏占少数,大部分的官吏是"中人"。那么,如何促使"中人"更多地向好官转化,避免堕入坏官的泥淖呢?法律制度的高压管控是一部分,但更多的还需要文化的滋养。

前文提出,以清官循吏为代表的好官群体,逐渐地将自己的高尚德行内化成一种清官法文化。"所谓'清官',当有谦谦君子之清风、秉公爱民之清正、志行高洁之清廉、勤政廉政之清苦、人际交往之清雅。"提起清官,大多数人脑海中都会想到西门豹、狄仁杰、包拯、海瑞、于成龙等脍炙人口、饱受赞誉的官员。他们忠诚尽职,爱民恤物,廉洁奉公,公正严明……可以这么说,穷尽世上所有形容好官的词语为清官循吏赋能都不为过。自古以来,无论是执政者还是百姓对好官的评价与期待从未衰减。

当然,不可否认的是,随着时代的发展和社会的变迁,传统清官循吏文化中的一些消极因素已经不适用于当今社会。但诸如爱民为民、勤勉为政、执法如山等精神,在现代社会,无论是对官员队伍的建设,还是对社会正气的弘扬依旧大有裨助。职是之故,就要对清官循吏文化进行"创造性转化"与"创新性发展",将清官循吏文化的古今内涵阐释发掘，正确扬弃。在这一进程中，必须把握的核心是要扎根中国土壤，适应中国国情，体现中国精神，其价值旨归在于让新时代的清官循吏文化，在推进国家治理体系和治理能力现代化的进程中，在建设社会主义现代化强国的历程中，在弘扬社会主义核心价值观的实践中，物尽其用。

中国有着独特的道德和法律相结合的治理模式。正如习近平总书记所指出的那样，"法律是成文的道德，道德是内心的法律。法律和道德都具有规范社会行为、调节社会关系、维护社会秩序的作用，在国家治理中都有其地位和功能。法安天下，德润人心。"从某种意义上说，法律是维护道德的工具，是存在于刑罚背后的礼。有秦一代任法而治，最终二世而亡；汉代吸取秦亡经验，"引礼入法"，将道德融入法律实践；到了唐朝，成"礼法合一"之势。这种礼法社会的出现与发展，使封建国家大部分时间都处于一种稳定的状态。在礼法的规制之下，文景之治、贞观之治、开元之治、康乾之治等太平盛世更是频频闪现，同样印证了礼法合治的合理性。概言之，礼法合治的核心思想是儒家思想，倡导为政以德，通过对百姓的教育而化成天下。新时代法治文化的建设，依然有必要遵此模式，化党纪国法之"他律"为官员内心之"自律"，使为官之人清楚何为官、官何为、官为何，更好地为人民服务。

"得一官不荣，失一官不辱，勿说一官无用，地方全靠一官；吃百姓之饭，穿百姓之衣，莫道百姓可欺，自己也是百姓。"清代循吏为当今官员提供了良好的为官范式。然而，冰冻三尺非一日之寒，文化润人也绝非朝夕之功。新时代"清官循吏"的养成，既需要党纪国法的严厉约束，更需要官德文化的长期涵养。相信在"天理""国法""人情"的共同作用之下，新时代"清官循吏"必定与日俱增，中国特色社会主义法治国家的建设也必定功不唐捐。

参考文献

一、古籍史料（以出版时间为序）

（一）经部

1.［唐］孔颖达：《周易正义》，余培德点校，北京：九州出版社2004年版。

2.［汉］许慎撰，［清］段玉裁注：《说文解字注》，郑州：中州古籍出版社2006年版。

3.《诗经》，王秀梅译注，北京：中华书局2006年版。

4.［春秋］孔子：《孝经》，吴茹之编译，西安：三秦出版社2008年版。

5.《周易》，杨天才、张善文译注，北京：中华书局2011年版。

6.［宋］朱熹：《四书章句集注》，北京：中华书局2011年版。

7.《尚书》，王世舜、王翠叶译注，北京：中华书局2012年版。

8.《周礼》，徐正英、常佩雨译注，北京：中华书局2014年版。

9.［汉］何休注、［唐］徐彦疏：《春秋公羊传注疏》，上海：上海古籍出版社2014年版。

10.［汉］戴圣：《礼记》，胡平生、张萌译注，北京：中华书局2017年版。

11.杨伯峻：《春秋左传注》，北京：中华书局2018年版。

12.［宋］王安石：《周官新义》，影印文渊阁四库全书本。

13. [元]王充耘：《读书管见》，影印文渊阁四库全书本。

（二）史部

14. [明]徐溥等：《明会典》，明正德六年司礼监刻本。
15. [清]严有禧、张桐主修：《莱州府志》，乾隆五年刻印本。
16. [清]来保等编：《钦定大清通礼》，嘉庆二十三年序刊本。
17. [清]托津等：《钦定大清会典事例》，嘉庆二十五年武英殿刻本。
18. [清]嵇璜、刘墉：《皇朝通典》，上海：上海图书集成局1901年版。
19. 郭维城等：《民国宣化县新志》，民国十一年铅印本。
20. 王云五总编：《清文献通考》，北京：商务印书馆民国二十五年版。
21. [汉]司马迁：《史记》，北京：中华书局1959年版。
22. [清]柯悟迟：《漏网喁鱼集》，北京：中华书局1959年版。
23. [汉]班固：《汉书》，北京：中华书局1962年版。
24. [南朝宋]范晔：《后汉书》，北京：中华书局1965年版。
25. [唐]令狐德棻：《周书》，北京：中华书局1971年版。
26. [唐]姚思廉：《陈书》，北京：中华书局1972年版。
27. [隋]李百药：《北齐书》，北京：中华书局1972年版。
28. [唐]姚思廉：《梁书》，北京：中华书局1973年版。
29. [唐]魏徵：《隋书》，北京：中华书局1973年版。
30. [梁]沈约：《宋书》，北京：中华书局1974年版。
31. [北齐]魏收：《魏书》，北京：中华书局1974年版。
32. [唐]李延寿：《北史》，北京：中华书局1974年版。
33. [宋]欧阳修：《新五代史》，北京：中华书局1974年版。

34. ［元］脱脱:《辽史》，北京：中华书局1974年版。

35. ［清］张廷玉:《明史》，北京：中华书局1974年版。

36. ［唐］李延寿:《南史》，北京：中华书局1975年版。

37. ［后晋］刘昫:《旧唐书》，北京：中华书局1975年版。

38. ［宋］欧阳修:《新唐书》，北京：中华书局1975年版。

39. ［元］脱脱:《金史》，北京：中华书局1975年版。

40. 同治版《即墨县志》，台北：成文出版社1976年版。

41. ［宋］薛居正:《旧五代史》，北京：中华书局1976年版。

42. ［明］宋濂等:《元史》，北京：中华书局1976年版。

43. ［清］赵尔巽:《清史稿》，北京：中华书局1977年版。

44. ［清］钱泳:《履园丛话》，北京：中华书局1979年版。

45. ［清］叶梦珠:《阅世编》，上海：上海古籍出版社1981年版。

46. ［唐］长孙无忌等:《唐律疏议》，北京：中华书局1983年版。

47. ［清］吴振棫:《养吉斋丛录》，北京：北京古籍出版社1983年版。

48. ［清］徐世昌:《东三省政略》，李澍田点校，长春：吉林文史出版社1984年版。

49. ［元］脱脱:《宋史》，北京：中华书局1985年版。

50. 《清实录》，北京：中华书局1985年影印版。

51. ［汉］刘向:《说苑疏证》，武汉：华中师范大学出版社1985年版。

52. ［清］陈梦雷编撰:《古今图书集成》，北京：中华书局、成都：巴蜀书社1985年版。

53. ［清］陈康琪:《郎潜纪闻》，北京：中华书局1987年版。

54. 清国史馆编:《清史列传》，王钟翰点校，北京：中华书局1987年版。

55. 内黄县志编纂委员会编:《内黄县志》,郑州:中州古籍出版社1987年版。

56. [唐]杜佑:《通典》,王文锦等点校,北京:中华书局1988年版。

57. [清]刘锦藻纂:《清朝文献通考》,杭州:浙江古籍出版社1988年版。

58. 张希清、王秀梅主编:《官典》,长春:吉林人民出版社1989年版。

59. 中国第一历史档案馆编:《雍正朝汉文朱批奏折汇编》,南京:江苏古籍出版社1991年版。

60. 张友渔、高潮主编:《中华律令集成·清卷》,长春:吉林人民出版社1991年版。

61. 《中国地方志集成·乡镇志专辑》,南京:江苏古籍出版社1992年影印本。

62. [清]贺长龄、魏源等编:《清经世文编》,北京:中华书局1992年版。

63. [唐]房玄龄:《晋书》,北京:中华书局1996年版。

64. [南朝梁]萧子显:《南齐书》,北京:中华书局1996年版。

65. 陈生玺辑:《政书集成》,郑州:中州古籍出版社1996年版。

66. 官箴书集成编纂委员会编:《官箴书集成》,合肥:黄山书社1997年版。

67. [明]陈子龙等辑:《明经世文编》,北京:中华书局1997年影印版。

68. [唐]长孙无忌等撰,刘俊文点校:《唐律疏议》,北京:法律出版社1999年版。

69. [明]李善长等撰,怀效锋点校:《大明律》,北京:法律出版社 1999 年版。

70.《大清律例》，田涛、郑秦点校，北京：法律出版社 1999 年版。

71.［清］纪昀总纂：《四库全书总目提要》，石家庄：河北人民出版社 2000 年版。

72.新乡市志办公室编：《封丘县志》，香港：新风出版社 2001 年版。

73.《续修四库全书》，上海：上海古籍出版社 2002 年版。

74.［清］祝庆琪编：《刑案汇编三编》，北京：北京古籍出版社 2004 年版。

75.漳浦县政协文史资料征集研究委员会编：《漳浦县志·方域志》，漳州：金浦新闻发展有限公司 2004 年承印。

76.谢国桢选编：《明代社会经济史料选编》校勘本，福州：福建人民出版社 2004 年版。

77.［清］蒋良骐：《东华录》，鲍思陶、西原点校，济南：齐鲁书社 2005 年版。

78.［唐］吴兢：《贞观政要》，裴汝诚等译注，上海：上海古籍出版社 2006 年版。

79.［清］刘献廷：《广阳杂记》，汪北平、夏志和点校，北京：中华书局 2010 年版。

80.［晋］陈寿：《三国志》，北京：中华书局 2011 年版。

81.［明］黄淮、［明］杨士奇编：《历代名臣奏议》，上海：上海古籍出版社 2012 年版。

82.［清］章梫：《康熙政要》，郑州：中州古籍出版社 2012 年版。

83.［清］全祖望：《鲒埼亭集》，北京：国家图书馆出版社 2014 年版。

84.《康熙起居注》，徐尚定标点，北京：东方出版社 2014 年版。

85. 罗振玉辑：《皇清奏议》，张小也等点校，南京：凤凰出版社 2019 年版。

86.［明］黄训：《名臣经济录》，影印文渊阁四库全书本。

87.《皇朝通典》，四库全书影印本。

88.［清］允祹：《钦定大清会典》，四库全书影印本。

89.《国朝宫史》，文渊阁四库全书本。

90. 中国第一历史档案馆编：《上谕档》，中国第一历史档案馆藏。

（三）子部

91. 郭庆藩辑：《庄子集释》，北京：中华书局 1961 年版。

92.［汉］王符：《潜夫论笺校正》，［清］汪继培笺，彭铎校正，北京：中华书局 1985 年版。

93.［清］徐珂编撰：《清稗类钞》，北京：中华书局 1986 年版。

94.［汉］董仲舒著，［宋］苏舆义证：《春秋繁露义证》，北京：中华书局 1992 年版。

95.［汉］刘安编，张双棣校注：《淮南子校释》，北京：北京大学出版社 1992 年版。

96.［宋］朱熹著，黎靖德编：《朱子语类》，北京：中华书局 1994 年版。

97.［汉］班固著，［清］陈立疏证：《白虎通疏证》，北京：中华书局 1994 年版。

98.［汉］贾谊：《贾谊集校注》，王洲明、徐超校注，北京：人民文学出版社 1996 年版。

99.［清］方以智：《东西均注释》，庞朴注释，北京：中华书局 2001 年版。

100.［汉］马融:《忠经》,吴茹之编译,西安:三秦出版社 2008 年版。

101.［战国］商鞅:《商君书》,石磊译注,北京:中华书局 2011 年版。

102.《墨子》,方勇译注,北京:中华书局 2011 年版。

103.《吕氏春秋》,陆玖译注,北京:中华书局 2011 年版。

104.《荀子》,方勇、李波译注,北京:中华书局 2011 年版。

105.［北齐］颜之推撰,王利器集解:《颜氏家训集解》,北京:中华书局 2013 年版。

106.［战国］韩非著,王先慎集释:《韩非子集解》,钟哲点校,北京:中华书局 2013 年版。

107.《管子》,李山、轩新丽译注,北京:中华书局 2019 年版。

（四）集部

108.［唐］柳宗元:《柳宗元集》,北京:中华书局 1979 年版。

109.［清］张金吾编:《金文最》,北京:中华书局 1990 年版。

110.［宋］程颢、程颐:《二程集》,北京:中华书局 1981 年版。

111.［清］朱克敬:《瞑庵杂识·瞑庵二识》,长沙:岳麓书社 1983 年版。

112.［清］蓝鼎元:《鹿洲公案》,刘鹏云、陈方明译,北京:群众出版社 1985 年版。

113.［南朝］萧统:《文选》,李善注,上海:上海古籍出版社 1986 年版。

114.［清］王夫之:《船山全书》,长沙:岳麓书社 1988 年版。

115.［宋］朱熹:《朱子文集》,台北:财团法人德富文教基金会 2000 年版。

116. ［清］张沐：《前川楼文集》，上海：上海古籍出版社2010年版。

117. ［清］李瀚章编撰、［清］李鸿章校刊：《曾文正公全集》，北京：中国书店出版社2011年版。

118. ［清］汪辉祖、［清］蒯德模：《病榻梦痕录·双节堂庸训·吴中判牍》，梁文生、李雅旺校注，南昌：江西人民出版社2012年版。

119. ［南宋］孙奕：《履斋示儿编》，侯体健校订，北京：中华书局2014年版。

120. ［清］姚鼐纂集：《古文辞类纂》，胡士明、李祚唐标校，上海：上海古籍出版社2016年版。

121. ［清］汤斌：《汤子遗书》，段自成等编校，北京：人民出版社2016年版。

122. ［明］陆绍珩纂辑：《小窗幽记》，南昌：江西人民出版社2016年版。

123. ［明］张居正：《张太岳集》，北京：中国书店出版社2019年版。

二、中文论著

（一）专著

124. 瞿兑之：《汪辉祖传述》，北京：商务印书馆1935年版。

125. 《毛泽东选集》，北京：人民出版社1991年版。

126. 张中秋：《中西法律文化比较研究》，南京：南京大学出版社1991年版。

127. 武树臣等：《中国传统法律文化》，北京：北京大学出版社

1994 年版。

128. 吕宗力主编:《中国历代官制大辞典》,北京:北京出版社 1994 年版。

129. 赵世瑜:《吏与中国传统社会》,杭州:浙江人民出版社 1994 年版。

130. 汪世荣:《中国古代判例研究》,北京:中国政法大学出版社 1997 年版。

131. 吴志远:《清代地方政府的司法职能研究》,北京:中国社会科学出版社 1998 年版。

132. 张晋藩主编:《清朝法制史》,北京:中华书局 1998 年版。

133. 费孝通:《乡土中国 生育制度》,北京:北京大学出版社 1998 年版。

134. 杨鸿烈:《中国法律思想史》,北京:商务印书馆 1998 年版。

135. 张晋藩:《中华法制文明的演进》,北京:中国政法大学出版社 1999 年版。

136. 张晋藩:《中国法制通史》,北京:法律出版社 1999 年版。

137. 俞荣根:《羌族习惯法》,重庆:重庆出版社 2000 年版。

138. 郭成伟:《中华法系精神》,北京:中国政法大学出版社 2001 年版。

139. 梁治平:《寻求自然秩序中的和谐》,北京:中国政法大学出版社 2002 年版。

140. 康沛竹:《灾荒与晚清政治》,北京:北京大学出版社 2002 年版。

141. 余英时:《士与中国文化》,上海:上海人民出版社 2003 年版。

142. 艾永明：《清代文官制度》，北京：商务印书馆2003年版。

143. 李文海、夏明方：《中国荒政全书》，北京：北京出版社2003年版。

144. 柏桦：《明清州县官群体》，天津：天津人民出版社2003年版。

145. 梁治平：《法意与人情》，北京：中国法制出版社2004年版。

146. 魏光奇：《官治与自治》，北京：商务印书馆2004年版。

147. 马小红：《礼与法：法的历史链接》，北京：北京大学出版社2004年版。

148. 武树臣：《中国法律思想史》，北京：法律出版社2004年版。

149. 张晋藩：《中国司法制度史》，北京：人民法院出版社2004年版。

150. 吴宗国：《中国古代官僚政治制度研究》，北京：北京大学出版社2004年版。

151. 张晋藩：《中国法律的传统与近代转型》，北京：法律出版社2005年版。

152. 钱穆：《中国历代政治得失》，北京：生活·读书·新知三联书店2005年版。

153. 霍存福：《复仇·报复刑·报应说》，长春：吉林人民出版社2005年版。

154. 翦伯赞主编：《历史问题论丛》（合编本），北京：中华书局2006年版。

155. 徐忠明：《案例、故事与明清时期的司法文化》，北京：法律出版社2006年版。

156. 郑秦:《清代法律制度研究》,北京:中国政法大学出版社 2006 年版。

157. 那思陆:《清代州县衙门审判制度》,北京:中国政法大学出版社 2006 年版。

158. 张文显主编:《法理学》,北京:高等教育出版社、北京大学出版社 2007 年版。

159. 龚汝富:《明清讼学研究》,北京:商务印书馆 2008 年版。

160. 马小红:《守望和谐的法文明》,北京:北京大学出版社 2009 年版。

161. 徐忠明:《情感、循吏与明清时期的司法实践》,上海:上海三联书店 2009 年版。

162. 梁启超:《中国历史研究法补编》,北京:中华书局 2010 年版。

163. 瞿同祖:《中国法律与中国社会》,北京:商务印书馆 2010 年版。

164. 常越男:《清代考课制度研究》,北京:北京大学出版社 2010 年版。

165. 陈旭:《清官:研究传统中国政治文化的一个独特视角》,北京:中国社会科学出版社 2010 年版。

166. 陈顾远:《中国法制史概要》,北京:商务印书馆 2011 年版。

167. 钱穆:《中国历史研究法》,北京:生活·读书·新知三联书店 2011 年版。

168. 范忠信等:《情理法与中国人》(修订版),北京:北京大学出版社 2011 年版。

169. 杨一凡、刘笃才:《历代例考》,北京:社会科学文献出版社

2012年版。

170. 范忠信主编:《官与民:中国传统行政法制文化研究》,北京:中国人民大学出版社2012年版。

171. 夏锦文主编:《传承与创新:中国传统法律文化的现代价值》,北京:中国人民大学出版社2012年版。

172. 张仁善:《礼·法·社会:清代社会转型与社会变迁》,北京:商务印书馆2013年版。

173. 吴黎宏:《做合格的领导:中国古代官德概要》,北京:电子工业出版社2013年版。

174. 钱穆:《国史大纲》,北京:商务印书馆2013年版。

175. 徐忠明:《明镜高悬:中国法律文化的多维观照》,桂林:广西师范大学出版社2014年版。

176. 刘子扬:《清代地方官制考》,北京:故宫出版社2014年版。

177. 章燕:《清代法官的司法观念》,北京:法律出版社2014年版。

178. 梁漱溟:《东西文化及其哲学》,上海:上海人民出版社2015年版。

179. 蔡东藩:《后汉通俗演义(绣像本)》,北京:中华书局2015年版。

180. 吴丽娱主编:《礼与中国古代社会》,北京:中国社会科学出版社2016年版。

181. 习近平:《在哲学社会科学工作座谈会上的讲话》,北京:人民出版社2016年版。

182. 吕思勉:《中国通史》,北京:群言出版社2017年版。

183. 刘云生:《中国家法》,北京:中国民主法制出版社2017

年版。

184. 王昌宜：《清代循吏研究——以〈清史稿·循吏传〉为中心》，合肥：安徽大学出版社2017年版。

185. 崇文编：《中国好家风》，北京：时事出版社2018年版。

186. 俞荣根：《儒家法律思想通论》（修订本），北京：商务印书馆2018年版。

187. 周佑勇：《行政法原论》，北京：北京大学出版社2018年版。

188. 龙大轩：《道与中国法律传统》，北京：商务印书馆2022年版。

（二）期刊论文

189. 张晋藩：《中国古代文官制度综论》，《中国社会科学》，1989年第2期。

190. 武树臣：《循吏、酷吏与汉代法律文化》，《中外法学》，1993年第5期。

191. 徐忠明：《〈史记·循吏列传〉随想》，《中外法学》，1994年第2期。

192. 徐忠明：《中国传统法律文化视野中的清官司法》，《中山大学学报》（社会科学版），1998年第3期。

193. 俞荣根：《天理、国法、人情的冲突与整合——儒家之法的内在精神及现代法治的传统资源》，《中华文化论坛》，1998年第4期。

194. 于语和：《试论"无讼"法律传统产生的历史根源和消极影响》，《法学家》，2000年第1期。

195. 王昌焕：《我国清代县官的职权行为浅论》，《河南社会科学》，2000年第4期。

196. 高秦伟:《中国传统法律中的人情观——兼论法的亲和力》,《湖南社会科学》,2001年第3期。

197. 艾永明:《清朝文官考绩制度及其实施状况》,《法制与社会发展》,2003年第5期。

198. 关晓红:《清末州县考绩制度的演变》,《清史研究》,2005年第3期。

199. 王春瑜:《说说古代的清官》,《求是》,2005年第3期。

200. 张中秋:《家礼与国法的关系、原理、意义》,《法学》,2005年第5期。

201. 程遂营:《"二十四史"〈循吏〉〈酷吏〉列传与中国古代监察官的选任》,《北方论丛》,2006年第1期。

202. 岳海鹰、杨瑞梅:《比较与借鉴:我国历代官吏考核制度》,《高校社科动态》,2006年第1期。

203. 杨建祥:《循吏与地方风化》,《上海行政学院学报》,2006年第3期。

204. 徐忠明、杜金:《清代司法官员知识结构的考察》,《华东政法大学学报》,2006年第3期。

205. 王日根:《从〈鹿洲公案〉看清初知县对乡村社会的控制》,《华中师范大学学报》(人文社会科学版),2006年第4期。

206. 蒋铁初:《清代民事疑难案件的处理模式初探》,《求索》,2007年第1期。

207. 徐忠明:《清代中国司法裁判的形式化与实质化——以〈病榻梦痕录〉所载案件为中心的考察》,《政法论坛》,2007年第2期。

208. 李治亭:《清代基层官员铨选制考察——以〈清史稿·循吏传〉为例》,《社会科学战线》,2008年第3期。

209. 武回忆:《清代循吏曹谨对民本思想的实践》,《史学月刊》,

2008 年第 5 期。

210. 魏琼:《清官论考》,《中国法学》,2008 年第 6 期。

211. 霍存福:《"合情合理,即是好法"——谢觉哉"情理法"观研究》,《法学研究》,2008 年第 6 期。

212. 俞荣根、蒋海松:《亲属权利的法律之痛——兼论"亲亲相隐"的现代转化》,《现代法学》,2009 年第 2 期。

213. 罗昶:《中国古代曲法伸情若干问题探讨》,《比较法研究》,2009 年第 3 期。

214. 关晓红:《清季外官改制的"地方"困扰》,《近代史研究》,2010 年第 5 期。

215. 崔明石:《事实与规范之间:情理法的再认识——以〈名公书判清明集〉为考察依据》,《当代法学》,2010 年第 6 期。

216. 田瑶:《清初的土地政策及其影响》,《法学》,2011 年第 12 期。

217. 汪习根、王康敏:《论情理法关系的理性定位》,《河南社会科学》,2012 年第 2 期。

218. 郑素一:《中国传统司法思维模式的文化分析》,《政法论丛》,2012 年第 3 期。

219. 邓建鹏:《词讼与案件:清代的诉讼分类及其实践》,《法学家》,2012 年第 5 期。

220. 郑学军:《定海知县缪燧研究》,《浙江海洋学院学报》(人文科学版),2013 年第 1 期。

221. 李骥:《当代中国法治建设思想的文化基础与历史资源》,《法学研究》,2013 年第 2 期。

222. 雷戈:《三吏分治:西汉中后期吏治生态研究》,《史学月刊》,2013 年第 9 期。

223. 常越男:《清代外官大计"考语"与"事实"探析》,《清史研究》，2014年第2期。

224. 胡秀全：《清代循吏研究——以〈吴中判牍〉为中心》，《黑龙江史志》，2014年第5期。

225. 张晋藩：《考课——中国古代职官管理的重要制度》，《行政法学研究》，2015年第2期。

226. 杨军民：《从〈清史稿·循吏列传〉看清代循吏的群体结构特征》，《鲁东大学学报》（哲学社会科学版），2015年第4期。

227. 关晓红：《清代选官之正途、异途述略》，《学术研究》，2018年第7期。

228. 朱勇：《"官法同构"：中国古代的大国治理之路》，《学术月刊》，2019年第11期。

（三）学位论文

229. 王志明：《雍正朝官僚人事探析》，华东师范大学博士学位论文，2003年。

230. 鲍永军：《汪辉祖研究》，浙江大学博士学位论文，2004年。

231. 王静：《清代州县官的民事审判》，吉林大学博士学位论文，2005年。

232. 黄延延：《清代刑事司法中的缘法断罪与权宜裁判》，中国政法大学博士学位论文，2009年。

233. 张振国：《清代文官选任制度研究》，南开大学博士学位论文，2010年。

234. 杨立：《清代文官升转制度研究》，上海师范大学博士学位论文，2018年。

（四）报纸文章

235. 李林：《坚持中国特色社会主义法治理论和特征》，《法制日报》，2015年1月28日，第2版。

236. 龙大轩：《中国传统廉政文化的经验与启示》，《光明日报》，2017年1月8日，第7版。

237. 丁锐：《〈史记〉中的"循吏"与"酷吏"》，《人民法院报》，2017年12月1日，第5版。

238. 赵金慨：《古代循吏理讼断狱风范》，《人民法院报》，2018年5月18日，第5版。

239. 吕江鸿：《扎实推进社会主义法治文化建设》，《人民日报》，2018年8月9日，第7版。

240. 中央党校（国家行政学院）习近平新时代中国特色社会主义思想研究中心：《坚持中国特色社会主义法治道路》，《光明日报》，2019年2月20日，第6版。

241. 人民日报评论员：《坚持习近平法治思想——论学习贯彻习近平总书记在中央全面依法治国工作会议上重要讲话》，《人民日报》，2020年11月20日，第1版。

242. 中共中国法学会党组：《用习近平法治思想引领法治中国建设》，《人民日报》，2020年12月25日，第9版。

三、外文论（译）

（一）专著

243. ［法］孟德斯鸠：《论法的精神》，张雁深译，北京：商务印书馆，1959年版。

244. ［英］梅因：《古代法》，沈景一译，北京：商务印书馆，1959年版。

245. ［美］布迪、莫里斯：《中华帝国的法律》，朱勇译，南京：

江苏人民出版社 1993 年版。

246.《马克思恩格斯选集》，北京：人民出版社 1995 年版。

247.［美］克利福德·格尔茨:《文化的解释》，韩莉译，南京：译林出版社 1999 年版。

248.［法］卢梭:《社会契约论》，何兆武译，北京：商务印书馆，2003 年版。

249.［日］织田万:《清国行政法》，李秀清、王沛点校，北京：中国政法大学出版社 2003 年版。

250.［德］康德:《实践理性批判》，邓晓芒译，北京：人民出版社 2003 年版。

251.［美］安东尼·唐斯:《官僚制内幕》，郭小聪等译，北京：中国人民大学出版社 2006 年版。

252.［美］道格拉斯·诺思:《制度、制度变迁与经济绩效》，杭行译，上海：格致出版社 2008 年版。

253.［法］古斯塔夫·勒庞:《乌合之众——大众心理研究》，戴光年译，北京：新世界出版社 2010 年版。

254.瞿同祖:《清代地方政府》，范忠信、何鹏、晏锋译，北京：法律出版社 2011 年版。

（二）期刊论文

255. William H. Nienhauser, "A Reexamination of 'The Biographies of The Reasonable Officials' in The 'Records of The Grand Historian'", *Early China*, vol. 16, 1991.

256. C.S. Goodrich, "Junri to kokuri: Shiba Sen no shikan no ichi sokumen 循吏と酷吏（司馬遷の史観の一側面）", *Revue Bibliographique de Sinologie*, vol. 7, 1961.

257. Bijia Chen; Cameron Campbell; Yuxue Ren; James Lee, "Big Data for the Study of Qing Officialdom: The China Government Employee Database-Qing (CGED-Q)", *Journal of Chinese History*, vol. 4, 2020.

258. Xiaolei Zhang, "Tracing the Ideological Source of Traditional Official Ethics of Chinese Civil Servants' Professional Ethics", *Frontiers in Educational Research*, vol. 4, 2021.

259. Wang Jie, "Confucianism and Its Contemporary Values", *Chinese Confucianism*, vol. 1, 2018.